Marion Techmer
Anneli Billina
Monika Reimann

Fehlerfrei Deutsch:
Das Übungsbuch mit Lösungen

Marion Techmer
Anneli Billina
Monika Reimann

Fehlerfrei Deutsch: Das Übungsbuch mit Lösungen

Wortschatz, Grammatik, unregelmäßige Verben

Anaconda

Textgrundlage dieser Ausgabe sind die Bände:
Marion Techmer: *Wortschatz Grundstufe A1 bis B1*. München:
Hueber Verlag GmbH & Co. KG, 2007
Anneli Billina: *Fit in Grammatik A1/A2*. München:
Hueber Verlag GmbH & Co. KG, 2010
Monika Reimann: *Unregelmäßige Verben*. München:
Hueber Verlag GmbH & Co. KG, 2008
Mit freundlicher Genehmigung des Hueber Verlags, 80992 München

Die Deutsche Nationalbibliothek verzeichnet diese Publikation
in der Deutschen Nationalbibliografie; detaillierte bibliografische Daten
sind im Internet unter http://dnb.d-nb.de abrufbar.

Umschlaggestaltung: Druckfrei. Dagmar Herrmann, Bonn
Printed in Czech Republic 2016
ISBN 978-3-7306-0394-9
www.anacondaverlag.de
info@anacondaverlag.de

Inhalt

Seite

7 Marion Techmer
Wortschatz Grundstufe
A1 bis B1

183 Anneli Billina
Fit in Grammatik
A1/A2

305 Monika Reimann
Unregelmäßige Verben

Marion Techmer

Wortschatz Grundstufe

A1 bis B1

Inhalt

Seite

Übungen

11 A. Personalien
21 B. Informationen zur Person
29 C. Körper und Gesundheit
43 D. Wahrnehmung und Aktivitäten
49 E. Wohnen und Hausarbeit
65 F. Umwelt und Natur
79 G. Reisen und Verkehr
95 H. Essen und Trinken
109 I. Geschäfte und Einkaufen
119 J. Post, Bank und Polizei
125 K. Arbeit und Beruf
135 L. Ausbildung und Unterricht
147 M. Freizeit und Unterhaltung
155 N. Freundschaft und Kontakte
161 O. Politik und Gesellschaft

167 **Lösungen**

A. Personalien

1. Anmeldeformular
2. Wie ist Ihr Name?
3. Angaben zur Person
4. Fragen zur Person
5. Land und Leute
6. Woher kommt er?
7. Vögel aller Länder
8. Länder und Städte
9. Wo gilt der Euro?
10. Kontinente
11. Europäische Union
12. Visum
13. Einreise

A1 Anmeldeformular

Ergänzen Sie.

Geburtsdatum • Straße • Hausnummer • ~~Name~~ • Postleitzahl
Vorname • Wohnort • Staat • E-Mail • Pass-Nummer
Telefonnummer

Hotel Seeblick

Anreise: 19.4.2008 Abreise: 23.4.2008

Müller	*Eva*
① *Name*	② ______
29.04.84	
③ ______	
Giselastr.	*104*
④ ______	⑤ ______
81739	*München*
⑥ ______	⑦ ______
Deutschland	*9502408681*
⑧ ______	⑨ ______
089/739665	*eva.müller@web.de*
⑩ ______	⑪ ______

A2 Wie ist Ihr Name?

Ordnen Sie zu.

1. Entschuldigung, wie ist Ihr Name?
2. Wie heißt du?
3. Wer ist Frau Stix?
4. Guten Tag, ich heiße Umbreit.
5. Sind Sie Frau Holzhausen?
6. Darf ich vorstellen, das ist Frau Hernan.

a. Ja, das bin ich.
b. Guten Tag, Rau.
c. Mein Name ist Brill, Eva Brill.
d. David.
e. Freut mich, mein Name ist Smith.
f. Das bin ich.

1	2	3	4	5	6
c					

A3 Angaben zur Person

Was passt nicht?

1. Familienstand: ledig – verheiratet – ~~verliebt~~ – geschieden
2. Telefon: Vorwahl – Postleitzahl – Durchwahl – Telefonnummer
3. Adresse: Straße – Weg – Fax – Gasse – Platz
4. Name: Geburtsname – Vorname – Nachname – Familienstand
5. Geburtsdatum: Tag – Monat – Jahr – Geburtsort
6. Geschlecht: männlich – weiblich – verwandt

A4 Fragen zur Person

Ergänzen Sie. Achten Sie bei Verben auf die korrekte Form.

Geburtsort • Muttersprache • Beruf • wohnen • Adresse • ~~kommen~~
Tochter • geboren • Sprachkenntnisse • buchstabieren • Jahre
Familienname • alt • leben • Kinder

1. ● Woher _kommen_ Sie? ◆ Ich komme aus der Türkei, aber ich __________ seit zwölf Jahren in Deutschland.
2. ● Wie ______ ist Ihr Sohn? ◆ Er ist fünf __________ alt.
3. ● Wie ist Ihre __________? ◆ Ich _________ im Märchenweg 5, 81739 München.
4. ● Ich heiße Yilmaz Sariisik. ◆ Ist Sariisik der __________________?
   ● Ja.
5. ● Was sind Sie von ________? ◆ Ich bin Programmierer.
6. ● Welche ____________________ haben Sie? ◆ Ich spreche Deutsch und Französisch. Meine __________________ ist Englisch.
7. ● Mein Name ist Azizpour. ◆ Können Sie das bitte ______________?
8. ● Wann sind Sie ___________? ◆ Am 29.4.1974.
9. ● Haben Sie __________? ◆ Ja, ich habe eine _________. Und Sie?
   ● Ich habe zwei Kinder, zwei Söhne.
10. ● Was ist Ihr ___________? ◆ Istanbul.

A5 Land und Leute

Ergänzen Sie.

1.	Griechenland	*der Grieche* / die Griechin
2.	Österreich	der Österreicher / ______
3.	______	der Pole / die Polin
4.	die Türkei	______ / die Türkin
5.	______	der Russe / die Russin
6.	Finnland	______ / die Finnin
7.	______	der Schwede / die Schwedin
8.	Portugal	der Portugiese / ______
9.	______	der Brasilianer / die Brasilianerin
10.	Argentinien	______ / die Argentinierin

A6 Woher kommt er?

Ergänzen Sie.

1. die Türkei:	Er kommt aus	*der Türkei*.
2. die USA:	Sie kommen aus	______.
3. Spanien:	Ihr kommt aus	______.
4. die Schweiz:	Wir kommen aus	______.
5. Indien:	Du kommst aus	______.
6. der Iran:	Sie kommen aus	______.

A7 Vögel aller Länder

Ergänzen Sie die Länder, die Bewohner und die Staatsangehörigkeit.

Frankreich • die Schweiz • Deutschland • die Niederlande
~~Italien~~ • Großbritannien • die USA • Japan

1. Er kommt aus *Italien*. Er ist *Italiener*.
   Seine Mutter ist *Italienerin* und sein Vater *Italiener*.
   Staatsangehörigkeit: *italienisch*.

2. Er kommt aus ______. Er ist ______.
   Seine Mutter ist ______ und sein Vater ______.
   Staatsangehörigkeit: ______.

3. Er kommt aus ______. Er ist ______.
   Seine Mutter ist ______ und sein Vater ______.
   Staatsangehörigkeit: ______.

4. Er kommt aus ______. Er ist ______.
   Seine Mutter ist ______ und sein Vater ______.
   Staatsangehörigkeit: ______.

5. Er kommt aus ______________. Er ist ______________.
Seine Mutter ist ______________ und sein Vater ______________.
Staatsangehörigkeit: ____________ .

6. Er kommt aus ______________. Er ist ______________.
Seine Mutter ist ______________ und sein Vater ______________.
Staatsangehörigkeit: ______________.

7. Er kommt aus ______________. Er ist ______________.
Seine Mutter ist ______________ und sein Vater ______________.
Staatsangehörigkeit: ______________.

8. Er kommt aus ______________. Er ist ______________.
Seine Mutter ist ______________ und sein Vater ______________.
Staatsangehörigkeit: ______________.

A8 Länder und Städte

Ergänzen Sie.

1. Die Hauptstadt von ___*China*___ ist Peking.
2. Die Hauptstadt von ______________ ist Kopenhagen.
3. Die Hauptstadt von ______________ ist Athen.
4. Die Hauptstadt von ______________ ist Brüssel.
5. Die Hauptstadt von ______________ ist Stockholm.
6. Die Hauptstadt von ______________ ist Prag.
7. Die Hauptstadt von ______________ ist Budapest.
8. Die Hauptstadt von ______________ ist Helsinki.

A9 Wo gilt der Euro? Lesen Sie die Länder bei A11.

Welche Länder der Europäischen Union haben den Euro als Währung?

1. B*elgie*en	5. G________d	9. N________e
2. D________d	6. I____d	10. Ö________h
3. F________d	7. I________n	11. P________l
4. F________ch	8. L________g	12. S________n

A10 Kontinente

Wie heißen die fünf Kontinente?

Aus – Eu – Ame – Asi – ~~Af~~ – tra – en – ~~ri~~ – ri – ro – ka – ~~ka~~ – pa – en – li

Afrika, ____

A11 Europäische Union

Wie heißen die Mitgliedsstaaten der Europäischen Union?

Slowenien • Bulgarien • Estland • Deutschland • Tschechien
Finnland • Luxemburg • ~~Belgien~~ • Großbritannien • Irland
Österreich • Lettland • Litauen • Frankreich • Malta • Niederlande
Griechenland • Polen • Portugal • Rumänien • Schweden
Slowakei • Dänemark • Spanien • Italien • Ungarn • Zypern

Stand 2007

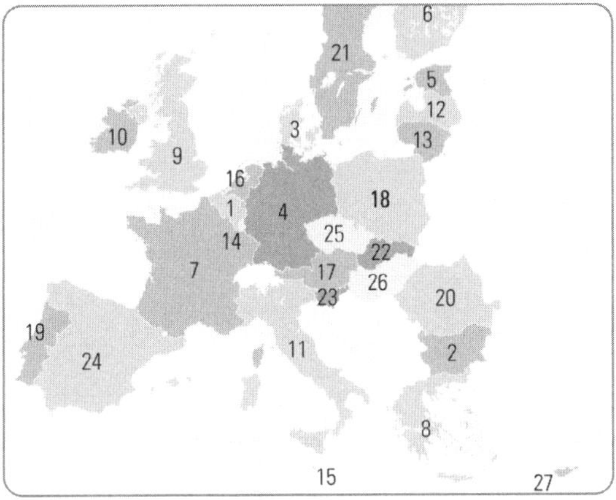

1. Be*lgie*n
2. Bu_____ien
3. Dä_____rk
4. Deu______nd
5. Est____d
6. Fi____nd
7. Fr_____reich
8. Gr______land
9. Gr______nnien
10. I___nd
11. Ita____n
12. Lettl____d
13. Lit_____en
14. Lux____urg
15. M___ta
16. Nie_____nde
17. Öste____ch
18. P____n
19. Po_____al
20. Ru_____ien
21. Sch_____en
22. Slo_____ei
23. Slow_____n
24. Sp____ien
25. Tsch_____ien
26. Un____n
27. Zy___n

A12 Visum

Notieren Sie die Reihenfolge.

___ einreisen

___ ausreisen

_1._ die Adresse der Botschaft suchen

___ das Visum wird ausgestellt / das Visum bekommen

___ das Visum wird verlängert

___ das Visum läuft ab

___ zur Botschaft gehen

___ das Visum beantragen

A13 Einreise

Was passt nicht?

1. die Aufenthaltserlaubnis ist: gültig – abgelaufen – ~~weggelaufen~~
2. das Visum wird: verkürzt – ausgestellt – verlängert
3. an der Grenze: ausreisen – zureisen – einreisen
4. eine Arbeitsgenehmigung: erhalten – arbeiten – besitzen
5. den Pass/Personalausweis: vergessen – zeigen – verzollen
6. Asyl: erhalten – beantragen – verlieren

B. Informationen zur Person

1. Familie und Verwandtschaft
2. Vater und Mutter
3. Eltern und Kinder
4. Prinz und Prinzessin
5. Partnerschaft
6. Glückwunschkarte
7. Brief an eine Freundin
8. Einladungskarte
9. Wie ist er?
10. Einladung
11. Charaktereigenschaften

B1 Familie und Verwandtschaft

Ergänzen Sie.

Neffe • Cousine • Schwager • Tante • Nichte • Cousin
Großmutter • ~~Onkel~~ • Schwiegereltern • Enkel

1. Der Bruder meines Vaters ist mein _Onkel_.
2. Die Schwester meiner Mutter ist meine ________.
3. Der Sohn meines Onkels ist mein ________.
4. Die Tochter meiner Tante ist meine ________.
5. Die Mutter meines Vaters ist meine ________.
6. Die Eltern meines Mannes sind meine ________.
7. Die Tochter meines Bruders ist meine ________.
8. Der Sohn meines Bruders ist mein ________.
9. Die Kinder meiner Kinder sind meine ________.
10. Der Bruder meines Mannes ist mein ________.

B2 Vater und Mutter

Ergänzen Sie die weiblichen Personen.

1. der Vater ↔ _die Mutter_
2. der Sohn ↔ ________
3. der Großvater ↔ ________
4. der Bruder ↔ ________
5. der Onkel ↔ ________
6. der Neffe ↔ ________
7. der Mann ↔ ________
8. der Junge ↔ ________

B3 Eltern und Kinder

Ergänzen Sie.

Geschwister • Enkelkinder • Eltern • Verwandtschaft • Mutti
~~Oma~~ • Opa • Angehörigen • Baby

1. Unsere Kinder sind in den Osterferien immer bei _Oma_ und ______.
2. Die kleine Ute sucht ihre __________. Bitte kommen Sie an die Hauptkasse.
3. Ich habe keine ______________, ich bin Einzelkind.
4. Toms Eltern sind über 60 und unglücklich, dass sie keine ______________ haben.
5. Uli ist 50 und sagt zu seiner Mutter immer noch ________!
6. Zum 60sten Geburtstag hatte sie die ganze ____________________ eingeladen.
7. Die Polizei informierte nach dem Unfall die __________________.
8. Hurra, unser ________ ist da! Simon wurde am 18.7.2007 geboren.

B4 Prinz und Prinzessin

Nummerieren Sie die Reihenfolge im Märchen.

- [1] sich kennenlernen
- [ ] heiraten
- [ ] sich verloben
- [ ] Kinder bekommen
- [ ] sich verlieben
- [ ] sie lebten glücklich bis an ihr Lebensende

B5 Partnerschaft

Ergänzen Sie.

Alleinerziehenden • Single • Kuss • Ehe • ledig • ~~Paar~~
leben zusammen • Hochzeit

1. Seit wann sind Udo und Lea ein _Paar_?
2. Wir sind nicht verheiratet, aber wir ________ ____________.
3. ● Sind Sie verheiratet? – ◆ Nein, ich bin __________.
4. Sie hat zwei Kinder aus erster __________.
5. Der Bräutigam gab der Braut einen __________.
6. Die Zahl der ________________ nimmt zu.
7. Er ist vierzig und immer noch __________.
8. Auf der __________ trug die Braut ein langes, weißes Kleid.

B6 Glückwunschkarte

Welche Wörter schreibt man groß?

sehr geehrter herr prof. dr. siebert,
ich möchte ihnen ganz herzlich zu ihrem 40. geburtstag gratulieren. ich möchte ihnen alles gute wünschen, vor allem glück und gesundheit und weiterhin viel erfolg.

mit herzlichen grüßen
dr. manfred müller

B7 Brief an eine Freundin

Ergänzen Sie.

Kollegen • Grüße • Freunde • Nachbarn • Jungen • Mitschüler
~~Entschuldigung~~ • Schulfreundin • Brief • Heimweh • Umzug

Liebe Kathrin,

(1.) Entschuldigung, dass ich Dir erst jetzt einen (2.) ________ schreiben kann. Es geht uns gut in Bonn. Der (3.) ________ hat gut geklappt. Stell Dir vor, ich habe eine alte (4.) ________ aus dem Gymnasium im Supermarkt getroffen. Unsere Tochter Tina war am Anfang traurig, jetzt hat sie aber kein (5.) ________ mehr. Am ersten Tag in der neuen Schule haben ihre (6.) ________ eine Party für sie gemacht! Gut ist auch, dass wir nette (7.) ________ haben. Sie beschweren sich nicht gleich, wenn die (8.) ________ im Garten laut Fußball spielen. Die Kinder haben auch schon (9.) ________ in der Nachbarschaft gefunden. Meine (10.) ________ bei der Arbeit sind auch sehr nett.

Liebe (11.) ________ an die ganze Familie

Herzlichst Marion

B8 Einladungskarte

Nummerieren Sie die Sätze in der richtigen Reihenfolge.

Einladung zum PIRATENFEST

a. Lieber Philipp,

b. Dein *Simon*

c. Bitte gib mir Bescheid, ob Du kommen kannst.

d. Die Party beginnt um 15 Uhr und endet um 18 Uhr.

e. ich möchte Dich ganz herzlich zu meinem
6. Geburtstag am 16.7. einladen.

Simon Mayer, Marktstr. 12, 71522 Backnang, Tel. 07191/61419

1.	2.	3.	4.	5.
a				

B9 Wie ist er?

Ergänzen Sie das Gegenteil.

1. freundlich ↔ *unfreundlich*
2. ______________ ↔ unhöflich
3. sympathisch ↔ ________________
4. fleißig ↔ _______
5. ______________ ↔ langweilig
6. geduldig ↔ ______________

B10 Einladung

Ergänzen Sie. Achten Sie bei Verben auf die korrekte Form.

kennenlernen • ausgezeichnet • sich bedanken • einpacken
sich verabschieden • klingeln • winken • Grüße bestellen
gratulieren • reinkommen • ~~leidtun~~ • Einladung

1. Es _tut_ mir _leid_, ich kann leider nicht zu deiner Party kommen. Ich habe am Wochenende eine Fortbildung.
2. Axel, es hat ______________. Machst du bitte die Tür auf.
3. Guten Abend, ____________ Sie doch _____.
4. Das ist meine Freundin Lilli, wir haben uns an der Uni ___________________.
5. Andrea muss schon fahren. Komm, wir ____________ noch zum Abschied.
6. Schade, dass Ihre Frau nicht kommen konnte. ____________ Sie ihr bitte ______ von mir.
7. Ich muss ______ noch von Frau Mayer ________________ und ______ für das Geschenk ______________.
8. Vielen Dank für die ____________! Das Essen war wie immer _______________!
9. Ich möchte dir ganz herzlich zum Geburtstag ______________.
10. Weißt du, wo der Tesafilm ist? Ich muss noch das Geschenk _______________.

11. Charaktereigenschaften

Ergänzen Sie.

eingebildet • streng • fleißig • egoistisch • gerecht • nett
sympatisch • stolz • ~~distanziert~~ • kalt • lieb • zuverlässig
geduldig • geizig • neugierig

1. Mit der neuen Chefin komme ich nicht zurecht. Sie ist mir zu _distanziert_ und k___t.
2. Wir sind mit dem Au-pair-Mädchen zufrieden: Es ist zu__________ig und sehr l___b zu den Kindern.
3. Susi glaubt, dass sie sehr hübsch und intelligent ist. Sie ist ganz schön ein____________et.
4. David mag seine Lehrerin. Sie schreit nie und ist sehr ge________ig. Sie behandelt alle Schüler gleich und ist sehr ge________cht.
5. Er ist wirklich g_____ig. Obwohl er viel verdient, kauft er bei Aldi die billigsten Lebensmittel.
6. Bettina schreibt oft zwölf Stunden an ihrer Dissertation. Sie ist wirklich f_____ig.
7. Er denkt nur an sich. Er ist eg________isch.
8. Die alte Handarbeitslehrerin ist nicht beliebt. Sie ist st_______g und gibt viele schlechte Noten.
9. Peter ist sehr st_____z auf seinen beruflichen Erfolg.
10. Seine Schwiegermutter ist ne_______ig. Sie liest heimlich private Briefe.
11. Unser Reiseleiter war sehr sy______tisch und n___tt.

C. Körper und Gesundheit

1. Körperteile
2. Das Auge, die Augen ...
3. Organe
4. Der Körper
5. Rotkäppchen
6. Im Auto
7. Koffer packen
8. Beim Friseur
9. Körperpflege und Hygiene
10. Wie geht´s dir?
11. In der Arztpraxis
12. Was fehlt Ihnen denn?
13. Beim Arzt
14. Schwangerschaft und Geburt
15. Was hast du denn?
16. Verletzungen und Unfälle
17. In der Apotheke
18. Rauchen

C1 Körperteile

Ergänzen Sie.

die Nase • das Knie • der Rücken • das Ohr • die Hand • ~~der Kopf~~
die Brust • das Bein • das Auge • der Mund • der Arm
der Bauch • der Fuß • die Zähne (Pl.) • der Hals • der Zeh
die Schulter • die Haare (Pl.)

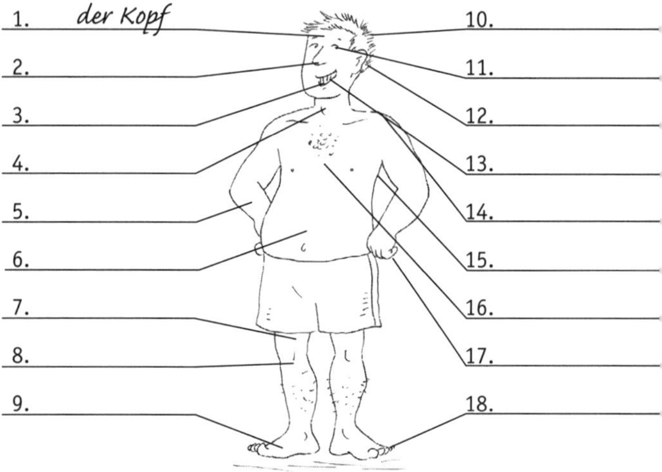

C2 Das Auge, die Augen ...

Ergänzen Sie den Plural.

1. das Auge, *die Augen*
2. das Ohr, ______
3. die Hand, ______
4. das Haar, ______
5. der Fuß, ______
6. das Bein, ______
7. der Zahn, ______
8. der Finger, ______

C3 Organe

Ergänzen Sie.

der Darm • das Herz • der Magen • ~~die Lunge~~ • die Leber

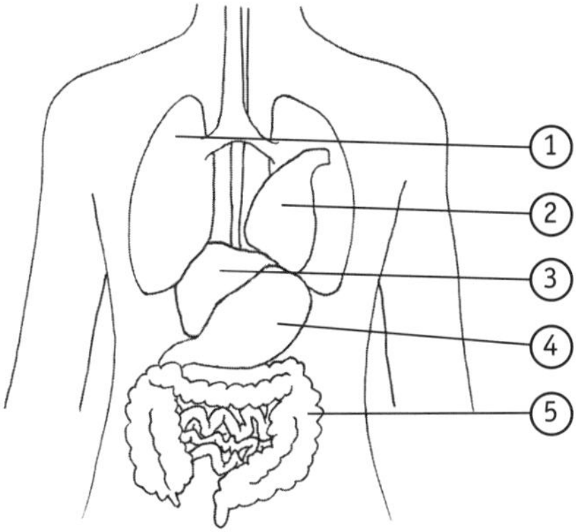

1. *die Lunge*
2. ______
3. ______
4. ______
5. ______

C4 Der Körper

Was passt nicht?

1. das Gesicht: das Auge – ~~das Blut~~ – das Kinn – die Lippe
2. das Bein: das Knie – der Fuß – der Zeh – der Mund
3. die Hand: der Finger – der Daumen – der Po – der Fingernagel
4. die Organe: das Herz – die Lunge – der Magen – der Zeh

C5 Rotkäppchen

Ergänzen Sie.

riechen • fressen • ~~sehen~~ • packen • hören

1. ● „Großmutter, was hast du für große Augen?"
   ◆ „Damit ich dich besser _sehen_ kann."

2. ● „Großmutter, was hast du für große Ohren?"
   ◆ „Damit ich dich besser __________ kann."

3. ● „Großmutter, was hast du für eine große Nase?"
   ◆ „Damit ich dich besser __________ kann."

4. ● „Großmutter, was hast du für große Hände?"
   ◆ „Damit ich dich besser __________ kann."

5. ● „Großmutter, was hast du für ein großes Maul?"
   ◆ „Damit ich dich besser __________ kann."

Zeichnung: Ludwig Richter (1803-1884)

6 Im Auto

Ergänzen Sie. Achten Sie bei Verben auf die korrekte Form.

warm • Pause • ~~Durst~~ • Parkplatz • schwitzen • mal müssen
angenehm • Rucksack • frieren • Hunger • Klo • kalt
Klimaanlage • heiß

◆ Mama, ich hab (1.) Durst.

● Die Trinkflasche ist in deinem (2.) ________.

◆ Mama, ich hab (3.) ________

● Wir machen gleich (4.) ________ und essen was.

◆ Mama, ich (5.) ________.

● Wir halten am nächsten (6.) ________ mit Toilette.

◆ Ich muss aber ganz dringend aufs (7.) ________!

...

◆ Machst du die Klimaanlage an. Ich (8.) ________.

● Es ist doch gar nicht so heiß.

◆ Doch mir ist viel zu (9.) ________.

● Wenn es mal ein bisschen (10.) ________ ist, muss man doch nicht gleich die (11.) ____________ anmachen.

...

◆ Machst du die Klimaanlage wieder aus. Ich (12.) ________.

● Mir ist es nicht zu (13.) ______. Ich finde es (14.) ________.

C7 Koffer packen

Ergänzen Sie. Achten Sie bei Verben auf die korrekte Form.

Sonnencreme • Wäsche • kämmen • Waschlappen • Zahnpasta
Kamm • Shampoo • ~~Kulturbeutel~~ • Taschentücher (CH: Nastücher)
Handtuch • duschen • putzen • wechseln • schmutzig
waschen • Zahnbürste • Seife • föhnen

● Hast du schon deinen (1.) Ku*lturbeut*el gepackt?

◆ Nee, was soll ich denn einpacken?

● (2.) Z__________e, (3.) Z__________a, (4.) K___m, (5.) S___e und (6.) Sh_____oo natürlich. Und nimm auch (7.) S_________e und ein paar Packungen (8.) T__________er mit. Das (9.) H_______ch und die drei (10.) W__________en müssen auch noch in den Koffer.

◆ Ja, Mama.

● Und (11.) w_____ auch deine Haare, wenn du (12.) d_____st. Und (13.) f___n dann die Haare, du erkältest dich sonst. Und vergiss nicht, die Zähne zu (14.) p___en und dich auch mal zu (15.) k_____n. Und (16.) w____e jeden Tag die Unterhose ...

◆ Mamaaa, ich mach schon ...

● Das letzte Mal hast du fast die ganze (17.) W____e wieder sauber mitgebracht.

◆ Ich hab die Klamotten nicht gewechselt, weil sie nicht (18.) sch_____ig waren!

● Naja ...

C8 Beim Friseur

Was passt nicht?

1. Der Friseur (CH: Coiffeur) benutzt: einen Föhn – ~~ein Duschgel~~ – eine Schere – eine Bürste
2. Die Haare kann man: schminken – schneiden – waschen – föhnen
3. Beim Friseur sagt man: ich möchte Strähnchen – ich möchte ein Bad nehmen – ich möchte eine Tönung
4. Beim Friseur sagt man: bitte keinen Rasierschaum – bitte kein Haarspray – bitte kein Haargel

C9 Körperpflege und Hygiene

Ergänzen Sie.

Drei-Tage-Bart • Parfüm • Kondome • Tampons • waschen
Rasierklingen • ~~Toilettenpapier~~ • rasieren • Deo
Taschentücher (CH: Nastücher) • Damenbinden

1. Mist, hier gibt es kein T*oilettenpapi*er. Hast du T__________er dabei?
2. In der Drogerie kann man T_______s, D________en und K________e kaufen.
3. Man darf D___ und P___m nicht mehr im Handgepäck im Flugzeug mitnehmen.
4. R____________en finden Sie vorne an der Kasse.
5. Vor dem Essen Hände w____en!
6. Du siehst furchtbar aus mit dem Dr_______________t. Kannst du dich nicht mal r_____en!

C10 Wie geht´s dir?

Ergänzen Sie.

Gut, danke. • ~~Sehr gut, danke!~~ • Sehr schlecht! • Schlecht. • Es geht so.

1. Sehr gut, danke!

2. ____________________

3. ____________________

4. ____________________

5. ____________________

C11 In der Arztpraxis

Ergänzen Sie.

Praxisgebühr • Quittung • Wartezimmer • Quartal
Versicherungskarte • ~~Termin~~

- Guten Morgen. Ich habe einen (1.) _Termin_ um neun Uhr.
- Guten Morgen, Herr Dix. Waren Sie in diesem (2.) __________ schon bei uns?
- Nein, noch nicht.
- Dann brauche ich bitte Ihre (3.) ______________________ und 10 Euro für die (4.) ______________. … Hier Ihre (5.) _____________.
- Danke.
- Nehmen Sie bitte kurz im (6.) __________________ Platz?

C12 Was fehlt Ihnen denn?

Ergänzen Sie. Achten Sie bei Verben auf die korrekte Form.

sich ausruhen • verschreiben • Oberkörper • zu Ende nehmen
Fieber • Krankmeldung • gute Besserung • Halsschmerzen • Grad
~~fehlen~~ • Beschwerden • Tablette • krankschreiben

- ● So Herr Dix. Was (1.) *fehlt* Ihnen denn?
- ◆ Ich habe starke (2.) ________________.
- ● Wie lange haben Sie die (3.) ________________ schon?
- ◆ Eine Woche.
- ● Haben Sie (4.) _______?
- ◆ Ja, heute Morgen 39 (5.) _______.
- ● Öffnen Sie bitte mal Ihren Mund. ... Machen Sie bitte Ihren (6.) ____________ frei. ... Sie haben eine Mandelentzündung. Ich muss Ihnen ein Antibiotikum (7.) ______________. Nehmen Si[e] zweimal täglich eine (8.) __________ vor den Mahlzeiten.
- ◆ Ich brauche eine (9.) ________________.
- ● Ich (10.) _________ Sie zehn Tage ______. Sie müssen (11.) ______ unbedingt __________, Herr Dix. Und Sie wissen ja, das[s] Sie das Antibiotikum (12.) ______________________ müssen, auch wenn Sie keine Beschwerden mehr haben.
- ◆ Ja, das weiß ich.
- ● Dann (13.) ___________________, Herr Dix!
- ◆ Vielen Dank.

C13 Beim Arzt

Ergänzen Sie. Achten Sie bei Verben auf die korrekte Form.

Sprechstunde (A: Ordination) • einatmen • verschreiben
Überweisung • abhören • Tropfen • ~~Krankenversicherung~~ • weh
Impfung • verstaucht

1. Bei welcher K*rankenversicheru*ng sind Sie versichert?
2. Ich möchte Sie ab____en, machen Sie bitte Ihren Oberkörper frei.
3. Ich ver_________e Ihnen etwas gegen die Schmerzen.
4. Wann war Ihre letzte I______ng gegen Tetanus?
5. Wo tut es Ihnen w___?
6. A_____en Sie bitte einmal tief e___.
7. Ich schreibe Ihnen eine Ü________ng für den HNO-Arzt.
8. Bitte kommen Sie nächste Woche noch einmal zur Kontrolle in die Sp_________e.
9. Der Fuß ist nicht gebrochen, er ist ver_______t.
10. Sie müssen die T_____en nach den Mahlzeiten einnehmen.

C14 Schwangerschaft und Geburt

Ergänzen Sie.

behindert • Krankenhaus • Zwillinge • Geburt • adoptieren
~~schwanger~~ • entbinden

1. Tina ist im sechsten Monat *schwanger* und hat einen dicken Bauch.
2. Weil Reiner und Lea keine Kinder bekommen können, möchten si ein Kind ___________.
3. Kathrin will zur Geburt nicht ins _______________. Sie will zu Hause ____________.
4. Das Kind hat bei der __________ zu wenig Sauerstoff bekommen und ist deshalb ___________.
5. Eineiige ___________ sehen sich sehr ähnlich.

C15 Was hast du denn?

Ergänzen Sie. Achten Sie bei Verben auf die korrekte Form.

schlecht werden • Durchfall • Gesundheit • brechen • Schnupfen
Husten • allergisch • ~~Grippe~~

1. Ich liege mit einer schweren *Grippe* im Bett.
2. Ich bin stark erkältet. Ich habe ___________ und __________.
3. Sie ist __________ gegen Katzenhaare.
4. Wenn jemand niest, sagt man: „____________!“
5. Wir können nicht kommen. Lea hat einen Virus, sie hat schlimmen __________ und hat die ganze Nacht ____________.
6. Setz dich nach vorne, dir _____ es doch beim Autofahren imme __________.

16 Verletzungen und Unfälle

Ergänzen Sie. Achten Sie bei Verben auf die korrekte Form.

herunterstürzen • bluten • verletzen • sich schneiden • Wunde
~~sich brechen~~ • Unfall • sich verbrennen

1. Thomas ist vom Fahrrad gefallen und hat _sich_ den Arm _gebrochen_.
2. Simon hat ____ mit dem Taschenmesser in den Finger ____________.
3. Bei dem __________ wurde Gott sei Dank niemand __________.
4. Die _______ hört nicht auf zu ________, ich muss einen Verband machen.
5. Vor den Herdplatten ist eine Kindersicherung, damit die Kinder ______ nicht die Finger ____________.
6. Der alte Mann ist die Treppe ___________________.

17 In der Apotheke

Ergänzen Sie.

Tropfen • Tabletten • Spray • Pille • Salbe • ~~Medikament~~ • Pflaster

1. Wir haben das _Medikament_ leider nicht vorrätig. Wir müssen es bestellen.
2. Frauen, die mit der _______ verhüten, sollten nicht rauchen.
3. Ich habe mich geschnitten, hast du mir ein __________.
4. Bitte tragen Sie die _______ einmal täglich auf die Wunde auf.
5. Sie hatte immer ein _______ gegen Asthma in der Handtasche.
6. Wir haben von diesen ___________ nur die kleine Packung.
7. Das Baby hatte Schnupfen und bekam ___________ für die Nase.

C18 Rauchen

Ergänzen Sie.

anzünden • süchtig • Feuer • Feuerzeug • ~~Zigarette~~ • Rauchen verboten • Nichtraucherflüge • Packung • Aschenbecher

1. ● Darf ich Ihnen eine _Zigarette_ anbieten? ◆ Nein danke, ich rauche nicht.
2. ● Ich möchte Sie darauf hinweisen, dass unsere Inlandsflüge __________ sind und dass das __________ auch auf den Toiletten strengstens verboten ist.
3. ● Entschuldigung, hast du mir __________, ich habe mein __________ verloren.
4. ● Können Sie mir bitte einen __________ bringen? ◆ Nein, tut mir leid. Hier ist Rauchen __________.
5. ● Schau mal, auf jeder __________ Zigaretten gibt es eine Warnung, dass das Rauchen schädlich ist. ◆ Das gibt es doch schon lange!
6. ● Sie ist keine Gelegenheitsraucherin, sondern __________! Alle paar Minuten muss sie sich eine Zigarette __________.

D. Wahrnehmung und Aktivitäten

1. Sehen und schauen
2. Zuschauen und wegschauen
3. Hören und verstehen
4. Fühlen, schmecken, riechen
5. Sich bewegen
6. Was kann man tun?
7. Beim Abendessen
8. Wo liegt meine Brille?

D1 Sehen und schauen

Ergänzen Sie. Achten Sie bei Verben auf die korrekte Form.

~~sehen~~ • schauen • hinschauen • merken • bemerken • blind

1. Es ist so dunkel, man kann die Hand nicht vor den Augen <u>sehen</u>.
2. Seit einer Augenkrankheit sieht Nadine nur noch wenig, sie ist fast ________.
3. Erst links und dann rechts ________, dann wieder links, und wenn kein Auto kommt, dann die Straße überqueren.
4. Ich kann nicht ________, wenn mir Blut abgenommen wird.
5. Wenn man an einer Melone riecht, kann man ________, ob sie reif ist.
6. Ich habe nicht ________, dass mir mein Geldbeutel gestohlen wurde.

D2 Zuschauen und wegschauen

Ergänzen Sie *weg-*, *zu-*, *auf-* oder *an-* (2-mal).

1. Wir wollen in den Berliner Zoo und uns Knut <u>an</u>gucken!
2. Ich will das Spiel Bayern München gegen VFB Stuttgart ___schaue
3. Axel möchte gerne ___schauen, wenn David ein Handballturnier h
4. Als mein Kind am Kinn genäht wurde, musste ich ___schauen.
5. Kannst du kurz auf Simon ___passen, ich muss David zum Handb fahren.

03 Hören und verstehen

Ergänzen Sie die Verben in der korrekten Form.

hören • ~~anhören~~ • zuhören • hinhören • verstehen • rufen

1. Die musst dir die neue CD von Tokio Hotel _anhören_!
2. Hörst du wie der Kuckuck ________?
3. Christa ________ dich nicht, wenn du nicht lauter sprichst.
4. ________ du mal bitte ___, wenn man dir was sagt?
5. Wenn du genau ________, hörst du, wie die kleinen Vögel im Nest schreien.
6. Ich habe die ganze Nacht die Kuhglocken läuten ________.

04 Fühlen, schmecken, riechen

Wie heißt das Wort?

1. Babys entdecken die Welt, indem sie alles (sfanasen) _anfassen_.
2. Überall stehen Schilder: Bitte nicht (hrbeüren) __________.
3. Der Kuchen ist lecker, den musst du (riepobren) __________.
4. Das Parfüm (tchrie) _______ aber gut!
5. Igitt, hier (nkstit) _______ es nach Abgasen!
6. (Flhü) _______ mal, wie weich der Stoff ist.
7. (Süstpr) ________ du, wie das kleine Häschen vor Angst zittert.
8. Das Essen in unserer Kantine (mckschet) __________ sehr gut.

D5 Sich bewegen

Ergänzen Sie die Verben in der korrekten Form.

laufen • springen • sich bewegen • gehen • hüpfen • ~~bücken~~
rennen • wandern

1. Sie hat Rückenschmerzen und kann sich nicht gut *bücken*.
2. Die Teilnehmer des Marathons sind durch das Brandenburger Tor __________.
3. Die Kinder __________ zu Fuß zur Schule.
4. Am Wochenende fahren wir oft in die Berge und __________.
5. Ich habe Angst, dass der bissige Hund über den Zaun __________.
6. Ich bin die ganze Zeit am Schreibtisch gesessen, jetzt muss ich ________ mal __________.
7. In Australien ist vor unserem Auto ein Känguru über die Straße __________.
8. Der Autofahrer erschrak, als plötzlich ein Reh über die Straße __________.

D6 Was kann man tun?

Was passt nicht?

Man kann ...

1. ... einen Ball werfen – fangen – ~~hängen~~ – festhalten
2. ... eine Tür winken – öffnen – aufhalten – schließen
3. ... ein Papier wegschmeißen – aufheben – ausmachen – fallen l
4. ... ein Taschentuch wegwerfen – mischen – benutzen – mitnehm
5. ... eine Flasche schütteln – öffnen – aufkleben – ausleeren

D7 Beim Abendessen

Ergänzen Sie die Verben in der korrekten Form.

essen • machen • benutzen • einschenken • geben
bringen • nehmen • ~~decken~~ • aufpassen • sich schneiden
holen • abschneiden • gießen • treten • abwischen
kontrollieren • schießen

◆ (1.) D*eck*t ihr bitte den Tisch. Und Tim, (2.) h__st du bitte Apfelsaft aus dem Keller und (3.) b____g Jan auch ein Bier mit.

...

● Mama, ich will die Wurst selber (4.) ab_______n.

◆ Ja, pass aber auf, dass du (5.) _______ nicht sch_____st.

◆ (6.) G__st du mir bitte das Brot? ... Tim, hast du die Hausaufgaben alle (7.) ge_____t?

● Ja, und Mama hat sie auch schon (8.) k__________t. Ich habe auch vier Tore in der Schule (9.) ge_______en.

◆ So viele! Ja, prima.

◆ Moritz, (10.) n___m auch Brot und nicht nur Wurst.

● Ich will mir selber Saft (11.) ei_______en.

◆ Ja, (12.) p____ aber a__, du (13.) g____t schon wieder daneben. ... Tim, (14.) be____t du bitte eine Serviette. Du hast schon wieder den Mund am Ärmel (15.) ab_______t.

● Moritz (16.) t__tt mich unter dem Tisch.

◆ Kann man abends nicht mal in Ruhe (17.) e___en ...

D8 Wo liegt meine Brille?

Ergänzen Sie die Verben in der korrekten Form.

sitzen • Platz nehmen • stellen • aufstehen • ~~liegen~~
sich hinlegen • legen (2-mal) • hängen (2-mal) • sich setzen
stehen • stecken (2-mal)

1. Wo *liegt* bloß meine Brille?
2. Er ________ sein Portemonnaie immer in die Hosentasche.
3. ________ du mir bitte die Unterlagen auf den Schreibtisch?
4. Ich habe die Jacke an die Garderobe ________. Sie hat eben noch dort ________, jetzt ist sie weg.
5. Sie hat die Reiseführer in das Regal ________.
6. Opa ist müde. Er möchte ______ einen Moment ________.
7. ◆ Wohin darf ich ______ ________? ● ________ Sie doch bitte neben meinem Mann ________.
8. Entschuldigen, Sie müssen leider ________. Der Platz ist reserviert.
9. Der Zug war total voll. Ich musste die ganze Fahrt über ________.
10. Auf dem Baum ________ ein Papagei.
11. Wohin habe ich bloß wieder das Handy ________.
12. Der Haustürschlüssel hat die ganze Zeit im Schloss ________.

E. Wohnen und Hausarbeit

1. So kann man wohnen
2. Ein Haus
3. Möbel im Wohnzimmer
4. Der Stuhl, die Stühle ...
5. Die Küche
6. Das Bad
7. Wie ist die Wohnung?
8. Wohnungsanzeigen
9. Ist das Apartment noch frei?
10. Die Miete
11. Telefon und Fax
12. Wohnen, bauen, renovieren
13. Was passt zusammen?
14. An der Tür
15. Wohin mit dem Müll?
16. Mülltrennung ist kompliziert
17. Hausarbeit
18. Die neue Putzfrau
19. Wäsche waschen
20. Radio, Fernsehen, Computer
21. Wasser, Heizung, Elektrizität
22. Das Licht brennt

E1 So kann man wohnen

Ergänzen Sie. Achten Sie bei Verben auf die korrekte Form.

Altersheim • Wohnung • Pflegeheim • Garten • Apartments
ausziehen • Haus • Studentenwohnheim • ~~wohnen bei~~
Zimmer • Wohngemeinschaft • zu Hause

Lucia (1.) w<u>ohn</u>t noch b<u>ei</u> ihren Eltern, weil sie im (2.) St__________________m kein Zimmer bekommen hat. Gerne würd sie von (3.) z__ H____e (4.) a______en, aber die Mieten für (5.) Z____ und (6.) A__________s sind in Hamburg sehr hoch. Sie versucht jetzt, ein Zimmer in einer (7.) W______________t zu finden.

Frau Mayer ist 79 Jahre alt und lebt allein in ihrem (8.) H___s. Sie möchte nicht in eine (9.) W______g umziehen. Sie kümmert sich um ihrer (10.) G___en. Auf keinen Fall möchte sie ins (11.) Al________m umziehen. Sie hofft, dass sie auch nie in ein (12.) Pf_______m muss.

Terrasse • Erdgeschoss • Hof • Stock • Nähe • Tiefgarage
Keller • Lage • Balkon • Eigentumswohnung

Familie Dill wohnt in einer 4-Zimmer-Wohnung. Die (13.) L____e der Wohnung ist gut, man kann zu Fuß einkaufen und die U-Bahn ist in der (14.) N_____e. Die Wohnung liegt im (15.) 5. St__ck und hat eine kleinen (16.) B_____n. Die Kinder können im (17.) H__f spielen.

Frau Weißer hat sich eine (18.) Ei_____________ng gekauft. Die Wohnung liegt im (19.) E___________ss und hat eine (20.) T__________e und einen kleinen Garten. Zur Wohnung gehört auch ein Platz in der (21.) T__________e und ein kleiner (22.) K___ler.

E2 Ein Haus

Ergänzen Sie.

~~das Dach~~ • das Arbeitszimmer • das Wohnzimmer (A: die Stube)
der Kamin • das Bad • der Schornstein • das Gästezimmer
das Kinderzimmer • das Treppenhaus (A: das Stiegenhaus)
die Küche • die Toilette • die Treppe • der Keller
der Hobbyraum • das Schlafzimmer

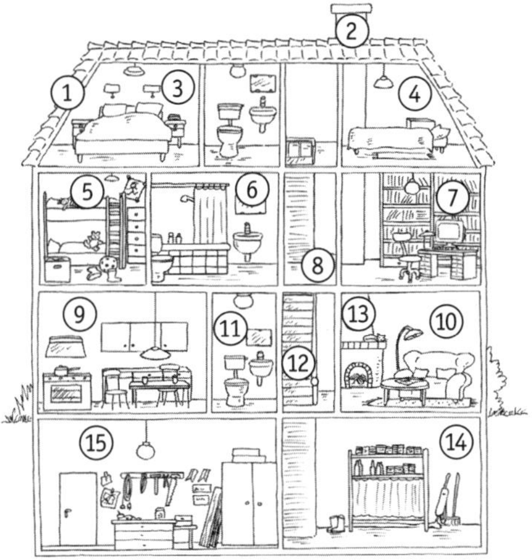

Dachgeschoss: 1. *das Dach* 2. ________
3. ________ 4. ________

1. Stock: 5. ________ 6. ________
7. ________ 8. ________

Erdgeschoss: 9. ________ 10. ________
(CH: Parterre) 11. ________ 12. ________
13. ________

Keller: 14. ________ 15. ________

E3 Möbel im Wohnzimmer

Ordnen Sie zu.

der Vorhang • der Tisch • der Sessel (CH: der Fauteuil)
der Teppich • das Sofa / die Couch • das Regal • ~~der Fernseher~~
das Bild • die Pflanze • die Lampe • das Klavier •
die Vase • das Kissen • die Katze

1. *der Fernseher* 2. ______ 3. ______
4. ______ 5. ______ 6. ______
7. ______ 8. ______ 9. ______
10. ______ 11. ______ 12. ______
13. ______ 14. ______

E4 Der Stuhl, die Stühle ...

Ergänzen Sie den Plural.

1. der Tisch, die Tische
2. der Teppich, ______________
3. der Sessel, ______________
4. das Bild, ______________
5. die Lampe, ______________
6. das Bett, ______________
7. der Schrank, ______________
8. das Sofa, ______________

E5 Die Küche

Ordnen Sie zu.

der Herd • die Spüle (A: die Abwasch) • die Spülmaschine
die Uhr • die Kaffeemaschine • ~~die Mikrowelle~~ • der Kühlschrank
das Geschirr • der Wasserhahn

1. die Mikrowelle
2. ______________
3. ______________
4. ______________
5. ______________
6. ______________
7. ______________
8. ______________
9. ______________

E6 Das Bad

Ordnen Sie zu.

der Spiegel • das Waschbecken (CH: das Lavabo) • die Badewanne • ~~die Dusche~~ • das Handtuch • das Toilettenpapier • die Zahnbürste • die Badeente • die Toilette / das Klo

1. *die Dusche*	4. ______	7. ______
2. ______	5. ______	8. ______
3. ______	6. ______	9. ______

E7 Wie ist die Wohnung?

Wie heißt das Gegenteil?

ruhig • hell • breit • möbliert • schmutzig • teuer • ~~klein~~ • alt

1. Die Wohnung ist *groß*. ↔ Die Wohnung ist *klein*.
2. Das Zimmer ist *unmöbliert*. ↔ Das Zimmer ist ______.
3. Das Zimmer ist sehr *dunkel*. ↔ Das Zimmer ist sehr ______.
4. Das Haus ist *neu*. ↔ Das Haus ist ______.
5. Die Miete ist *billig*. ↔ Die Miete ist ______.
6. Die Lage ist *laut*. ↔ Die Lage ist ______.
7. Der Flur ist *schmal*. ↔ Der Flur ist ______.
8. Das Treppenhaus ist *sauber*. ↔ Das Treppenhaus ist ______.

E8 Wohnungsanzeigen

Verstehen Sie die Abkürzungen?

Dachgeschoss • ~~Zimmer, Küche, Bad~~ • Parkett • Erdgeschoss
erstes Obergeschoss • Heizung • Balkon • Fußbodenheizung
Tiefgarage • Keller • Wohnfläche • Doppelhaushälfte • Einbauküche
zwei Monatsmieten Kaution • ab sofort • Nebenkosten

1. ZKB *Zimmer, Küche, Bad*
2. EBK ________________
3. NK ________________
4. Park. ________________
5. TG ________________
6. EG ________________
7. DG ________________
8. 1. OG ________________
9. 2 MM KT ________________
10. HZ ________________
11. Blk. ________________
12. ab sof. ________________
13. FBH ________________
14. Ke. ________________
15. Wfl. ________________
16. DHH ________________

E9 Ist das Apartment noch frei?

Ergänzen Sie. Achten Sie bei Verben auf die korrekte Form.

WALDPERLACH 1,5-Zi-Ap., DG, EBK, $40m^2$, Bad/Fe, sof. v. priv., 470,- + NK/KT Tel. 089-43009973

das geht • Monatsmieten • hell • Kaution • besichtigen • ~~Anzeige (CH: die Annonce)~~ • ruhig • frei • liegen • Süden • vorbeikommen • Tempo-30-Zone • betragen • Nebenkosten

- ◆ Guten Tag, mein Name ist Stix. Ich rufe wegen der (1.) *Anzeige* in der Süddeutschen Zeitung an. Ist das Apartment noch (2.) ______?
- ● Ja, es ist noch frei.
- ◆ Wo (3.) ________ das Apartment?
- ● Es liegt im Märchenweg 16.
- ◆ Ist die Lage (4.) _________?
- ● Sehr ruhig. Die Straße ist eine (5.) ______________________.
- ◆ Ist das Apartment (6.) ________?
- ● Ja, sehr hell. Die Dachterrasse ist im (7.) _________.
- ◆ Wie hoch ist die (8.) __________?
- ● Die üblichen zwei (9.) __________________.
- ◆ Und wie hoch sind die (10.) __________________?
- ● Die (11.) __________ momentan ca. 150 Euro.
- ◆ Könnte ich das Apartment (12.) ______________?
- ● Ja gerne. Sie können morgen Abend um 18 Uhr (13.) ______________________. Geht das bei Ihnen?
- ◆ Ja, (14.) _________.

E10 Die Miete

Wie heißen die Verben?

1. die Miete ___mieten___
2. die Kosten ______________
3. die Heizung ______________
4. die Kündigung ______________
5. der Umzug ______________
6. die Besichtigung ______________

E11 Telefon und Fax

Ergänzen Sie.

erreichen • E-Mail • Handy • besetzt • Wackelkontakt
Internetanschluss • Verbindung • ~~Telefon~~ • Faxanschluss
Telefonleitung • Apparat

1. In unserer Ferienwohnung im Allgäu gibt es weder (1.) T*elef*on noch (2.) I________________ss. Auch per (3.) H____y kannst du mich dort schlecht erreichen, die (4.) V__________ng bricht dort immer wieder ab.

2. ◆ Haben Sie (5.) F___________ss? ● Nein, aber Sie können mir eine (A/CH: ein) (6.) E____l schicken.

3. ◆ Du warst plötzlich weg. Ich glaube, die (7.) T____________ng ist unterbrochen worden. ● Du, das liegt an unserem (8.) A_______t. Er hat einen (9.) W____________t.

4. Ich habe den ganzen Vormittag versucht, dich zu (10.) er_______en, es war immer (11.) be_____t.

E12 Wohnen, bauen, renovieren

Ordnen Sie zu.

1. Was bedeutet inklusive Nebenkosten?
2. Wer muss den Mietvertrag unterschreiben?
3. Gefällt euch die Altbauwohnung?
4. Mietet ihr euch in Wien ein Haus?
5. Was müsst ihr bei eurem Haus denn noch planen?
6. Was wollt ihr renovieren?

a) Wir wollen die Mauern isoliere[n] und neue Heizkörper einbauen lassen.

b) Noch sehr viel, z. B. wo die Steckdosen und die Telefonanschlüsse hinsollen.

c) Nein. Überall sind hässliche Tapeten und es gibt keinen Aufzug.

d) Dass man Heizung, Wasser un[d] die Hausreinigung nicht extra bezahlen muss.

e) Nein, wir wollen bauen.

f) Der Vermieter und der Mieter natürlich.

1	2	3	4	5	6
d					

E13 Was passt zusammen?

Ergänzen Sie.

-boden • -tür • -haus • ~~-zaun~~ • -kasten • -dose • -klinke • -bank

1. der Garten — der Garten zaun
2. das Fenster — die Fenster________
3. der Stecker — die Steck________
4. die Treppe — das Treppen________
5. die Tür — die Tür________
6. das Dach — der Dach________
7. der Brief — der Brief________
8. das Haus — die Haus________

E14 An der Tür

Was passt nicht?

1. Es hat geklopft – geklingelt – ~~zugemacht~~.
2. Die Tür ist zugesperrt – zugeschlossen – offen.
3. Es hat geläutet. Kannst du bitte die Tür aufmachen – absperren – öffnen.
4. Das Tor ist auf – zu – geschlossen.

E15 Wohin mit dem Müll?

Ergänzen Sie.

Tonnen • Kompost • Abfall • trennen • ~~Müll~~ • Papier

Alle Münchner Bürgerinnen und Bürger sind verpflichtet, ihren (1.) _Müll_ sorgfältig zu (2.) __________. Um das Trennen zu erleichtern, stehen die
folgenden drei (3.) __________ zur Verfügung:

- die blaue Papiertonne für (4.) ________ und Pappe
- die braune Biotonne für (5.) __________
- die graue Restmülltonne für nicht verwertbaren (6.) ________

E16 Mülltrennung ist kompliziert

Ergänzen Sie. Achten Sie bei Verben auf die korrekte Form.

Gartenabfälle • Salat • wegwerfen • entsorgen
Mülleimer (A: Mistkübel, CH: Abfallkübel) • ~~schmeißen~~
Mülltonne • Essensreste

◆ Halt, (1.) _schmeiß_ doch die Shampooflasche nicht in den (2.) ____________. Plastikflaschen (3.) ____________ ich immer im Wertstoffcontainer, sonst ist die (4.) _____________ immer gleich voll.

● Na, dann trennen wir mal ordentlich unseren Müll.

◆ Stopp, gekochte (5.) _____________ und angemachter (6.) __________ kommen nicht in die Biotonne. Da kommen nur ungekochte Gemüse- und Obstreste und unsere (7.) _________________ rein.

● Also ich (8.) _________ bei dir nichts mehr _______ ...

E17 Hausarbeit

Ordnen Sie die Verben zu.

aufräumen • ausschalten • putzen • ~~abwaschen~~ • einräumen
sauber machen • abtrocknen • ausräumen • spülen

Das Geschirr kann man	Die Spülmaschine kann man	Die Wohnung kann man
abwaschen	___	___
___	___	___
___	___	___

E18 Die neue Putzfrau

Ergänzen Sie. Achten Sie bei Verben auf die korrekte Form.

Ordnung • wischen • abstauben • Putzlappen • Staubsauger
~~Putzeimer~~ • Putzmittel • putzen • saugen • Mülleimer

Der (1.) P*utzeim*er, (2.) P_______el und (3.) P_______en sind unten im Keller. Bitte (4.) st_____en Sie immer alle Möbel a__. Der (5.) St_______er steht hier. Bitte (6.) s_______n Sie alle Zimmer und (7.) w_____en Sie dann die Böden. Leeren Sie bitte auch die (8.) M_______er. Am besten (9.) p_____en Sie zuerst hier. Ich mache in der Zwischenzeit im Wohnzimmer (10.) O_______ng.

E19 Wäsche waschen

Ergänzen Sie. Achten Sie bei Verben auf die korrekte Form.

bügeln • Wäschetrockner • Waschmaschine • Bügeleisen
Wäscheständer • ~~waschen~~ • Wäsche • trocknen lassen • aufhängen

1. Ich *wasche* jede Woche mindestens drei Maschinen ___________
2. Die ____________________ schleudert gerade, kannst du nachher die Wäsche ______________?
3. Der ____________________ verbraucht mir zu viel Strom. Ich _______ die Wäsche meistens auf der Leine _______________.
4. Mein Mann ___________ seine Hemden meistens selbst.
5. Mit einem modernen _________________ würdest du schneller bügeln.
6. Stellst du den ________________ rein, da hinten kommt ein Gewitter.

E20 Radio, Fernsehen, Computer

Ergänzen Sie.

Walkman • Lautsprecher • Radio • Computer • Stereoanlage
~~Fernseher~~

1. Viele Kinder verbringen zu viel Zeit vor dem F*ernseh*er und am C_________er.
2. Wir hören jetzt keine Kassette, ich muss den Verkehrsfunk im R____o hören.
3. Wir haben eine neue St____________ mit guten L_____________ern gekauft.
4. Ihr dürft bei der Klassenfahrt keinen MP3-Player oder W_________n mitnehmen.

E21 Wasser, Heizung, Elektrizität

Ergänzen Sie.

elektrische • Kabel • Stecker • Kohle • Ofen • kalt • Strom
Holz • Gas • Steckdose • Verlängerungskabel • ~~Wasserleitung~~
Trinkwasser • Stromleitungen • Elektrogeräte

1. Das Wasser, das aus der _Wasserleitung_ kommt, ist gutes ______________.
2. Das Wasser im Schwimmbecken ist ja viel zu ______!
3. Wie heizen unser Haus mit ______.
4. In der Skihütte gibt es nur einen ________, den man mit ________ heizen muss.
5. Unsere Großeltern haben mit ________ geheizt.
6. Bei den Nebenkosten ist _________ nicht dabei, den muss man extra bezahlen.
7. Runde __________ passen in England nicht in die ______________.
8. Bei dem alten Haus sind die _________________ nicht in der Wand.
9. Das _________ vom Grill ist zu kurz, hast du mir ein ______________________?
10. Sie hat viele überflüssige ________________, z.B. eine ______________ Saftpresse.

E22 Das Licht brennt

Was passt nicht?

1. Eine Glühbirne kann man: auswechseln – reinschrauben – ~~brennen~~
2. Das Licht kann man: drücken – ausschalten (A: abdrehen) – ausmachen
3. Das Licht: brennt – ist an – ist zu.
4. Du musst den Stecker: reinstecken – drücken – rausziehen

F. Umwelt und Natur

1. Eine Stadtführung
2. In Berlin
3. Am Stadtrand
4. Rhein, Ruhr und Donau
5. In den Bergen
6. Am Meer
7. Am Fluss
8. Der Löwenzahn
9. Die Eiche
10. Pflanzen und Bäume
11. Tiere auf dem Bauerhof
12. Hier stimmt doch was nicht!
13. Tiere und Tierkinder
14. Tierquiz
15. Jahreszeiten
16. Die Wetterkarte
17. Eis und Schnee
18. Wie wird das Wetter morgen?
19. Sonne, Mond und Sterne
20. Es tröpfelt
21. Es regnet, es regnet ...
22. Himmelsrichtungen

F1 Eine Stadtführung

Ergänzen Sie.

Fußgängerzone • Krieg • Aussicht • Fluss • erreichen • Platz
Kirche • geöffnet • Rathaus • Museum • besichtigen • begrüßen
Einwohner • ~~Stadtführung~~ • Brücke • Tor

Meine Damen und Herren, ich möchte Sie ganz herzlich zu unserer (1.) St*adtführu*ng (2.) be_____en. Sie haben gerade die schönste (3.) A_______t auf Wasserburg am Inn. Die Stadt hat rund 11 000 (4.) Ein_______er. Wie Sie sehen, fließt fast um die ganze Stadt ein (5.) Fl___s, der Inn. Wir werden über die (6.) B______e, die Sie hier unten sehen, in die Altstadt fahren. Wir (7.) er______n die Stadt durch ein historisches (8.) T__r, in dem noch eine Kanonenkugel au[s] dem 30-jährigen (9.) K___g steckt. Wir werden am (10.) Heisererp___ halten und durch die (11.) Fu_____________ne gehen. Wir besichtige[n] dann die (12.) Frauenk_____e und das (13.) R_______s. Sie haben anschließend Zeit, das (14.) Heimatmu_____m zu (15.) be__________en, es ist heute (16.) ge______et.

F2 In Berlin

Ergänzen Sie.

Mühle • Zoo • Reichstag • Schlange stehen • ~~Schloss~~
anschauen • Tor • Fernsehturm

- ◆ Du kannst nach Potsdam fahren und dir (1.) *Schloss* Sanssouci (2.) ____________. Du kannst dort auch eine alte (3.) ______ besichtigen, in der immer noch Mehl gemahlen wird.
- ● Das ist eine gute Idee für morgen, heute Vormittag wollen die Kinder das Brandenburger (4.) ______ und den (5.) ____________ besichtigen und auf den (6.) ____________ rauffahren. Am Nachmittag gehen wir dann in den (7.) _______. Simon mag so gerne Tiere.
- ◆ Das schafft ihr nicht am Vormittag. Um den Reichstag zu besichtigen, muss man immer (8.) ____________________!

F3 Am Stadtrand

Ergänzen Sie.

Felder • Land • Zentrum • ~~Stadtviertel (A: Bezirk, CH: Quartier)~~
Bach • Stadtrand • Vorort • Umgebung

- ◆ Wir wohnen jetzt in Waldperlach, das ist ein (1.) *Stadtviertel* von München. Wir sind an den (2.) ___________ gezogen, weil wir im (3.) ________ keine Wohnung mit Garten gefunden haben. Und wo wohnst du?
- ● Wir sind aufs (4.) _______ gezogen, nach Grafing, das ist ein (5.) ________ von München. Stell dir vor, durch unseren Garten fließt sogar ein kleiner (6.) _______. In der (7.) ____________ gibt es viele (8.) __________ und Wiesen. Es ist dort wirklich idyllisch.

F4 Rhein, Ruhr und Donau

Ergänzen Sie die fehlenden Vokale.

Im Ruhrgebiet gibt es viel (1.) _I_nd_us_tr_ie_. Die Landschaft ist meistens eben und (2.) fl__ch, es gibt keine hohen Berge. Früher wurde dort viel (3.) K__hl__ gefördert und Stahl produziert und die Luft war (4.) schm__tz_g. Heute ist die (5.) L__ft wieder sauber.

Der Rhein ist der größte (6.) Fl__ss Deutschlands. An seinem (7.) __f__r gibt es einen berühmten (8.) st___l__n Felsen. In einer alten Sage wird erzählt, dass auf dem (9.) F__ls__n eine junge schöne Frau saß, die Loreley, und ihre langen, blonden Haare kämmte und sang. Die Schiffer schauten deshalb nach (10.) __b__n und nicht auf den Fluss und viele (11.) Sch__ff__ sanken.

Ich fahre gerne an der Donau mit dem Fahrrad (12.) __ntl__ng, die meisten Wege sind dort (13.) __b__n. (14.) Die L__ndsch__ft ist dort wunderschön. Es gibt viele (15.) B__rg__n, die man besichtigen kann. Wenn die Wege trotzdem einmal (16.) st___l sind, schiebe ich mein Rad.

F5 In den Bergen

Ordnen Sie zu.

~~das Gebirge~~ • der See • die Straße • das Dorf • der Bauernhof
der Wald • die Wiese • der Fluss • der Hügel • das Feld
die Brücke • das Gipfelkreuz • die Seilbahn • die Kirche • die Burg

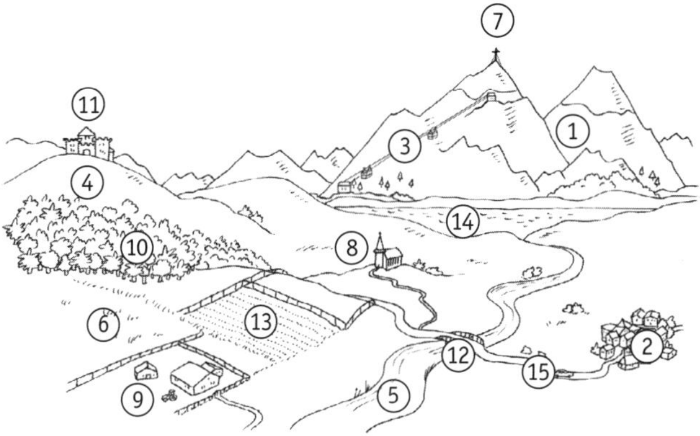

1. *das Gebirge* 2. ______ 3. ______

4. ______ 5. ______ 6. ______

7. ______ 8. ______ 9. ______

10. ______ 11. ______ 12. ______

13. ______ 14. ______ 15. ______

F6 Am Meer

Ergänzen Sie.

Ebbe • Insel • Strand • Küste • ~~Sommerferien~~ • Meer • Nordsee

◆ Wohin fahrt ihr in den (1.) _Sommerferien_?

● Wir wollen im Sommer immer ans (2.) ________ und fahren wieder nach Elba. Die (3.) ________ ist sehr schön, es gibt an der (4.) ________ viele schöne Strände zum Baden. Und wohin wollt Ihr?

◆ Wir fahren an die (5.) ________, auf die Insel Amrum.

● Mir wäre es dort zum Schwimmen zu kalt!

◆ Wir schwimmen auch nicht oft. Wir machen gerne bei (6.) ________ Wanderungen am (7.) ________.

F7 Am Fluss

Ergänzen Sie.

Kanal • Innenstadt • ~~Stadtteil~~ • Park • Nähe • Ufer

◆ Na, wie gefällt es dir in München?

● Gut. Wir wohnen in einem (1.) _Stadtteil_ in der (2.) ________ des Englischen Gartens, das ist ein wunderschöner (3.) ________. Ich arbeite in der (4.) ________ und kann in der Mittagspause ans (5.) ________ der Isar gehen. Du, da gibt es einen (6.) ________, an dem ein paar junge Leute sogar Wellen reiten.

F8 Der Löwenzahn

Ordnen Sie zu.

das Blatt • der Stängel • ~~die Wurzel~~ • der Samen • die Knospe
die Blüte • die Erde

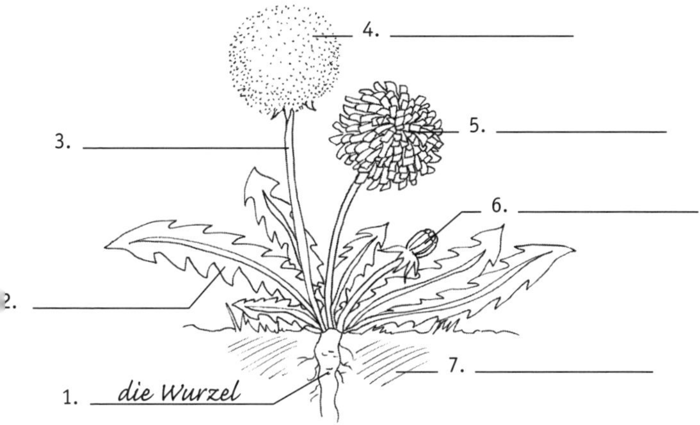

F9 Die Eiche

Ordnen Sie zu.

der Zweig • der Ast • die Wurzel • das Gras • ~~der Stamm~~ • das Nest

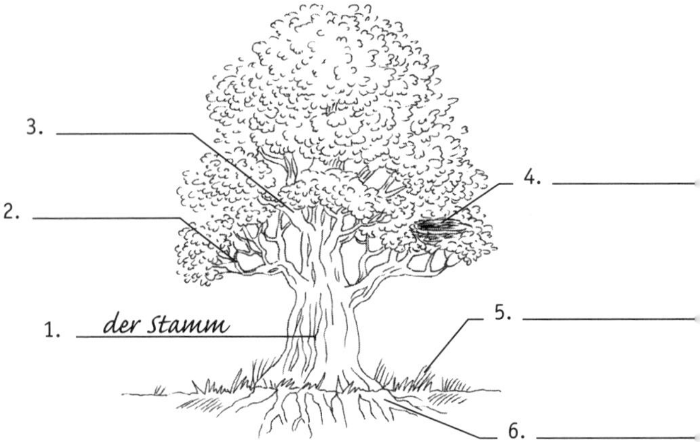

F10 Pflanzen und Bäume

Was passt nicht?

1. Den Rasen kann man:
   gießen – düngen – mähen – ~~verblühen~~
2. Einen Blumenstrauß kann man:
   mähen – pflücken – kaufen – verschenken
3. Einen Baum kann man:
   pflanzen – schneiden – pflücken – fällen
4. Eine Blume kann:
   wachsen – blühen – verblühen – ernten
5. Getreide kann man:
   säen – ernten – düngen – fällen

11 Tiere auf dem Bauernhof

Welches Tier ist das?

die Ente • die Ziege • das Huhn • der Esel • ~~der Hund~~
das Schwein • das Schaf • die Katze • der Hahn • die Kuh

1. Welches Tier bellt „wau, wau"? Der Hund
2. Welches Tier miaut „miau, miau"? ______
3. Welches Tier schreit „iah, iah"? ______
4. Welches Tier blökt „bäh, bäh"? ______
5. Welches Tier meckert „meck, meck"? ______
6. Welches Tier schreit „kikeriki, kikeriki"? ______
7. Welches Tier schnattert „quak, quak"? ______
8. Welches Tier muht „muh, muh"? ______
9. Das Tier grunzt „oink, oink"? ______
10. Das Tier gackert „gack, gack"? ______

12 Hier stimmt doch was nicht!

Streichen Sie die Fehler durch.

1. Hühner, Gänse, ~~Hasen~~ und Schlangen legen Eier.
2. Schafe, Ziegen, Kühe, Pferde und Fische fressen Gras und Heu.
3. Auf dem Geflügelhof gibt es Hühner, Papageien, Enten, Gänse und Puten.
4. In den Schweizer Bergen gibt es Tiger, Rehe, Hirsche, Hasen und Gämsen.
5. Im Stadtpark sieht man viele Vögel, Kaninchen, Hunde und Bären.
6. Die Kinder füttern die Schwäne, Enten, Krokodile und Gänse mit altem Brot.
7. Vögel haben einen Schnabel, Federn, Flügel und Flossen.

F13 Tiere und Tierkinder

Ergänzen Sie.

das Küken • das Schwein • ~~der Hahn~~ • die Kuh • das Pferd
die Henne • das Ferkel • der Stier • das Schaf • das Fohlen
das Lamm • der Maulwurf • die Maus • das Kalb • der Stall

1. der Hahn
2. ____________
3. ____________
4. ____________
5. ____________
6. ____________
7. ____________
8. ____________
9. ____________
10. ____________
11. ____________
12. ____________
13. ____________
14. ____________
15. ____________

14 Tierquiz

1. Warum machen Spinnen Netze?
   a. um Fische zu fangen
   b. um Insekten zu fangen
   c. um Blätter zu fangen

2. Welcher Vogel bringt in Deutschland angeblich die Babys?
   a. der Papagei
   b. der Storch
   c. der Adler

3. Wie verständigen sich Bienen?
   a. sie summen
   b. sie tanzen
   c. sie singen

4. Warum fliegen manche Vögel bei schlechtem Wetter tief?
   a. damit sie besser sehen
   b. weil Insekten bei schlechtem Wetter tief fliegen
   c. weil es am Boden wärmer ist

15 Jahreszeiten

Ergänzen Sie.

heiß • sonnig • Stürme • ~~Frühling~~ • Schnee • kühl • Herbst
Sommer • Wind • Winter • frisch • hitzefrei • Nebel

1. Im F*rühlin*g ist es morgens noch k____l und f____ch, aber am Nachmittag oft s____ig.
2. Im S_______er ist es oft warm. Wenn es sehr h___ß ist, haben die Schulkinder h________ei.
3. Im H_____st gibt es morgens oft N_____l. Wenn der W___d weht, lassen die Kinder Drachen steigen. Am Meer gibt es St_____e.
4. Im W_____er gibt es in den Bergen Sch_____.

F16 Die Wetterkarte

Ordnen Sie zu.

Schnee • Regen • ~~heiter~~ • Regenschauer • bewölkt • Nebel
Schneeregen • Gewitter

 1. ___heiter___

 2. ____________

 3. ____________

 4. ____________

 5. ____________

 6. ____________

 7. ____________

 8. ____________

F17 Eis und Schnee

Ergänzen Sie. Achten Sie bei Verben auf die korrekte Form.

glatt • Frost • schneien • Glatteis • mild
~~Schnee~~ • Salz

1. ◆ Wart ihr dieses Jahr Ski fahren?
   ● Ja, aber es gab sehr wenig ___Schnee___, der Winter war viel zu ________.
2. ◆ Du musst die Blumen reinstellen. Es soll heute Nacht ________ geben.
   ● Ja, mach ich.
3. ◆ Ich komme etwas später. Es hat heute Nacht __________ und di
   Straßen sind ______.
   ● Ja, bei uns ist auch überall ____________. Ich habe schon _____ gestreut.

F18 Wie wird das Wetter morgen?

Ergänzen Sie. Achten Sie bei Verben auf die korrekte Form.

Blitz • Gewitter • heiß • Sonne • Wetterbericht • Himmel
~~Hitze~~ • vorhersagen • trocken • Schatten • Donner • Wolken

1. ◆ Komm trink noch was. Bei der _Hitze_ muss man viel trinken. Und leg dich dann in den __________, nicht dass du noch einen Sonnenbrand kriegst.
   ● Mama, krieg ich ein Eis?
2. ◆ Nimm einen Schirm mit. Im ________________ haben sie Regen _______________.
   ● Ach was, es ist keine einzige Wolke am ____________.
3. ◆ Wie ist das Wetter bei euch?
   ● Die ________ scheint. Es ist _______. Ich muss jeden Tag den Garten gießen, weil es so __________ ist.
4. ◆ Komm lass uns schnell nach Hause gehen. Ein __________ kommt. Da hinten sind schon ganz dunkle __________.
5. ● Warum hört man den __________ nach dem _________?
   ◆ Weil Schall langsamer ist als Licht.

F19 Sonne, Mond und Sterne

Was passt nicht?

1. Am Himmel sieht man: die Sonne – den Mond – die Sterne – ~~den Schatten~~
2. Das Klima ist: bewölkt – trocken – mild – gut
3. Der Wind: weht – bläst – gefriert – pfeift
4. Es ist: heiß – kühl – sonnig – heiter – warm
5. Die Temperaturen: fallen – stürmen – steigen – sinken
6. Es ist: nass – feucht – trocken – nebelig

F20 Es tröpfelt

Wie heißen die Wörter?

Es (1.) ltpfeötr, es regnet, es (2.) etüschtt,
es (3.) entdorn und es (4.) btzlit,
und alle Kinder gehen schnell ins Haus.
Dann kommt die liebe (5.) onSne raus,
und alle Kinder gehen wieder aus dem Haus.

traditioneller Kinderreim

1. tröpfelt 2. ____________ 3. ____________

4. ____________ 5. ____________

F21 Es regnet, es regnet ...

Wie heißen die Wörter?

Es (1.) nrgeet, es regnet, die Erde wird (2.) snsa,
(3.) tubn werden die Wiesen und (4.) nrgü wird das Gras.
Es regnet, es regnet, die (5.) drEe wird nass.
Wir sitzen im (6.) neoTrenck, was schadet uns das?

traditioneller Kinderreim

1. regnet 2. ____________ 3. ____________

4. ____________ 5. ____________ 6. ____________

F22 Himmelsrichtungen

Ergänzen Sie.

Norden • Süden • Osten • Westen

Die Sonne geht im (1.) ________ auf. Im (2.) _______ nimmt sie ihren Lau
(3.) Im _______ wird sie untergehn. Im (4.) _______ war sie nie zu sehn.

G. Reisen und Verkehr

1. Verkehrsmittel
2. Brauchst du das Auto?
3. Können Sie mir helfen?
4. Entschuldigung, wo ist der Botanische Garten?
5. Orientierung
6. Wie komme ich vom Königsplatz zu dir?
7. Was macht ihr in den Ferien?
8. Im Reisebüro
9. In der Touristeninformation
10. Im Hotel
11. Berufe: Tourismus, Hotel und Verkehr
12. Wo man übernachtet
13. Fliegen
14. Durchsagen am Flughafen und im Flugzeug
15. Am Bahnhof
16. Bahn, U-Bahn und Schiff
17. Am Fahrkartenschalter
18. Gepäck
19. An der Grenze
20. Mobilität
21. Verkehrsbedingungen

G1 Verkehrsmittel

Ordnen Sie zu. Ergänzen Sie den Artikel.

Auto • Bus • Fahrrad (CH: Velo) • Straßenbahn (CH: Tram) • U-Bahn
Schiff • Flugzeug • Fähre • Zug • Taxi • ~~Roller~~ • Hubschrauber

1. der Roller

2. ______________

3. ______________

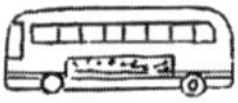

4. ______________

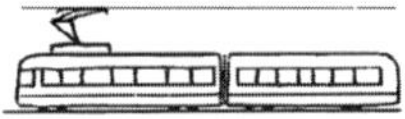

5. ______________

6. ______________

7. ______________

8. ______________

9. ______________

10. ______________

11. ______________

12. ______________

G2 Brauchst du das Auto?

Ergänzen Sie. Achten Sie bei Verben auf die korrekte Form.

ankommen • wieder • da sein • ~~kommen~~ • fliegen
bringen • fahren • zu Hause • zurückfliegen

- ◆ Wie (1.) k*omm*st du nach Berlin?
- ● Ich (2.) f______e in der Früh um 6, ich muss um neun Uhr (3.) d__ s__n.
- ◆ Soll ich dich zum Flughafen (4.) b______n?
- ● Nein, aber du kannst mich zur U-Bahn (5.) f_____en.
- ◆ Und wann kommst du (6.) w____er zurück.
- ● Ich (7.) f______e um 18 Uhr z______k. Um 19.10 Uhr (8.) k______e ich in München a__. Wahrscheinlich bin ich dann so um neun (9.) z__ H______e.

mitnehmen • nach Hause • weg • zu Fuß • abholen • brauchen
nehmen • gehen

- ◆ Soll ich dich von der U-Bahn (10.) ab_____n?
- ● Nein, das brauchst du nicht. Ich (11.) n_____e mir ein Taxi.
- ◆ Musst du diese Woche noch mal (12.) w____?
- ● Nein, aber am Donnerstag komme ich spät (13.) n___h H_____e, weil wir nach der Vertretertagung noch in den Biergarten (14.) _____n.
- ◆ (15.) B_______st du dann das Auto?
- ● Nein, ein Kollege (16.) n_____t mich m___. Wir fahren in den Hirschgarten, da kann ich dann (17.) z__ F_____ nach Hause.

G3 Können Sie mir helfen?

Ordnen Sie zu. Oft sind mehrere Antworten möglich.

links • das weiß ich nicht • rechts • ~~wo liegt~~ • ich suche
ich bin nicht von hier • wo ist • immer geradeaus • komme ich
gibt es • ich kenne mich hier nicht aus • ich bin fremd hier
brauche ich

1. Entschuldigung, *wo liegt* das Deutsche Museum.
   ____
   ____
2. Wie ___________ zum Deutschen Museum.
3. ___________ einen Bus zum Tierpark?
4. Wie lange ___________ zu Fuß zum Bahnhof?
5. Fahren Sie ___________.
   ___________.
   ___________.
6. Tut mir leid, ___________________________.
   ___________________________.
   ___________________________.
   ___________________________.

4 Entschuldigung, wo ist der Botanische Garten?

Ordnen Sie die Sätze den Bilder zu.

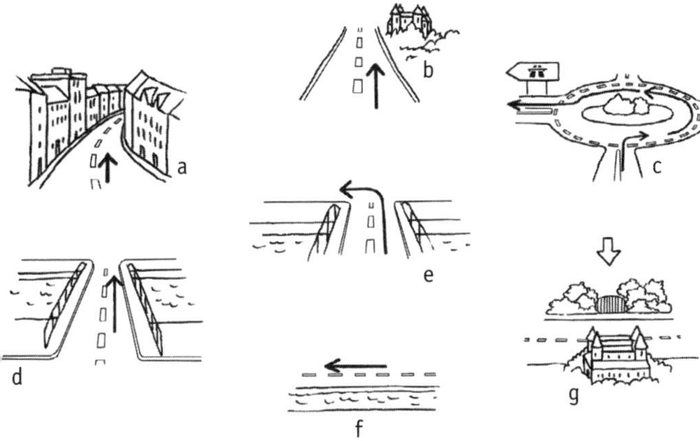

1. Fahren Sie durch den Ort. a
2. Fahren Sie um den Kreisverkehr und biegen Sie Richtung Autobahn ab. ___
3. Sie kommen dann über eine Brücke. ___
4. Biegen Sie nach der Brücke links ab. ___
5. Fahren Sie immer am Fluss entlang. ___
6. Fahren Sie weiter bis zum Schloss. ___
7. Der Eingang vom Botanischen Garten liegt gegenüber dem Schloss. ___

G5 Orientierung

Wie heißen die Wörter?

1. In unserem Flur hängt eine (ekWetartl) Weltkarte.
2. Ich glaube, ich habe mich (enhvefarr) ____________, gibst du mir den (pStalandt) ____________?
3. Die Frauenkirche liegt in der (heNä) _________ des Marienplatzes.
4. ◆ Wie komme ich am (llsentschne) ____________ zum Flughafen?
   ● Am (enbest) ___________ mit der S-Bahn.

G6 Wie komme ich vom Königsplatz zu dir?

Ergänzen Sie. Achten Sie bei Verben auf die korrekte Form.

aussteigen • kriegen • erst • einsteigen • umsteigen
Richtung • ~~öffentlich~~ • beeilen • verpassen • Haltstelle
abholen • Verkehrsmitteln • Verbindung • U-Bahn

◆ Wie komme ich mit (1.) öffentlichen (2.) Ve__________________ vom Königsplatz zu dir?

● Du nimmst am besten die (3.) U-______ und zwar die U 2 (4.) R_________ Messestadt Ost. An der (5.) H_________ Innsbrucker Ring musst du in die U 5 Richtung Neuperlach Süd (6.) um_________. An der Haltestelle Neuperlach Zentrum musst du dann (7.) a___________ und den Bus Nr. 55 Richtung Waldperlach nehmen. Wenn du dich (8.) b_______, hast du gleich eine (9.) Ver___________. Du musst aber schnell laufen, sonst (10.) k_______ du den Bus nicht. (11.) S_______ aber nicht in den Bus 199 _____, der braucht viel länger. Wenn etwas nicht klappt, ruf mich an.

◆ Hallo Tina, du, ich hab den Bus (12.) v_________. Der nächste fährt (13.) e_____ in zwanzig Minuten.

● Ich (14.) h____ dich ____. Bis gleich.

G7 Was macht ihr in den Ferien?

Ordnen Sie zu.

1. Was macht ihr dieses Jahr (A: heuer) in den Sommerferien?
2. Macht ihr Ostern wieder Urlaub auf dem Bauernhof?
3. Du arbeitest doch, wo sind deine Kinder in den Pfingstferien?
4. Wie lange hast du im Sommer Urlaub?
5. Wann wollt ihr nach Korsika?
6. Geht ihr Pfingsten in Urlaub?
7. Verreist du in den Herbstferien?

a) Nein, wir bleiben zu Hause und machen ein paar Ausflüge.

b) Wir wollen in der Nachsaison fahren, da ist es nicht ganz so teuer.

c) Simon geht in den Kindergarten und David verbringt die Ferien bei seiner Oma.

d) Wir haben für diesen Sommer noch nichts geplant.

e) Dieses Jahr habe ich drei Wochen frei.

f) Nein, dieses Jahr wollen wir an Ostern nach Italien.

g) Ja, wir wandern Pfingsten immer im Allgäu.

1.	2.	3.	4.	5.	6.
d					

G8 Im Reisebüro

Ergänzen Sie. Achten Sie bei Verben auf die korrekte Form.

empfehlen • Platz nehmen • günstiger • übernachten • anbieten
~~sich interessieren für~~ • zentral • gegenüber

- Wir (1.) *interessieren uns für* Städtereisen nach Wien.
- ◆ Bitte, (2.) ____________ Sie ________.
- Wir würden gerne in einem schönen und (3.) __________ gelegenen Hotel (4.) ______________.
- ◆ Da kann ich Ihnen das Hotel Sacher (5.) ______________. Es liegt (6.) _____________ der Staatsoper. Ich kann Ihnen dort eine Suite für 302 Euro (7.) ____________.
- Wir hätten es gerne (8.) _____________.

Reiseunterlagen • Reiseführer • Kreditkarte • Stadtrundfahrt
Nächte • Sparpreis • Sehenswürdigkeiten • neben • gute Reise
wohnen • Besichtigung • buchen

- ◆ Direkt (9.) ___________ dem Stephansdom hätten wir das Hotel Royal. Da gibt es momentan einen (10.) _____________. 4 Nächte (11.) ___________ und 3 (12.) ___________ zahlen.
- Den Sparpreis möchten wir (13.) ____________.
- ◆ Interessieren Sie sich auch für eine (14.) ____________________ mit (15.) ______________ der wichtigsten (16.) ______________________?
- Nein danke. Das buchen wir lieber vor Ort. Kann ich mit (17.) ______________ bezahlen?
- ◆ Ja natürlich. ... Hier sind dann Ihre (18.) __________________, diesen (19.) ______________ bekommen Sie noch von uns. Eine (20.) __________________ wünsche ich Ihnen!
- Danke schön.

G9 In der Touristeninformation

Ergänzen Sie. Achten Sie bei Verben auf die korrekte Form.

Frühstücksbüfett • reservieren • Halbpension • Einzelzimmer
~~Hotel~~ • günstig • Doppelzimmer • Vollpension

- ● Können Sie mir ein preiswertes (1.) _Hotel_ empfehlen?
- ◆ Ja, das Hotel „Zum Schwanen" ist (2.) __________. Möchten Sie ein (3.) __________?
- ● Nein, ein Doppelzimmer.
- ◆ Das (4.) __________ kostet dort inklusive (5.) __________ 70 Euro, mit Halbpension 95 Euro und mit (6.) __________ 120 Euro.
- ● Wir möchten gerne (7.) __________. Ist das Hotel ruhig?
- ◆ Ja, sehr ruhig.
- ● Können Sie das Zimmer gleich für mich (8.) __________?
- ◆ Selbstverständlich.

G10 Im Hotel

Setzen Sie das passende Verb in die korrekte Form.

1. Ich habe ein Zimmer (~~reservieren~~ / bestellen) _reserviert_.
2. Können Sie mich bitte morgen früh um sechs Uhr (klingeln / wecken) __________.
3. Vor der Zimmertür hängt ein Schild „Bitte nicht (wecken / stören) __________".
4. Wo (finden / suchen) __________ ich den Frühstücksraum?

G11 Berufe: Tourismus, Hotel und Verkehr

Ergänzen Sie Vokale.

1. der P__rt___r
2. das Z__mm__rm__dch__n
3. der K__lln__r
4. der K__ch
5. der B__rk___p__r
6. die R___s__l___t__r__n
7. der B__sf__hr__r
8. der Sch__ffn__r
9. die Z__gb__gl___t__r__n
10. die St__w__rd__ss
11. der P__l_t
12. der Fl__gl__ts__
13. der K__p__t__n
14. der M__tr__s__

G12 Wo man übernachtet

Ergänzen Sie.

Zelte • Zimmer • Ferienwohnung • Freien • zelten
Fremdenzimmer • ~~Gasthaus~~ • Pension • Ferienanlage • ausgebucht

1. In diesem G*asthau*s gibt es F__________er mit Dusche oder Bac
2. ● Was ist denn eine P______n? ◆ Das ist ein kleines Hotel.
3. Wir wollen dieses Jahr keine F____________ng mieten, sondern z______n.
4. In unserer kleinen F__________ge herrscht eine familiäre Atmosphä
5. Während der Messe waren alle Hotels a__________t, ich musste mi ein Z______er nehmen.
6. Das Rote Kreuz brachte Z____e in das Erdbebengebiet, weil viele im F____en übernachten mussten.

G13 Fliegen

Wie heißen die Wörter?

1. Ich fahre immer mit der S-Bahn zum (lenhFugaf) Flughafen.
2. Du, ich rufe dich später zurück, mein (gFul) ________ wird gerade aufgerufen.
3. Der (rtSat) ________ der Maschine verzögert sich.
4. Ich fliege mit der ersten (eschMain) ______________ um sechs Uhr.
5. Wir werden nicht ______________ (geflienab) abfliegen.

G14 Durchsagen am Flughafen und im Flugzeug

Ergänzen Sie. Achten Sie bei Verben auf die korrekte Form.

Aufruf • Bordkarten • ~~Einsteigen~~ • Schalter • sich begeben
Passagier

1. Ihr Lufthansaflug 573 nach Berlin ist jetzt zum Einsteigen bereit. Bitte b ________ Sie s ____ zum Gate B 12 und halten Sie Ihre B__________ bereit.
2. Letzter A________ für den Flug 573 nach Berlin. Wir bitten den P__________ Peter Schmidt, sich sofort zum Check-in-S__________ zu begeben.

fliegen • landen • sitzen bleiben • Sicherheitsgurte • Bord

3. Wir l________ in wenigen Minuten in Berlin Schönefeld. Wir bitten Sie, die S__________________ anzulegen und die Tische hochzuklappen.
4. Wir bedanken uns, dass Sie mit uns gef________ sind, und würden uns freuen, Sie wieder bei uns an B_______ begrüßen zu dürfen. Bitte b_________ Sie zu Ihrer eigenen Sicherheit s_________, bis wir die Parkposition erreicht haben.

G15 Am Bahnhof

Ergänzen Sie. Achten Sie bei Verben auf die korrekte Form.

verpassen • abfahren • gehen ... nach • Gleis • Bahnhof
~~Endstation~~ • aussteigen • Schalter • Ankunft • Auskunft

1. *Endstation*. Bitte ______. Dieser Zug endet hier.
2. Am ______ kannst du Fahrkarten am ______ oder am Automaten kaufen.
3. Vorsicht an ______ 2, der TGV nach Paris fährt ein.
4. Die ______ verspätet sich wegen Bauarbeiten um eine Stunde.
5. Der Zug nach München ______ heute auf Gleis 9 ___.
6. Ich brauche eine ______. Wegen der Verspätung ______ ich meinen Anschluss. Wann ______ der nächste Zug ______ Tübingen

G16 Bahn, U-Bahn und Schiff

Ergänzen Sie. Achten Sie bei Verben auf die korrekte Form.

anlegen • ~~pendeln~~ • fahren • Zug • entwerten
Fahrplan • abfahren • gültig

1. Axel *pendelt* zwischen Bochum und München und ______ meistens mit dem ______.
2. Du musst die Fahrkarte noch ______, sonst ist sie nicht ______.
3. Mist, der Zug ist weg. Komm, wir schauen am ______, wann der nächste fährt.
4. Unsere Fähre ______ in Livorno ___.
5. Schauen mal, am Hafen ______ ein Kreuzfahrtschiff ___.

17 Am Fahrkartenschalter

Ergänzen Sie. Achten Sie bei Verben auf die korrekte Form.

Hauptbahnhof • Verbindung • Hin- und Rückfahrt • ~~Fahrkarte~~
einfach • erste • zweite • Rückfahrt

- ● Grüß Gott. Ich möchte bitte eine (1.) Fahrkarte von München nach Nürnberg.
- ◆ (2.) E________ oder zweite Klasse?
- ● (3.) Z________ Klasse bitte.
- ◆ (4.) E________ oder Hin- und Rückfahrt?
- ● (5.) H________________. Ich möchte um 8 Uhr morgens in Nürnberg sein. Können Sie mir eine (6.) V____________ nennen?
- ◆ Sie können um 6 Uhr 43 den ICE ab München (7.) H____________ nehmen. Sie sind dann um 7 Uhr 58 in Nürnberg. Brauchen Sie auch eine Verbindung für die (8.) R____________?
- ● Nein, danke.

Reise • Fahrschein • machen • Wagen • Raucher • reservieren
Fensterplatz • Platz

- ● Möchten Sie einen Sitzplatz (9.) r____________?
- ◆ Ja, bitte.
- ● (10.) R____________ oder Nichtraucher?
- ◆ Nichtraucher, (11.) F______________ mit Tisch, wenn es geht.
- ● Ja, das ist möglich. Das (12.) m________ dann 68 Euro. ... Hier Ihr (13.) F______________ und die Reservierung, Nichtraucher, Fensterplatz im Großraumwagen, (14.) W__________ 9, (15.) P________ 22. Angenehme (16.) R________.
- ◆ Vielen Dank.

G18 Gepäck

Bilden Sie Sätze.

1. die Koffer / ich muss / noch / packen / .
2. mein Gepäck / aufgeben / ich / kann / hier / ?
3. ich / liegen lassen / habe / im Abteil / meinen Rucksack / .
4. die Reisetasche / kann / bei der Gepäckaufbewahrung / ich / abgeben / ?
5. seine Fahrkarte / er / und / suchte / fand / sie nicht.

G19 An der Grenze

Ergänzen Sie.

Stempel • Visum • wechseln • Zoll bezahlen • mitnehmen
Führerschein (CH: Fahrausweis) • Ausweis • gültig • Kontrollen
einführen • ~~Grenze~~ • Papiere

1. An der _Grenze_ zwischen Österreich und Deutschland gibt es keine ____________ mehr.
2. Er wollte zu viele Zigaretten aus Tschechien ____________ und musste ____________.
3. Gefälschte Markenartikel darf man nicht ____________.
4. Ich muss noch Geld ____________. Wir können in Dänemark nicht mit Euro bezahlen.
5. Darf ich mal bitte Ihre ____________ sehen?
6. Ihr ____________ ist schon seit über einem Jahr abgelaufen!
7. Meine Freundin ist slowakisch. Sie braucht ein ______ für die US
8. Das Visum ist bis zum 31.12. ________.
9. Zeig mir mal die __________ in deinem Pass.
10. Wenn du ein Auto leihen willst, musst du deinen ____________ vorzeigen.

G20 Mobilität

Ergänzen Sie. Achten Sie bei Verben auf die korrekte Form.

zu Fuß • Fahrrad (CH: Velo) • laufen • ~~Kurve~~ • kommen
anschnallen • Leihwagen • Parkplätze • halten • Gurt

1. Er fuhr zu schnell in die _Kurve_ und stürzte mit dem neuen __________.
2. Wie David zur Schule __________? Früher ist er __________, jetzt fährt er mit dem Roller.
3. Kannst du dich selber __________, oder soll ich dir mit dem ________ helfen?
4. Du musst dir einen __________ nehmen, __________ kommst du dort nirgendwo hin.
5. Kannst du bitte am nächsten Rastplatz ________?
6. Ich weiß nicht, wo ich parken soll, alle __________ sind belegt!

parken • Kreuzung • bremsen • mieten • überholen • aussteigen
Werkstatt • Strafzettel (CH: Busse)

7. Ich halte nach der __________ und lass dich dort __________.
8. Den Lastwagen kann ich nicht __________, hier ist Überholverbot.
9. Er __________ gerade noch rechtzeitig, als das Reh über die Straße sprang.
10. Den Wagen muss ich vor dem Urlaub noch in die __________ bringen.
11. Der Lieferwagen __________ auf dem Bürgersteig und bekam einen __________.
12. Für den Umzug __________ wir uns einen Lkw.

G21 Verkehrsbedingungen

Ergänzen Sie. Achten Sie bei Verben auf die korrekte Form.

Nebenstraßen • Stau • Verkehr • Abfahrt • ~~abbiegen~~
Einbahnstraße • Schild (CH: Signal) • Umleitung • Autobahn

1. Ich kann hier schon wieder nicht ab_biegen_, das ist eine Ei____________.
2. Wieso ist denn heute so viel V________?
3. Du fährst zu schnell! Hast du das Sch___ „Vorsicht Radarkontrolle" nicht gesehen?
4. Mist, an dieser Kreuzung gibt es immer St___.
5. Wenn du die Uml__________ nach Grafing nimmst, fährst du die ganze Zeit auf N______________.
6. Wir fahren bei der nächsten A_________ von der A____________ runter.

Geschwindigkeit • Strafe • Verkehrskontrolle • rufen • stoppen
Unfall • Ampel • volltanken • sperren

7. Der U______ ist doch passiert, weil das Taxi bei Rot über die A_____ gefahren ist. Komm, wir r______ die Polizei.
8. Kannst du in Österreich noch v____________? Dort ist das Benzin billiger.
9. V__________________. Ihren Führerschein bitte.
10. Die Straße ist wegen einer Demonstration gesp_____t.
11. Ich musste St______ zahlen, weil der TÜV zu lange abgelaufen war.
12. Die Polizei st_____ den Porsche wegen überhöhter G______________

H. Essen und Trinken

1. Wollen wir essen gehen?
2. Was sagt man ...
3. In der Schule
4. Was isst Ihre Familie?
5. Obst
6. Gemüse
7. Was braucht man ...
8. Auf dem Markt
9. Lebensmittel
10. Willst du etwas essen?
11. Das schmeckt mir nicht!
12. Noch mehr Lebensmittel und Gewürze
13. Der Fisch ist frisch
14. Getränke
15. Alkohol
16. Rezept für ein Reisgericht
17. Forelle
18. Portionen und Verpackungen
19. Auswärts essen
20. Im Restaurant
21. Geschirr und Besteck

H1 Wollen wir essen gehen?

Ordnen Sie zu.

1. Wollen wir jetzt essen gehen?
2. Was ist denn das für ein Getränk?
3. Nimm doch noch ein bisschen von dem Lachs.
4. Möchtest du noch mehr Ketchup?
5. Möchtest du etwas trinken?
6. Trinkst du gern Bier?

a) Ja gerne, ich bin total durstig.
b) Nein, lieber später. Ich habe noch keinen Hunger.
c) Nein danke, ich habe schon genug.
d) Nein, ich mag kein Bier. Das ist mir zu bitter.
e) Nein danke. Ich bin wirklich schon satt.
f) Bionade, magst du mal probieren (A: kosten)?

1.	2.	3.	4.	5.	6.
b					

H2 Was sagt man ...

Ergänzen Sie.

Mahlzeit! • Zum Wohl! • Guten Appetit!

1. Man fängt gemeinsam mit dem Essen an: ____________________
2. Man grüßt Arbeitskollegen während des Mittagessens: ____________
3. Man hebt die Sektgläser, schaut sich an und sagt: ______________

13 In der Schule

Wie heißen die Wörter?

1. Die Kinder dürfen während des Unterrichts (einktrn) *trinken*, wenn sie Durst haben.
2. (enssE) ___________ dürfen sie nur in der Pause.
3. Damit die Kinder sich gesünder (enenährr) ___________, darf der Hausmeister (CH: Abwart) keine (eikenßSüigt) ___________ mehr verkaufen.
4. Er hat sein (otsenbPaur) ___________ nicht gegessen, weil er keine Zeit hatte.

14 Was isst Ihre Familie?

Ergänzen Sie.

Wurst • Eis • Nachmittag • Nudeln • Kaffee • ~~Mahlzeiten~~
Frühstück (CH: Morgenessen) • Gemüse • Suppe • Mittagessen
Kakao • vormittags • Kantine • Obst • Abendessen (CH: Nachtessen)

„Meistens gibt es bei uns fünf (1.) *Mahlzeiten*. Zum (2.) ___________ trinken mein Mann und ich (3.) ___________, die Kinder trinken (4.) ___________, und wir essen oft Müsli mit Obst oder Toastbrot mit Marmelade (CH: Konfitüre), Honig oder Nutella. (5.) ___________ essen die Kinder in der Schule ihr Pausenbrot. Zum (6.) ___________ kommen die Kinder nach Hause und es gibt oft (7.) ___________ oder Fleisch mit (8.) ___________. Mein Mann isst mittags in der (9.) ___________. Am (10.) ___________ essen die Kinder dann oft noch (11.) ___________ und ab und zu auch mal eine Süßigkeit oder ein (12.) ___________. Zum (13.) ___________ gibt es oft Brot mit Käse oder (14.) ___________ und Salat. Im Winter essen wir abends auch oft eine (15.) ___________."

H5 Obst

Ordnen Sie zu.

die Ananas • die Himbeere • ~~der Apfel~~ • die Kirsche
die Melone • die Orange / die Apfelsine • die Erdbeere
die Pflaume (A: die Zwetschke) • die Banane • die Birne
die Kiwi • die Aprikose (A: die Marille)

1. der Apfel

2. ______________

3. ______________

4. ______________

5. ______________

6. ______________

7. ______________

8. ______________

9. ______________

10. ______________

11. ______________

12. ______________

16 Gemüse

Ordnen Sie zu.

die Gurke • der Blumenkohl (A: der Karfiol) • die Tomate (A: der Paradeiser) • der Mais • die Kartoffel (A: der Erdapfel) die Zwiebel • der Brokkoli • die Karotte / die Möhre (CH: das Rüebli) die Bohne (A: die Fisole) • der Paprika • der Kohlrabi • ~~der Salat~~

1. *der Salat*

2. ______________

3. ______________

4. ______________

5. ______________

6. ______________

7. ______________

8. ______________

9. ______________

10. ______________

11. ______________

12. ______________

H7 Was braucht man ...

Streichen Sie die Fehler.

1. Für die Gemüsesuppe muss ich noch Karotten, Erbsen, ~~Trauben~~, Bohnen, Tomaten, Brokkoli und Lauch kaufen.
2. Im Salat sind Gurke, Radieschen, Tomaten, Oliven, Bananen und har gekochte Eier.
3. In den Obstsalat kommen Trauben, Äpfel, Lauch, Pilze (A: Schwamme Ananas, Birnen, Bananen, Knoblauch und Erdbeeren.

H8 Auf dem Markt

Ordnen Sie zu.

Das ist mir zu teuer. • Sonst noch etwas? • ~~Was darf es sein?~~
Und was kosten die Erdbeeren? • Ja, danke.
Geben Sie mir bitte zwei Schalen.

◆ (1.) *Was darf es sein?*
● Ich hätte gerne ein Pfund Möhren.
◆ (2.) ______________________
● Ja bitte, einen Kopfsalat. (3.) ______________________
◆ Zwei Euro das Pfund.
● (4.) ______________________. Und was kostet der Spargel?
◆ Zehn Euro das Kilo, aus Deutschland.
● Nein danke. (5.) ______________________. Ich nehme noch einen Blumenkohl.
◆ Ist das alles?
● (6.) ______________________.
◆ Das macht zusammen 9 Euro 80.

H9 Lebensmittel

Was passt nicht?

1. der Joghurt – der Käse – die Milch – ~~die Marmelade~~ – die Butter
2. der Honig – die Schokolade – das Ei – das Bonbon – die Gummibärchen
3. der Essig – die Nuss – das Öl – das Salz – der Pfeffer
4. das Brötchen – das Brot – das Vollkornbrot – die Sahne – der Toast
5. der Fisch – die Cornflakes – das Müsli – die Spaghetti – der Knödel

H10 Willst du etwas essen?

Ergänzen Sie. Achten Sie bei Verben auf die korrekte Form.

Pommes frites • Essen • Hauptspeise • Fleisch • Spezialitäten
Stück • mögen • Beilagen • ~~hungrig~~ • Sandwich • Reis • Dessert

1. ● Willst du etwas essen? ◆ Nein, ich bin jetzt nicht _hungrig_.
   Ich hole mir nachher ein ____________.
2. ● Heute gibt es als ______________ Fisch, __________ du Fisch?
   ◆ Nein, ich esse lieber ___________.
3. ● Nimmst du noch ein ___________? ◆ Ja, ich nehme noch ein
   _________ Kuchen.
4. ● Welche ____________ gibt es heute? ◆ Wir haben __________,
   Kartoffeln oder ________________.
5. In unserer Kantine ist das ____________ hervorragend. Es gibt sogar
   oft ________________ aus verschiedenen Ländern.

H11 Das schmeckt mir nicht!

Ergänzen Sie.

knusprig • zäh • faulig • fett • warm • bitter • ~~sauer~~
trocken • salzig • scharf • hart • weich • kalt

1. Igitt! Die Milch ist ja _sauer_!
2. Die Brötchen schmecken nicht, sie sind ______ und nicht ______
3. Dieses Bier mag ich nicht, es ist mir zu ______.
4. Pass auf, die Peperoni sind total ______.
5. Die Suppe ist ______, können Sie sie mir bitte ______ machen?
6. Der Kuchen von meiner Schwiegermutter ist immer ______.
7. Herr Ober, die Soße ist zu ______ und das Fleisch ist ______.
8. Die Pfirsiche schmecken nicht, sie sind noch ganz ______.
9. Nein, den Schinken möchte ich nicht, der ist mir zu ______.
10. Nimm einen anderen Beutel. In dem hier ist schon eine Orange ______.

H12 Noch mehr Lebensmittel und Gewürze

Ergänzen Sie den Artikel.

1. Fleisch: _der_ Braten – ____ Kotelett – ____ Schnitzel – ____ Hackfleis
2. Wurst: ____ Schinken – ____ Salami – ____ Wiener Würstchen
3. Geflügel: ____ Huhn – ____ Ente – ____ Gans – ____ Pute
4. Gewürze: ____ Senf – ____ Ketchup – ____ Mayonnaise – ____ Pfeffe

13 Der Fisch ist frisch

Ergänzen Sie.

heiß • ~~frisch~~ • kühl • lecker • roh • vegetarisch • knackig
süß • reif • frisch

1. Der Fisch ist _frisch_, das siehst du an den Augen.
2. Die Erdbeeren sind ______ und schmecken sehr ______.
3. Die Eier sind nicht ______, sie sind hart gekocht.
4. Eissalat ist ________, wenn er ________ ist.
5. In der Brühe gibt es kein Fleisch, sie ist rein ______________.
6. H-Milch muss man nicht ______ lagern.
7. Ich kaufe dir jetzt keine Schokolade, es ist viel zu ______, die schmilzt doch im Auto.
8. Das Mousse au Chocolat ist wirklich ________!

14 Getränke

Wie heißen die Wörter?

1. Ich möchte den Kaffee bitte mit viel (ichMl) _Milch_.
2. Hast du die (trkäeGen) __________ schon kalt gestellt?
3. In Deutschland trinkt man oft (erssMalinwaer) __________________ mit Kohlensäure.
4. Wenn du (erWsas) __________ ohne Kohlensäure willst, musst du stilles Wasser bestellen.
5. Ich trinke einen schwarzen (eTe) _____, was nimmst du?
6. Sie wollte nicht, dass ihre Kinder (aoCl) ______ trinken.
7. Möchtest du einen frisch gepressten (ngftrenOasa) ______________?

H15 Alkohol

Ergänzen Sie.

Wein • Likör • ~~Alkohol~~ • Bier • Schnaps • betrunken

1. *Alkohol* darf an Jugendliche unter 16 Jahren nicht verkauft werden.
2. Auf dem Oktoberfest in München sind jedes Jahr viele Gäste ____________.
3. Auf dem Eisbecher ist _________, den kannst du den Kindern nicht geben.
4. In griechischen Lokalen bringt der Kellner nach dem Essen oft einen __________.
5. Du kannst doch im Biergarten keinen ________ trinken, hier trinkt man ________!

H16 Rezept für ein Reisgericht

Ergänzen Sie.

Pfanne • schneiden • rühren • kochen • ~~waschen~~ • würzen
servieren • anbraten • putzen • Reis

200 g Sojasprossen (1.) *waschen*. Drei mittelgroße Karotten, zwei Zucchini und einen halben kleinen Chinakohl (2.) ________, waschen, klein schneiden. Karotten und Zucchini kurz in Olivenöl (3.) ________. Sojasprossen kurz in Wasser (4.) ________, sodass sie noch knackig sind. 300 g Putenfleisch in kleine Stück (5.) ________. Fleisch kurz in der (6.) ________ anbraten. (7.) ______ kochen. Das Gemüse und das Fleisch mit Salz und Pfeffer (8.) ________ und unter den Reis (9.) ________. Mit Sojasauce und Mangochutney (10.) __________.

Guten Appetit!

17 Forelle

Ergänzen Sie.

◆ Herr Ober, können Sie mir bitte die Forellengerichte erklären?

● Ja, gerne. Forelle blau ist (1.) (chgeteko) _gekochte_ Forelle. Die Forelle im Salatmantel wird im Ofen (2.) (ckengeba) ___________. Forelle „Müllerin" ist in Butter (3.) (tegenebra) ___________ Forelle, die mit Zitrone und Petersilie serviert wird. Forelle mediterran ist eine mit Thymian, Estragon, Basilikum und Knoblauch gefüllte und (4.) (grtegeill) ___________ Forelle.

18 Portionen und Verpackungen

Ergänzen Sie.

Stück • Tasse • Becher • Stück • Kasten • Kiste (CH: Harass)
Paket • Päckchen • Schluck • ~~Portion~~ • Schachtel • Netz
Packung • Flasche • Glas • Büchse • Tüte • Dose

1. eine P_ortion_ Pommes frites
2. ein S______ Sachertorte
3. eine Sch_________ Streichhölzer (A: Zündhölzer)
4. ein P__________ Kaugummi
5. ein P______ Waschpulver
6. eine P_________ Milch
7. ein K_______ / eine K_____ / ein H_______ Bier
8. eine F_______ Wein
9. ein G_____ Gurken
10. eine T_____ Kaffee
11. einen Sch_____ trinken
12. eine B______ / D ______ Tomaten
13. ein B_______ Sahne (A: Schlagobers, CH: Rahm)
14. eine T_____ Chips
15. ein N_____ Orangen
16. ein St_____ Butter

H19 Auswärts essen

Ordnen Sie zu.

1. Wollen wir heute ausgehen? In Wertach gibt es einen guten Italiener.
2. Ist der Platz noch frei?
3. Wo gibt es hier in der Nähe eine nette Kneipe (A: ein nettes Beisel)?
4. Kommt im Biergaren keine Bedienung?
5. Wir hätten gerne die Speisekarte.
6. Können wir noch etwas Warmes bestellen?
7. Muss ich Service und Bedienung extra bezahlen?

a) Ja, sofort.

b) Nein, das ist in Deutschland inklusive. Du musst nur das bezahlen, was auf der Karte steht, und beim Bezahlen ist es üblich, dass man ungefähr 10 % Trinkgeld gibt.

c) Nein, die Küche ist leider schon geschlossen.

d) Ja, aber lass uns anrufen und einen Tisch reservieren, das letzte Mal haben wir doch keinen Platz bekommen.

e) Gleich hier um die Ecke ist eine gemütliche Kneipe (A: ein gemütliches Beisel).

f) Nein, tut mir leid, der ist besetzt.

g) Nein, hier ist Selbstbedienung.

1.	2.	3.	4.	5.	6.
d					

H20 Im Restaurant

Geben Sie die richtige Reihenfolge der Sätze an.

1. ____ Ja, selbstverständlich. Und Sie, was möchten Sie?

   ____ Ja gerne, was bekommen Sie?

   ____ Ich nehme den Schweinebraten mit Knödeln und Krautsalat. Könnte ich eine kleine Portion bekommen?

   _a_ Herr Ober, wir möchten gerne bestellen.

   ____ Ich nehme das Wiener Schnitzel mit Pommes und Salat.

2. ____ Tut mir leid, das Tagesmenü ist leider aus. Ich kann Ihnen aber den Kalbsbraten empfehlen.

   _a_ Haben Sie schon gewählt?

   ____ Ja, gerne.

   ____ Ja, ich hätte gerne das Tagesmenü.

   ____ Okay, dann nehme ich den Kalbsbraten und als Vorspeise einen kleinen gemischten Salat.

3. ____ Das macht dann 18,20.

   ____ Vielen Dank.

   _a_ Wir möchten bezahlen.

   ____ Zusammen.

   ____ Machen Sie 20.

   ____ Ja, gerne. Zusammen oder getrennt?

H21 Geschirr und Besteck

Ordnen Sie zu.

das Weinglas • die Kaffeetasse • der Fleischteller • die Weinflasche
die Gabel • das Milchkännchen • die Zuckerdose • der Suppenteller
der Salzstreuer • die Kaffeekanne • der Löffel • die Salatschüssel
die Untertasse • ~~das Messer~~

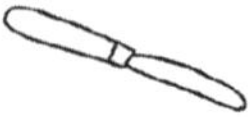

1. *das Messer*
2. ______________
3. ______________

4. ______________
5. ______________
6. ______________
7. ______________
8. ______________
9. ______________
10. ______________

11. ______________
12. ______________
13. ______________
14. ______________

I. Geschäfte und Einkaufen

1. Geschäfte
2. Einkaufen gehen
3. Ich kauf mir was
4. Billig und ausverkauft
5. Bezahlen
6. Kleidung
7. Kleider machen Leute
8. Der Knopf ist ab
9. Das Kleid ist chic
10. Das steht Ihnen gut
11. Schmuck
12. Haushaltsartikel und Werkzeug

I1 Geschäfte

Ordnen Sie zu.

Reformhaus • Naturkostladen • ~~Supermarkt~~ • Bäckerei
Konditorei • Markt • Metzgerei (A: Fleischhauerei)

1. Gemüse kaufe ich nicht im *Supermarkt*, sondern auf dem __________ oder am Obststand.
2. Wurst kaufe ich in der __________. Dort ist sie teurer, aber besse
3. Bei unserer __________ gibt es auch sonntagvormittags frische Brötchen.
4. Die Torte hat sie nicht selbst gemacht, die hat sie in der __________ gekauft.
5. Sojaprodukte bekommst du im __________ oder im __________.

Apotheke • Drogerie • Geschäfte • Buchhandlung
Kaufhaus • Kiosk (A: Trafik) • Geschäfte
Schreibwarengeschäft (CH: Papeterie)

6. Das Medikament bekommst du nur in der __________.
7. Ich hol mir schnell am __________ (A: in der) __________ eine Zeitung.
8. Es gibt in der Innenstadt immer weniger kleine __________.
9. Wenn du mehr Auswahl willst, müssen wir ins __________ gehen.
10. Ich muss noch schnell in die __________, Sonnencreme kaufen.
11. Das Briefpapier habe ich im __________ (CH: in der __________) gekauft.
12. Er bestellt selten Bücher im Internet, er geht lieber in die __________.

2 Einkaufen gehen

Ordnen Sie zu.

1. Soll ich noch einkaufen gehen?
2. Holst du Brötchen? Und wir brauchen auch noch Brot fürs Wochenende.
3. Kann ich das Hemd umtauschen?
4. Sind Sie an der Reihe?
5. Können Sie das bitte als Geschenk einpacken?
6. Ich suche leichte Wanderschuhe in Größe 40.
7. Haben Sie das Fahrrad auch in einer anderen Farbe?

a) Nein, die Dame ist dran.

b) Ja, aber beeile dich. Hier auf dem Dorf schließen die Geschäfte um 18 Uhr.

c) Ja, selbstverständlich. Welches Papier möchten Sie denn?

d) Da kann ich Ihnen diese beiden Modelle anbieten.

e) Nein, leider nicht. Reduzierte Ware ist vom Umtausch ausgeschlossen.

f) Leider nicht auf Lager, aber ich kann Ihnen das Modell in Blau bestellen, wenn Sie möchten.

g) Ja, ich fahr gleich zum Bäcker.

1.	2.	3.	4.	5.	6.	7.
b						

I3 Ich kauf mir was

Ergänzen Sie. Achten Sie bei Verben auf die korrekte Form.

verkaufen • Kunden • ~~Öffnungszeiten~~ • Verkäufer • kriegen
Garantie • durchgehend geöffnet

1. Unsere *Öffnungszeiten* sind Montag bis Freitag von 9.00 – 20.00 Uhr und Samstag von 8.00 – 20.00 Uhr.
2. Machen Sie mittags zu? Nein, wir haben ________________ ______________.
3. In dem Laden ist kein ______________, der einem helfen kann!
4. Wenn es günstige Kinderkleider gibt, stehen die ________________ oft Schlange.
5. Solche Glühbirnen haben wir nicht, die ________________ Sie im Elektroladen.
6. Die Ware im Schaufenster kann ich Ihnen leider nicht ________________.
7. Sie haben zwei Jahre ______________. Bewahren Sie bitte die Rechnung auf.

ausgeben • Hauptkasse • Schlussverkauf • Plastiktüte • bringen
Schaufenster • Rabatt • Preis

8. Ich ___________ Ihnen den Schuh eine Nummer größer.
9. Haben Sie das Modell im ________________ auch in Größe 40?
10. Er nimmt immer einen Stoffbeutel mit, damit er keine ___________ braucht.
11. Der _________ ist mir zu hoch. Im _________________ gibt es das sicher billiger.
12. Sie können hier oder an der _______________ bezahlen.
13. Mit der Kundenkarte bekam er 5 % ___________.
14. So viel Geld möchte ich nicht für einen Pullover ________________.

I4 Billig und ausverkauft

Was passt? Kreuzen Sie an.

1. Die MP3-Player im Sonderangebot sind leider ...

   [x] ausverkauft [x] aus [ ] leer

2. Den Kalender können Sie gerne mitnehmen. Er ...

   [ ] ist gratis [ ] ist kostenlos [ ] kostet nichts

3. Der Flug nach Berlin war ...

   [ ] sehr günstig [ ] billig [ ] nicht teuer

4. Es ist oft so, dass die Preise für Benzin an Feiertagen ...

   [ ] steigen [ ] sinken [ ] fallen

5. Geben Sie mir bitte ...

   [ ] eine Rechnung [ ] eine Quittung [ ] ein Preisschild

6. Moment, Sie ... noch Geld zurück.

   [ ] kriegen [ ] bekommen [ ] zahlen

7. In diesem Laden sind Lebensmittel sehr ...

   [ ] umsonst [ ] preiswert [ ] günstig

I5 Bezahlen

Ergänzen Sie.

Schilling • Mark • Franken • Geldschein • ~~Portemonnaie~~
leihen • Kleingeld • Währung

1. Ich habe mein _Portemonnaie_ zu Hause liegen gelassen. Kannst du mir bis morgen 20 Euro ___________?
2. So ein Mist! Der Automat nimmt meinen ___________ nicht. Kannst du mir wechseln?
3. Hast du ___________ für den Briefmarkenautomat?
4. Die ___________ der Schweiz heißt ___________. 100 Rappen sind ein Franken.
5. Vor der Einführung des Euro bezahlte man in Deutschland mit ___________ und Pfennig.
6. Die frühere österreichische Währung heißt ___________.

Kreditkarte • Überweisungsformular • Gebühren
Banknote • Münze • bar • Bargeld • Scheck

7. Er warf eine ___________ in den Brunnen.
8. Es gibt keine 300-Euro- ____________.
9. Kann ich mit ____________ bezahlen? Nein, leider nur ______.
10. Wir mussten den Skikurs per ___________ bezahlen, das ist ungewöhnlich.
11. Ich möchte beim Automaten noch ein bisschen ___________ holen.
12. Ich brauche kein ______________________. Ich mache Überweisungen immer selber am Serviceterminal, um die teuren ______________ zu sparen.

16 Kleidung

Ordnen Sie zu.

der Rock (CH: der Jupe) • die Mütze • die Handschuhe (Pl.)
der Anzug • der Schal • die Socken (Pl.) • das T-Shirt
die Krawatte • die Bluse • die Hose • das Hemd
~~das Kleid (CH: der Rock)~~ • der Pullover • der Mantel

1. das Kleid

2. ______________

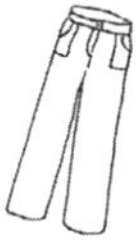

3. ______________

4. ______________

5. ______________

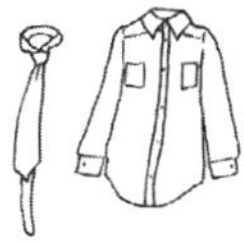

6. ______________

7. ______________

8. ______________

9. ______________

10. ______________

11. ______________

12. ______________

13. ______________

14. ______________

I7 Kleider machen Leute

Ordnen Sie zu.

Uniform • Kostüm • Badehose • Unterwäsche • Bikini • Matschhose
Nachthemden • ~~Jeans~~ • Jackett • Gummistiefel

1. Er trägt nur J*eans*, er hat gar keine anderen Hosen.
2. Unsere Chefin trägt oft ein K______.
3. Zu Geschäftsterminen zieht er meistens ein J________ an.
4. Sie mag keine Schlafanzüge, sondern trägt immer N______________
5. Im Kindergarten braucht jedes Kind G________________ und eine M____________.
6. Hast du schon deine B___________ und meinen B______ eingepack
7. Der Soldat fuhr in U_________ nach Hause.
8. Sie trägt immer U____________ aus Seide.

I8 Der Knopf ist ab

Wie heißen die Wörter?

1. Mir ist ein Knopf abgerissen. Hast du mir eine (dNale) *Nadel* und schwarzen (daenF) ________?
2. Bettwäsche für Kinder hat keine (efpnKö) _________, sondern einen Reißverschluss.
3. Diese Schuhe sind aus (erdLe) _________.
4. Er trug den Pullover aus (eollW) ________ nie, weil er kratzte.
5. Der Stoff ist zu 100 % aus (ellauBmwo) _______________.

9 Das Kleid ist chic

Was passt? Kreuzen Sie an.

1. Wow, dein neues Kleid (CH: dein neuer Rock) ist wirklich ...

   ☒ chic ☒ schön ☒ hübsch

2. Du musst dich umziehen. Dein T-Shirt ist total ...

   ☐ schmutzig ☐ dreckig ☐ sauber

3. Das Hemd würde ich nicht mehr anziehen. Der Kragen ist zu ...

   ☐ altmodisch ☐ hübsch ☐ modern

4. Die Sängerin trug ein ... Kleid.

   ☐ kurzes ☐ langes ☐ elegantes

10 Das steht Ihnen gut

Ergänzen Sie. Achten Sie bei Verben auf die korrekte Form.

tragen • passen • Kabine • anziehen • umziehen
Nummer • ~~stehen~~

1. Rosa _steht_ Ihnen wirklich gut.
2. Die Hose __________ nicht. Können Sie sie mir eine ______________ größer bringen?
3. Bitte nur drei Teile in die __________ mitnehmen.
4. Mein Mann __________ im Büro immer Hemden.
5. Wir müssen um acht Uhr los. Ich muss mich noch ______________.
6. Was meinst du, soll ich eine Krawatte ______________?

I11 Schmuck

Ergänzen Sie.

Haarspange • ~~Schmuck~~ • Kette • Armband • Uhr • Ohrringe
Modeschmuck • Silber

1. Sie trägt wenig Sch*muck*, nur eine Uhr, den Ehering und eine K_____e.
2. Stimmt es, dass dem Präsidenten der USA die U___ geklaut wurde?
3. Die Perlenkette ist nicht echt. Das ist nur M_________________.
4. Schmuck aus S_______ steht mir nicht so gut, ich muss Gold tragen.
5. Du musst deine O________ beim Turnen wegmachen. Das ist sonst zu gefährlich.
6. Schau mal wie albern. Der Hund trägt eine H____________.
7. Sie bekam zur Kommunion von ihrer Patentante ein goldenes A__________.

I12 Haushaltsartikel und Werkzeug

Was passt nicht?

1. Kochgeschirr: die Pfanne – der Topf – ~~die Suppenschüssel~~
2. Essgeschirr: der Suppenteller – der Fleischteller – der Kochlöffel
3. Haushaltsartikel: der Korkenzieher – der Dosenöffner – der Schraubenzieher
4. Werkzeug: der Flaschenöffner – der Hammer – die Zange
5. Besteck: die Schere – die Gabel – der Löffel

J. Post, Bank und Polizei

1. Post und Telefon
2. Am Schalter
3. Telefon und Handy
4. Auf der Bank
5. Am Geldautomaten
6. Bankgeschäfte
7. Polizei

J1 Post und Telefon

Ordnen Sie zu.

die Telefonkarte (CH: die Taxcard) • das Päckchen • die Postleitzahl
der ~~Briefumschlag (A: das Kuvert, CH: das Couvert)~~ • das Paket
die Telefonzelle (CH: die Telefonkabine) • der Briefkasten • das Handy
der Briefträger (CH: der Pöstler) • die Adresse • die Briefmarke
das Telefonbuch • die Ansichtskarte • der Absender

1. *der Briefumschlag*
2. ______
3. ______
4. ______
5. ______

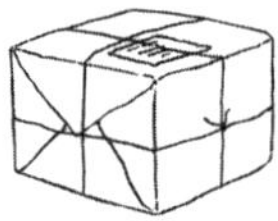

6. ______ 7. ______ 8. ______

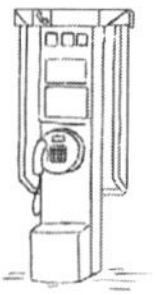

9. ______ 10. ______ 11. ______

12. ______ 13. ______ 14. ______

J2 Am Schalter

Ergänzen Sie. Achten Sie bei Verben auf die korrekte Form.

~~abholen~~ • aufgeben • schicken • Paketschein • Aufkleber
Formular • Kilogramm • Abholschein • schwer

1. ◆ Ich möchte ein Paket ab*holen*. ● Da brauche ich den Ab__________ und Ihren Pass oder Personalausweis.
2. ● Ich brauche einen Auf__________ für Päckchen. ◆ Bitte schön.
3. ◆ Das Paket können Sie beim Schaltern nebenan auf__________.
4. ● Kann ich das hier noch als Päckchen sch__________? ◆ Nein, die Sendung ist zu sch_____. Das Höchstgewicht für Päckchen ist 2 K__________. Das geht nur als Paket. Sie müssen dann auch noch dieses For__________ ausfüllen.
5. ◆ Geben Sie mir bitte einen Pa__________ für das Ausland.

Porto • Express-Sendung • Schalter • erhalten • kriegen
ausfüllen • bekommen • frankieren • Postfach • Postleitzahl

6. ◆ Kann ich bei Ihnen Sondermarken be__________? ● Nein, leider nicht, die kr_______ Sie aber am Sch_______ nebenan bei meinem Kollegen.
7. ● Für Päckchen außerhalb der EU müssen Sie immer eine Zollerklärung aus__________.
8. ◆ Ich habe Ihre Sendung immer noch nicht er__________. ● Das darf doch wahr sein, die habe ich doch am Freitagmorgen als Ex________________ verschickt.
9. ● Die P__________ können Sie in dem Buch nachschlagen. Sie schauen unter dem Ort nach der Straße ... ◆ Ich weiß aber die Straße nicht, die Adresse ist ein P__________.
10. ◆ Was heißt denn „ausreichend fr__________“? ● Die richtige Briefmarke draufkleben. Das P_______ für Postkarten innerhalb Europas ist 65 Cent.

J3 Telefon und Handy

Ergänzen Sie. Achten Sie bei Verben auf die korrekte Form.

Ausland • Faxnummer • Telefonnummer • ~~klingeln~~ • ausschalten
anrufen • besetzt • läuten • wählen • Mail

1. ◆ Das Telefon *klingelt*. Kann mal einer von euch rangehen!
2. ● Ich wollte dich ________, aber es war den ganzen Abend ________.
3. ◆ Er hatte vergessen sein Handy ______________ und es ________ mitten im Konzert.
4. ● Können Sie mir Ihre ____________ geben? ◆ Ich habe kein Fax, aber Sie können mir eine _______ schicken.
5. ◆ Die ______________ stimmt nicht. ● Doch, die stimmt. Du darfst nur nicht die 0 _________, wenn du aus dem _________ anrufst

Anrufbeantworter • Verbindung • Nachricht • erreichen • auflegen
zurückrufen • sprechen mit • sich verwählen

6. ● __________ ich ____ Herrn Rau? ◆ Nein, tut mir leid. Da haben Sie ________________.
7. ◆ Ich verstehe dich nicht, die ____________ ist ganz schlecht.
8. ● In Notfällen können Sie mich auch per Handy ____________.
9. ◆ Kannst du bitte mal ___________, ich muss dringend telefonieren
10. ● Dies ist der ____________________ von Ilse Schmitt. Bitte hinterlassen Sie eine ____________. Ich ________ Sie umgehend ________.

J4 Auf der Bank

Was passt? Kreuzen Sie an.

1. Man kann Geld auf ein Konto ...
   ☒ überweisen ☒ einzahlen ☐ abheben
2. Man kann Geld von einem Konto ...
   ☐ leihen ☐ einzahlen ☐ abheben
3. Man kann ein Girokonto ...
   ☐ eröffnen ☐ überziehen ☐ haben
4. Man kann einen Scheck ...
   ☐ einlösen ☐ abbuchen ☐ ausstellen
5. Man kann einen Kredit ...
   ☐ abzahlen ☐ ausleihen ☐ bekommen

J5 Am Geldautomaten

Ergänzen Sie. Achten Sie bei Verben auf die korrekte Form.

~~Kreditkarte~~ • EC-Karte • Geld • abheben • bezahlen
eingeben • Geheimnummer

◆ Ich konnte auf Korsika mit meiner (1.) *Kreditkarte* am Geldautomaten kein (2.) _______ abheben, weil ich die (3.) _________________ vergessen habe.

● Und was hast du dann gemacht?

◆ Dann hat mein Mann alles (4.) ________. Aber stell dir vor, dann wollte er Geld (5.) _________ und hat dreimal die falsche Nummer (6.) _____________ und dann war seine (7.) _________ weg. ...

J6 Bankgeschäfte

Ergänzen Sie.

im Minus • Kontoauszüge • steigen • ~~Zinsen~~ • Kredite • Schalter
Kontonummer • Rechnung • Dauerauftrag

1. Für Guthaben auf Sparbüchern gibt es momentan wenig *Zinsen*
2. Wenn Sie mir bitte noch einmal Ihre ________________ und Bankleitzahl geben. Ich kümmere mich darum, dass die __________ noch heute an Sie angewiesen wird.
3. Du der Geldautomat funktioniert nicht. Ich muss am __________ Geld abheben.
4. Ich lasse mir die ________________ zuschicken.
5. Nach dem Urlaub ist mein Konto meistens __________.
6. Ich habe einen ________________ für die Miete.
7. Die Zinsen für __________ sind momentan niedrig, aber sie werde wieder __________.

J7 Polizei

Ergänzen Sie. Achten Sie bei Verben auf die korrekte Form.

Parkverbot • ~~Verkehr~~ • Anzeige • Polizistin
Polizei (A: Gendarmerie) • parken (CH: parkieren)

1. Ein Polizist regelte nach dem Unfall den *Verkehr*.
2. Sie meldeten den Unfall bei der __________.
3. Eine __________ machte den Verkehrsunterricht für die Schulkinder
4. Hier dürfen Sie nicht __________. Hier ist __________.
5. Er bekam eine __________, weil er auf der Autobahn zu schnell gefahren ist.

K. Arbeit und Beruf

1. Berufsbezeichnungen
2. Was ist er von Beruf?
3. Berufsgruppen
4. Rund um den Beruf
5. Wie ist deine neue Arbeit?
6. Rund um den Arbeitsplatz
7. Arbeitsplätze
8. Büroausstattung und Büromaterial
9. Lohn und Gehalt
10. Stellenanzeigen
11. Arbeitssuche
12. Computer und Software
13. Computer und Internet

K1 Berufsbezeichnungen

Ergänzen Sie.

der Maler • der Automechaniker • der Bauarbeiter
die Arzthelferin • ~~die Hausfrau~~ • die Programmiererin
der Kaufmann • der Landwirt • die Polizistin

1. *die Hausfrau* 2. ______________ 3. ______________

4. ______________ 5. ______________ 6. ______________

7. ______________ 8. ______________ 9. ______________

K2 Was ist er von Beruf?

Ergänzen Sie.

Bäcker • Gärtner • Verkäufer • Lehrer • Raumpflegerin
~~Feuerwehrmann~~ • Friseurin (CH: Coiffeuse) • Stewardess

1. Er rettet Unfallopfer aus Fahrzeugen und löscht Brände.
   Er ist *Feuerwehrmann*.
2. Sie reinigt Büros: Sie saugt Staub, leert die Papierkörbe, wischt Staub und putzt die Toiletten.
   Sie ist ________________.
3. Er unterrichtet an einer Grundschule. Er lehrt Rechnen, Deutsch, Heimat- und Sachkunde, Musik und Kunst.
   Er ist ________________.
4. Er bedient und berät Kunden in einem Geschäft.
   Er ist ________________.
5. Er sät und pflanzt Gemüse. Er düngt und gießt die Pflanzen und erntet sie.
   Er ist ________________.
6. Er backt Brot, Brötchen (A: Semmeln), Croissants und Gebäck.
   Er ist ________________.
7. Sie hilft den Passagieren und bringt ihnen Speisen und Getränke.
   Sie ist ________________.
8. Sie wäscht, schneidet und föhnt Haare. Sie färbt auch Haare und macht Dauerwellen.
   Sie ist ________________.

K3 Berufsgruppen

Ordnen Sie zu.

Richter / Richterin • ~~Pilot / Pilotin~~ • Arzt / Ärztin
Elektriker / Elektrikerin • Kellner / Kellnerin • Busfahrer / Busfahrerin
Apotheker / Apothekerin • Florist / Floristin • Erzieher / Erzieherin
Metzger / Metzgerin (A: Fleischhauer / Fleischhauerin)
Installateur / Installateurin • Lehrer / Lehrerin
Taxifahrer / Taxifahrerin • Architekt / Architektin
Koch / Köchin • Krankenschwester / Krankenpfleger
Küchenhelfer / Küchenhelferin

1. Verkehr

Pilot / Pilotin

____

____

2. Gesundheit

____

____

____

3. Handel

____

____

____

4. Baugewerbe

____

____

____

5. Hotelgewerbe

____

____

____

6. Öffentlicher Dienst

____

____

____

4 Rund um den Beruf

Ergänzen Sie.

Job • Arbeitsplatz • ~~arbeitet als~~ • Stelle • Beamte
selbstständig • Angestellte

1. Er ist Physiker von Beruf und _arbeitet_ jetzt _als_ Lehrer.
2. Weil er keine feste ________ gefunden hat, hat er sich ______________ gemacht.
3. Polizisten und Lehrer sind in Deutschland __________.
4. Sie hat in den Semesterferien einen ________ als Kellnerin.
5. Leider ist mein ______________ jetzt in dem neuen Großraumbüro.
6. Sind Sie _____________ oder selbstständig?

5 Wie ist deine neue Arbeit?

Ergänzen Sie das Gegenteil.

gefährlich • angenehm • ~~langweilig~~ • anstrengend
geistig arbeiten

1. interessant ↔ _langweilig_
2. leicht ↔ ______________
3. unangenehm ↔ ______________
4. ungefährlich ↔ ______________
5. körperlich arbeiten ↔ ______________

K6 Rund um den Arbeitsplatz

Ergänzen Sie. Achten Sie bei Verben auf die korrekte Form.

verkaufen • entwickeln • leiten • ~~machen~~ • Projekt • Verantwortung
Stress • Organisation • Aufgaben • Bereich • Buchhaltung • Sitzung

1. ● Und was *machen* Sie? ◆ Ich habe jetzt neue ____________ im ____________ Marketing.
2. Wer ist für die ____________ der Tagung verantwortlich?
3. Ich frage in der ____________ nach, warum die Rechnung noch nicht überwiesen ist.
4. Der Bereich Handy wurde an einen ausländischen Investor ________
5. Wer __________ den Bereich Automobiltechnik, ist das noch Herr Dr. Schmidt?
6. Für das neue __________ müssen noch Mitarbeiter eingestellt werde
7. Die __________ fängt etwas später an, weil Herr Dr. Rau im Stau ste
8. Die Software für dieses Problem muss erst ____________ werden.
9. Die Frage ist, wer trägt die ____________ für die Missstände?
10. Ich bin im ________, weil meine Präsentation noch nicht fertig ist.

K7 Arbeitsplätze

Wie heißen die Wörter?

1. Es stört mich, dass ich keinen festen (laeiptstzArb) *Arbeitsplatz* Büro habe.
2. Die Firma Rettenberger ist ein kleiner (iebeBtr) ____________ mit 12 Mitarbeitern.
3. Er hat sich als Schreiner selbstständig gemacht und hat eine eigene (stWkatter) ____________.
4. Die (imaFr) __________ Siemens hat ihren Hauptsitz in München.
5. In dieser (abikFr) __________ werden Turngeräte produziert.

K8 Büroausstattung und Büromaterial

Was passt nicht?

1. der Schreibtisch – der Schreibtischstuhl (A: Schreibtischsessel) – ~~die Schreibmaschine~~
2. der Computer – die Büroklammer – der PC
3. der Kopierer – der Drucker – der Stempel
4. das Papier – die Mappe – der Ordner
5. das Blatt – der Zettel – das Faxgerät
6. der Radiergummi – der Kugelschreiber – der Filzstift

K9 Lohn und Gehalt

Ergänzen Sie. Achten Sie bei Verben auf die korrekte Form.

Überstunden • Gehaltserhöhungen • Stundenlohn • Streik
~~Gewerkschaften~~ • verdienen • fordern • sinken • steigen
verhandeln • streiken

1. Die Gew*erkschaften* haben zum Str______ aufgerufen. Sie fo______ 3 % mehr Lohn.
2. Die Gewerkschaften ver__________ mit den Arbeitgebern über Ge_________________.
3. Es kam zu Verspätungen bei der Bahn, weil die Lokführer str_______.
4. Sie ärgert sich über die viele Üb_____________, die sie nicht bezahlt bekommt.
5. Die Studentin bekam 10 Euro ________________ für das Arbeiten an der Kasse (A/CH: Kassa).
6. Peter wohnt noch bei seinen Eltern, da er in der Ausbildung noch nicht viel ver_______.
7. Die Gehälter werden bei der neuen Firma si_______.
8. Die Arbeitgeber wollen nicht, dass die Lohnkosten ste_______.

K10 Stellenanzeigen

Ergänzen Sie.

Praktikum • Vollzeit • Gehaltsvorstellung • schriftlich • Bewerbung • ~~suchen~~ • Auszubildende

(1.)
Zur Neueröffnung unseres Fitness-Clubs in München su*uchen* wir ab sofort **Fitness-Trainer** und Au__________
Bitte richten Sie Ihre Be__________ mit Lichtbild u. Ge__________ an:
FITNESS STAR
Leopoldstr. 183
81475 München

(2.)
Pr__________ im Kindergarten
Wir suchen ab Sep. Praktikanten für 1 Jahr Tel.: 0170-467 44 09

(3.)
Fahrlehrer/in für Teilzeit oder V__________ nach Ingolstadt gesucht.
Bewerbung bitte sch__________ unter ☒ ZS1833322 an SZ

K11 Arbeitssuche

Ergänzen Sie. Achten Sie bei Verben auf die korrekte Form.

sich bewerben um • sich vorstellen • ~~Stelle~~ • arbeitslos • wechseln • finden • kündigen

1. Es ist nicht schwierig, eine *Stelle* als Erzieherin zu ________.
2. Walter möchte gerne die Arbeitsstelle __________.
3. Ich glaube, ich ____________________ die interessante Stelle, die in der Zeitung stand.
4. Die Firma Denka hat 500 Mitarbeitern __________.
5. Seit sie __________ ist, hat sie schon über dreißig Bewerbungen geschrieben.
6. Er wird ______ morgen bei der Firma Raddorf ______________.

K12 Computer und Software

Was passt? Kreuzen Sie an.

1. Einen Moment, ich muss den Computer noch ...
   ☒ einschalten ☒ ausschalten ☒ hochfahren
2. Können Sie mir bitte die Datei ...
   ☐ mailen ☐ surfen ☐ ausdrucken
3. Ich habe vergessen, die Datei zu ...
   ☐ speichern ☐ kopieren ☐ öffnen
4. Kannst du bitte den Kindern die Diskette ...
   ☐ einlegen ☐ brennen ☐ markieren
5. Für die Daten solltest du besser einen neuen Ordner ...
   ☐ anlegen ☐ einschalten ☐ schicken

K13 Computer und Internet

Wie heißen die Wörter?

1. Ich habe mir einen flachen (schidBilrm) *Bildschirm* für den Computer gekauft.
2. Hast du eine deutsche oder eine englische (sturTaat) __________?
3. Ich arbeite auch am Laptop immer mit der (asMu) _______.
4. Mein Sohn hat eine hervorragende (DC-MRO) ______________ zum Schachlernen.
5. Schaltest du bitte das (oemMd) __________ ein, ich muss noch meine Mails abrufen.
6. Ich komme gerade nicht ins Internet, das (tzeN) _________ ist überlastet.
7. Haben Sie eine (E-laiM-ssdrAee) ____________________?
8. Du kannst auf der (tereinetInste) ________________ nachschauen, wann der Kurs beginnt.

L. Ausbildung und Unterricht

1. Das deutsche Schulsystem
2. Schule und was dazugehört
3. Schüler und mehr
4. Schulaktivitäten
5. Unterrichtsfächer
6. Sprüche und Witze
7. Prüfungen
8. Sprachen lernen
9. Ich habe das nicht verstanden
10. Sprachliche Aktivitäten
11. Sprache
12. Verwendung, Verbesserung
13. Muttersprache und Fremdsprache
14. Universität
15. Schulsachen
16. Noch mehr Schulsachen

L1 Das deutsche Schulsystem

Ergänzen Sie.

Lehre • Gymnasium • Grundschule • Primarschule • Universität • Kindergarten • Kinderkrippen • Hauptschule • Abitur • Klasse • Realschule • ~~besuchen~~

In der Regel (1.) be*suchen* Kinder in Deutschland mit 3 Jahren den (2.) Kin_____________. Für jüngere Kinder gibt es (3.) Kin_____________. Mit sechs Jahren gehen die Kinder in die (4.) Gru___________. – In Österreich heißt diese Schule Volksschule und in der Schweiz (5.) Pri__________. – Die Grundschule dauert vier Jahre. Nach der Grundschule besuchen die Kinder entweder die (6.) Hau_________, die Realschule oder das (7.) Gym______. Wer die Hauptschule besucht, macht nach der (8.) 10. Kl____ den Hauptschulabschluss und kann dann eine Ausbildung, z. B. als Kfz-Mechaniker, Verkäufer oder Friseur, machen. Während der (9.) L_____ im Betrieb besuchen die Jugendlichen auch die Berufsschule. Wer die (10.) Rea________ besucht, kann nach der 10. Klasse weiter auf die Fachoberschule gehen und dann an der Fachhochschule studieren. Wer das Gymnasium besucht, macht in der 12. Klasse das (11.) Ab______ (A: Matura) und kann dann an der (12.) Uni__________ studieren.

.2 Schule und was dazugehört

Wie heißen die Wörter?

Hausmeister (CH: Abwart) • Direktor • Direktorin • Klassenzimmer
Hausaufgaben • ~~Ferien~~ • Schultüte • Unterricht • Aufgaben
Übung • Pausen

1. Die freien Tage und Wochen, in der Schüler nicht zur Schule gehen, heißen *Ferien*.
2. Übungen, die man zu Hause macht, heißen ________________.
3. Schulanfänger bekommen am ersten Schultag eine ____________.
4. Die Zeit zwischen den Unterrichtsstunden, das sind die __________.
5. Der Chef der Schule, das ist der __________ oder die ____________.
6. Der Raum, in dem unterrichtet wird, heißt ________________.
7. Die Zeit, in der an der Schule unterrichtet wird, heißt ___________.
8. In einer Prüfung gibt es keine Übungen, sondern ____________.
9. Was Sie gerade machen, ist eine __________.
10. Der ____________ sperrt die Turnhalle auf.

3 Schüler und mehr

Wie heißt der Plural?

1. der Schüler — *die Schüler*
2. die Schülerin — ____________________
3. die Klasse — ____________________
4. der Schulausflug — ____________________
5. der Teilnehmer — ____________________
6. die Klassenfahrt — ____________________

L4 Schulaktivitäten

Ergänzen Sie die Verben in der korrekten Form.

abschreiben • merken • ~~sein in~~ • aufpassen • schreiben • basteln
erklären • rechnen • singen • anmelden • lernen

1. ● Du _bist_ schon _in_ der Schule? ◆ Ja, ich bin doch schon sechs.
2. Er weiß nicht, was er machen soll. Er hat nicht ___________.
3. Ein Vorschulkind sollte sich drei Sachen ___________ können.
4. Hast du Yannick beim Französischunterricht ___________?
5. In der ersten Klasse ___________ die Kinder lesen, ___________ und ___________ bis 10.
6. ___________ du Max noch einmal, wie er den Stift halten soll?
7. In der Grundschule wird viel ___________, gemalt und ___________
8. Weil die Klasse laut war, gab es eine Strafarbeit. Alle Kinder mussten einen Text aus dem Lesebuch ___________.

L5 Unterrichtsfächer

Ergänzen Sie die Vokale.

In der Grundschule in Bayern gibt es folgende Fächer:

(1.) D_eu_tsch

(2.) M_th_m_t_k

(3.) H__m_t- und S_chk_nd__nt_rr_cht

(4.) W_rk_n / T_xt_l_s G_st_lt_n

(5.) M_s_k_rz__h_ng

(6.) Sp_rt_rz__h_ng

(7.) R_l_g__ns_nt_rr_cht (oder _th_k)

.6 Sprüche und Witze

Ergänzen Sie. Achten Sie bei Verben auf die korrekte Form.

sich wundern • großschreiben • sich melden • schreiben
~~Unterricht~~ • Beispiel • radieren • erklären • Lehrer • Diktat

Wenn alles schläft und einer spricht
Nennt man dieses (1.) Un*terricht*.

Der Lehrer (2.) er________: Worte, die mit der Silbe „un"- anfangen, bedeuten immer etwas Schlechtes, wie „unglücklich" oder „Unfall". Kennt ihr noch ein (3.) Bei_________?

Fritz (4.) me__________ und sagt: Ich kenne noch eins: „Unterricht."

1, 2, 3, 4, 6, 7,
in der Schule wird (5.) ge___________
in der Schule wird (6.) ra___________
bis der Lehrer explodiert.

Max schreibt im (7.) Di__________ das Wort „Tiger" klein. Der (8.) Le__________ sagt: „Habe ich dir nicht schon oft erklärt: Alles, was man anfassen kann, wird (9.) gr_______________." (10.) Wu__________ Max: „Glauben Sie wirklich, dass man einen Tiger anfassen kann?"

L7 Prüfungen

Ergänzen Sie. Achten Sie bei Verben auf die korrekte Form.

lösen • Klassenarbeit • Test • verbessern • ~~Probe~~
sich vorbereiten • schriftlichen • mündlichen

1. Habt ihr die HSU-Pr*obe** geschrieben?
2. Theo be____________ auf die Abschlussprüfung _____.
3. Sie wissen nicht, wann die Kl____________ (A: Schularbeit) geschrieben wird.
4. Er war krank und konnte den T_____ nicht mitschreiben.
5. Bei der Abschlussprüfung gibt es einen schr____________ und einen mü___________ Teil.
6. Als Hausaufgabe mussten die Kinder die Fehler ver___________.
7. Die Aufgaben kann ich nicht lö__________, die sind viel zu schwierig.

Punkt • Prüfung • Lösung • Frage • Resultat
erreichen • bekommen

8. Er konnte die Aufgabe nicht lösen, weil er die Fr_________ nicht verstanden hat.
9. Ich warte auf das Ergebnis der Pr_____________.
10. Er hatte nicht die nötige Punktzahl er___________, um die Prüfung zu bestehen.
11. Sie war mit dem Re____________ der Prüfung nicht zufrieden.
12. David war stolz. Er hatte eine Eins für sein erstes Referat be________
13. Für diese schwere Aufgabe gibt es nur einen Pu___________, das ist aber wenig!
14. Die Lö____________ steht hinten im Buch, da kannst du nachschaue

*HSU ist eine gebräuchliche Abkürzung für das Fach Heimat- und Sachkunde in der Grundschu

.8 Sprachen lernen

Welches Wort ist kein Synonym?

1. Sie spricht ... Deutsch.
   ~~schlecht~~ – perfekt – hervorragend
2. Er kann nur ... Deutsch.
   gut – etwas – ein wenig
3. Das ...
   habe ich vergessen – fällt mir nicht ein – weiß ich
4. Das muss ich noch ...
   verbessern – korrigieren – fragen
5. Er ... die neuen Vokabeln.
   verwendet – kann – beherrscht

.9 Ich habe das nicht verstanden

Wie heißen die Wörter?

1. Ich habe das nicht (stenandver) _verstanden_. Können Sie das bitte noch einmal (hoenderlwie) ______________?
2. Können Sie das bitte noch einmal (enkläerr) ______________?
3. Könnten Sie bitte etwas lauter (nechspre) ______________?
4. Was (etdeubet) ______________ das Wort „chillen“?
5. Können Sie das Wort bitte (staenbuchbier) ______________?
6. Gibst du mir bitte mal dein (teuchWörrb) ______________?

L10 Sprachliche Aktivitäten

Ergänzen Sie. Achten Sie bei Verben auf die korrekte Form.

zusammenfassen • reden • übersetzen • ~~schreiben~~ • zuhören
lesen • aussprechen • Kommunikation • nennen • meinen

1. Pedro kann sehr gut Deutsch sprechen, aber er kann nicht gut sch_reiben_.
2. Er hö_____ sehr konzentriert z__, konnte aber nicht viel verstehen.
3. Die Lehrer haben die Kursteilnehmer gebeten, miteinander Deutsch z re_____.
4. Die Kinder konnten das Wort „Kaulquappe" nicht aus_________.
5. Von den Eltern wird erwartet, dass sie mit ihren Kinder le______ übe
6. Er musste seinen Eltern den Brief ins Türkische üb_________.
7. In der Prüfung musste er fünf deutsche Bundesländer n_________.
8. Sie sollte das Wichtigste des Textes kurz zu_____________.
9. Ich mei___, dass er mit seiner Kritik recht hat.
10. Die Ko_____________ ist schwierig, weil das neue Au-pair-Mädchen kaum Deutsch spricht.

L11 Sprache

Was passt nicht?

1. der Buchstabe – ~~der Text~~ – die Silbe – der Umlaut – das Wort
2. das Alphabet – die Regel – die Ausnahme – die Grammatik
3. der Buchstabe – der Vokal – die Redewendung – der Konsonant
4. das Geschlecht – der Singular – feminin – neutrum
5. der Satz – der Ausdruck – die Redewendung – maskulin

12 Verwendung, Verbesserung

Wie heißen die Substantive?

1.	*die Verwendung*	Fremdwörter verwenden
2.	______________	eine Entscheidung begründen
3.	______________	etwas wissen
4.	______________	etwas verbessern
5.	______________	etwas korrigieren
6.	______________	einen Namen buchstabieren
7.	______________	einen Text zusammenfassen
8.	______________	einen Satz formulieren

13 Muttersprache und Fremdsprache

Ergänzen Sie.

Akzent • ~~Muttersprache~~ • Dialekt • Zweitsprache • Fremdsprache

1. Er spricht perfekt Deutsch, obwohl seine *Muttersprache* Englisch ist.
2. In Stuttgart habe ich den Schaffner zuerst nicht verstanden. Er sprach schwäbischen ____________.
3. Sie spricht fließend Deutsch, hat aber einen starken französischen ____________.
4. Als erste ________________ wird häufig Englisch unterrichtet.
5. Mona unterrichtet im Kindergarten Deutsch als ________________.

L14 Universität

Ergänzen Sie. Achten Sie bei Verben auf die korrekte Form.

Semester • Notendurchschnitt • studieren • ~~Studiengang~~
abschließen • sich einschreiben • Universität

1. Im *Studiengang* Medizin gibt es den sogenannten Numerus clausus, das heißt man darf nur studieren, wenn man einen bestimmten ____________________ hat.
2. An manchen Universitäten muss man eine Aufnahmeprüfung bestehen, bevor man ____________________ (A: sich inskribieren) kann
3. Klaus hat nicht an der ________________, sondern an der Fachhochschule ________________.
4. Ein Studienjahr hat zwei ________________.
5. Bettina hat ihr Studium in acht Semestern ________________.

Kommilitonin • Vorlesungen • promovieren • Professor
Seminar • durchfallen • ablegen

6. Hans hat bei ________________ Ehlich in München studiert.
7. Wie viele ________________ hast du dieses Semester besucht?
8. Tina hat keinen Platz im ______________ bekommen.
9. Ich mache die Seminararbeit mit einer ________________.
10. Sie muss dieses Semester die Zwischenprüfung ______________.
11. Hast du das Examen bestanden? Nein, ich bin leider ________________.
12. Lea hat Magister gemacht und möchte jetzt ________________.

L15 Schulsachen

Ordnen Sie zu.

der Füller • das Heft • der Radiergummi • das Lineal
der Wasserfarbkasten • die Schultasche • das Federmäppchen
(A: das Federpennal / CH: das Etui) • die Schere • das Buch
~~der Stift~~ • der Block • der Spitzer

1. der Stift
2. ______________
3. ______________

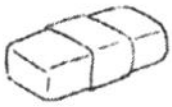

4. ______________
5. ______________
6. ______________

7. ______________
8. ______________
9. ______________

10. ______________
11. ______________
12. ______________

L16 Noch mehr Schulsachen

Ergänzen Sie.

Rucksack • ~~Overheadprojektor~~ • Kugelschreiber • Bleistift
Tintenkiller

1. Er musste mit dem O*verheadprojektor* Folien zeigen, da es an der Schule keinen Beamer gab.
2. Komm schreib erst mal mit B____________ in das Buch, damit du radieren kannst.
3. Die Kinder sollen keinen T____________ benutzen, machen es aber trotzdem.
4. Für die Klassenfahrt brauchst du noch einen R__________.
5. Bitte unterschreiben Sie mit K__________________.

Hausschuhe • Farben • Schnellhefter • Turnbeutel • Block
Kino • Klebestift • Holzfarbstifte • Ordner • Borstenpinsel

6. Im Federmäppchen müssen zwei Bleistifte, H______________ und Filzstifte sein.
7. Die Kinder benötigen einen karierten und einen linierten gelochten B_______ – Kästchen und Lineatur 1. Klasse –, einen breiten O_________und einen gelben Sch_____________.
8. Sie benötigen auch einen Wasserfarbkasten mit 12 F_________ und drei B_____________ sowie drei Haarpinsel, jeweils dünn, mittel und dick.
9. Zum Basteln bitte einen K____________ und einen flüssigen Kleber besorgen.
10. Mein Sohn muss H____________ sowie einen T____________ mit Turnschuhen und Turnkleidung in der Schule haben.

M. Freizeit und Unterhaltung

1. Was machen Sie in Ihrer Freizeit?
2. Hobbys
3. Freizeit
4. Malen, basteln, fotografieren
5. Spielen
6. Musik und Musikinstrumente
7. Veranstaltungen
8. Fußball
9. Alles ums Konzert
10. Kino, Kino
11. Sportquiz
12. Es lebe der Sport

M1 Was machen Sie in Ihrer Freizeit?

Ergänzen Sie die Verben in der korrekten Form.

1. ● Was machen Sie in Ihrer Freizeit?

   ◆ Ich (joggen) _jogge_ gerne nach der Arbeit. Und abends (lesen) ________ ich oft. Am Wochenende (fahren) _________ ich Rad. Und Sie?

   ● Ich (fotografieren) _________________ und (kochen) __________ gerne.

2. ◆ Was sind denn deine Hobbys?

   ● Ich (sich treffen) _____________ nach den Hausaufgaben meistens mit Freunden. Wir (Fußball spielen) _____________ ____________ und im Sommer gehen wir oft (schwimmen) _____________. Abends (chatten) _________ ich meistens. Und was machst du gerne?

   ◆ Ich (gerne Musik hören) _____________________. Abends (gehen) _________ ich oft ins Kino oder manchmal in die Disco.

M2 Hobbys

Was passt zu welchem Bild?

Karten spielen • wandern • Tennis spielen • ins Theater gehen
Fußball spielen • shoppen gehen • Ski fahren
~~fernsehen~~ • spazieren gehen

1. *fernsehen*

2. ______________

3. ______________

4. ______________

5. ______________

6. ______________

7. ______________

8. ______________

9. ______________

M3 Freizeit

Ergänzen Sie. Achten Sie bei Verben auf die korrekte Form.

Wochenende • Urlaub • ~~Freizeit~~ • Ferien • frei haben • Feiertag

1. Die Zeit, in der man weder im Beruf noch im Haushalt arbeiten muss, nennt man _Freizeit_.
2. Ich ______ am Freitag ______, weil am Donnerstag Feiertag ist
3. Der 1. Mai, der sogenannte Tag der Arbeit, ist ein __________.
4. Wann fangen bei euch dieses Jahr die _______ an? Am 30. Juli.
5. ● Kommst du am Samstag zum Sommerfest? ◆ Nein, dieses ______________ habe ich Dienst.
6. ● Wohin fahrt ihr dieses Jahr in (A: auf) __________? ◆ Wir fahren wieder nach Elba.

M4 Malen, basteln, fotografieren

Ergänzen Sie. Achten Sie bei Verben auf die korrekte Form.

entwickeln • zeichnen • basteln • ~~malen~~ • Batterien
Foto • Film • Digitalkamera

1. Die Kinder _malen_ im Kindergarten mit Wasserfarben und Wachsmalkreiden.
2. Leonie __________ wunderschöne Bilder mit Buntstiften.
3. An Weihnachten __________ wir mit unseren Kindern oft Sterne.
4. ● Hast du das __________ selbst gemacht? ◆ Nein, das ist vom Fotografen.
5. ◆ Hast du noch einen _____ für die Kamera? ● Nein, aber nimm doch die ________________. ◆ Bei der sind die __________ al
6. Ich muss die Fotos noch ______________ lassen, aber dann bekommst du von mir Abzüge.

M5 Spielen

Wie heißen die Wörter?

1. „Mensch-ärgere-Dich-nicht" (nlespie) *spielen* wir nur, wenn keiner heult, wenn er verliert.
2. Ich habe einfach kein (üGckl) __________. Nie würfele ich eine Sechs.
3. Die 5-Jährigen üben den (llaB) __________ werfen und fangen.
4. ◆ Welches (leuieSpzg) ______________ mögen deine Jungs? ● Sie spielen gerne Lego.
5. Ihr sitzt schon ganz schön lange am Computer, jetzt macht ihr mal was anderes als (spCouterielemp) ________________________.

M6 Musik und Musikinstrumente

Ergänzen Sie. Achten Sie bei Verben auf die korrekte Form.

Konzert • Gitarre • Saxofon • ~~Instrument~~ • Geige • Flügel
Trompeten • Orchester • Lied • Musik

1. ● Spielt deine Tochter ein *Instrument*? ◆ Ja, Blockflöte.
2. Ich finde es sympathisch, dass Bill Clinton __________ spielen kann.
3. ◆ Wer spielt bei dem Konzert am __________? ● Der Pianist Lang Lang.
4. ● Warum machst du die Fenster zu? ◆ Die Tochter unserer Nachbarn übt __________.
5. Er spielt auf der __________ sehr schöne Flamencostücke.
6. Bei den Blechbläsern spielen im __________ Hörner, __________ und Posaunen.
7. ◆ Wollen wir Ilse Eintrittskarten für ein __________ in der Philharmonie schenken? ● Ich weiß nicht, bist du dir sicher, dass sie klassische __________ mag?
8. Ein sehr berühmtes __________ der Beatles ist „Yesterday".

M7 Veranstaltungen

Was passt? Kreuzen Sie an.

1. Die Veranstaltung ...
   ☒ findet statt ☒ fällt aus ☒ ist gut besucht
2. Karten gibt es ...
   ☐ im Vorverkauf ☐ ausverkauft ☐ an der Abendkasse
3. Ich möchte gerne Karten ...
   ☐ bestellen ☐ kaufen ☐ reservieren
4. Montags ist das Museum leider
   ☐ geschlossen ☐ zu ☐ privat

M8 Fußball

Ergänzen Sie.

Tor • Verein • Trainer • Sportplatz • ~~Mannschaft~~ • Spiel
Stadion • trainieren

1. ● Für welche _Mannschaft_ ist denn dein Sohn? ◆ Er ist für Werder Bremen.
2. ◆ Na, wie war das ________? ● Simon ist stolz, er hat das einzige ________ geschossen.
3. Der deutsche ________ bei der Weltmeisterschaft 2006 war Jürgen Klinsmann.
4. Das neue ________ in München heißt „Allianz-Arena".
5. Die Jugendlichen, die im ________ Fußball spielen, ________ zweimal die Woche.
6. Wir trainieren jetzt nicht mehr in der Halle, sondern auf dem ________.

M9 Alles ums Konzert

Ergänzen Sie. Achten Sie bei Verben auf die korrekte Form.

Platz • ~~Eintrittskarten~~ • frei • Toiletten • Garderobe • klatschen

1. Hast du noch *Eintrittskarten* bekommen? Ja, aber nur Stehplätze.
2. Das Konzert kostete nichts, der Eintritt war ________.
3. Komm, lass uns die Jacken an der ____________ abgeben.
4. ● Wo sind unsere Plätze? ◆ Reihe 9, ________ 7 und 8.
5. In der Pause waren vor den ______________ lange Schlangen.
6. Das Publikum war begeistert und __________ lange Beifall.

M10 Kino, Kino

Ergänzen Sie. Achten Sie bei Verben auf die korrekte Form.

DVD • Hauptdarsteller • anschauen • ~~Schauspieler~~
Regisseure • Film • Kino

1. Bekannte deutsche Sch*auspieler* sind Armin Müller-Stahl, Katja Riemann und Til Schweiger.
2. Wim Wenders und Sönke Wortmann sind berühmte deutsche Re______________.
3. Weißt du, ob der F____ „Das Parfüm" noch im K____ läuft?
4. Willst du dir den neuen Harry-Potter-Film an__________?
5. Kate Winslet und Leonard DiCaprio sind die Hau_____________ im Film „Titanic".
6. Ich schaue mir den Film nicht im Kino an, den gibt es doch bald auf D____.

M11 Sportquiz

Raten Sie.

1. Warum trägt der Torhüter große Handschuhe?
   a. damit er den Ball besser fangen kann
   b. weil er friert
   c. damit er im Kampf geschützt ist

2. Ein Fußballmannschaft hat elf Spieler. Wen nennt man den „zwölften Mann"?
   a. den besten Ersatzspieler
   b. den Schiedsrichter
   c. die Zuschauer beim Spiel zu Hause

3. Was passiert beim Autorennen beim Boxenstopp?
   a. der Fahrer muss auf die Toilette
   b. der Fahrer will eine Pause machen
   c. das Auto wird betankt

4. Wann spielt man in der Fußball-Bundesliga mit einem roten Ball?
   a. beim Endspiel
   b. wenn Schnee liegt
   c. wenn der Schiedsrichter verliebt ist

M12 Es lebe der Sport

Was passt nicht?

1. Wir spielen heute:
   Handball – Fußball – Tennis – ~~Elfmeter~~

2. Der Pool ist wunderschön zum:
   Surfen – Schwimmen – Segeln – Rudern

3. Im Winter gehen wir oft in die Schweiz zum:
   Skilaufen – Golfen – Tauchen – Klettern

4. Nach der Arbeit gehe ich gerne noch
   walken – wandern – joggen – laufen

N. Freundschaft und Kontakte

1. Beziehungen und Kontakte
2. Liebe
3. Scheidung und Konflikte
4. Einladungen und Verabredungen
5. Herzlich willkommen
6. Beim Empfang
7. Korrespondenz
8. Im Fußballverein

N1 Beziehungen und Kontakte

Ergänzen Sie. Achten Sie bei Verben auf die korrekte Form.

Kontakt • zusammen • treffen • Beziehungen • ~~Kollegin~~
kennenlernen • persönlich

1. Ich möchte Ihnen unsere neue _Kollegin_ Frau Rau vorstellen.
2. Er bekam den Auftrag, weil er gute ____________ zum Chef hat.
3. Sie hat noch __________ zu der französischen Familie, bei der sie als Gastschülerin war.
4. Herrn Hernan habe ich bei einem internationalen Kongress ________________.
5. Ich habe Frau Stix zufällig am Flughafen ____________.
6. Ich kenne Herrn Liebl nicht ____________, aber ich habe viel von ihm gehört.
7. Fahren wir ____________ oder möchtest du lieber alleine fahren?

Team • gefallen • vertrauen • duzen • Du sagen
Sie sagen • mögen

8. Du kannst ihr wirklich ____________, ich arbeite seit Jahren mit ihr zusammen.
9. Es ____________ mir in der neuen Firma sehr gut.
10. Es ist noch ungewohnt für mich, dass sich hier in der Firma alle ____________.
11. Zu Kinder unter fünfzehn Jahren ________ man ______.
12. Zu Erwachsenen, die man nicht kennt, ________ man ______.
13. Die neue Geschäftspartnerin von Tom ________ ich nicht.
14. Er arbeitet nicht gerne alleine, sondern lieber im ________.

N2 Liebe

Ergänzen Sie. Achten Sie bei Verben auf die korrekte Form.

Ehepartner • streicheln • Beziehung • lieb haben • ~~geschieden~~
zärtlich • schlafen mit • Sex

1. Er ist nicht mehr verheiratet, er ist schon lange g*eschieden*.
2. Sie wollte nicht mehr m___ ihm sch_________ seit sie wusste, dass er eine B____________ zu seiner Praktikantin hat.
3. Bei dem Empfang waren auch die E____________ eingeladen.
4. Der Film ist langweilig, darin geht es nur um S___.
5. „Ich h____ dich l_____“, sagte die Mutter und tröstete ihr Kind.
6. Sie st___________ ihr Baby und gab ihm z________ einen Kuss.

N3 Scheidung und Konflikte

Wie heißen die Verben?

1. die Scheidung	Sie werden *sich* dieses Jahr *scheiden lassen*.
2. der Streit	Er ___________ ______ oft mit seiner Frau.
3. die Lüge	Du sagst nicht die Wahrheit, du ________.
4. die Trennung	Sie haben ______ ___________.
5. die Beleidigung	Sie hat ihn oft ___________.
6. die Diskussion	Er muss immer über alles ___________.

N4 Einladungen und Verabredungen

Ordnen Sie zu.

1. Wollen Sie gleich einen neuen Termin ausmachen?
2. Guten Tag, mein Name ist Janzen. Ich bin mit Herrn Vidal verabredet.
3. Warten wir noch auf die restlichen Teilnehmer?
4. Siehst du Frau Klodwig morgen?
5. Hast du eine Idee, was wir Frau Dix bei der Abschiedsfeier schenken können?
6. Wie viele Gäste werden zum Sommerfest erwartet?
7. Ich möchte dich für Samstag zu meiner Geburtstagsparty einladen.

a) Das tut mir leid, aber da kann ich leider nicht kommen, ich muss arbeiten.
b) Nein, über ein Geschenk habe ich noch nicht nachgedacht.
c) Herr Vidal, Frau Janzen ist am Empfang Sie.
d) Nein, ich rufe Sie nächste Woche noch einmal an.
e) Wir erwarten ca. 200 Personen.
f) Ja, wir wollen morgen zusammen essen gehen.
g) Nein, wir fangen gleich mit der Schulung an.

1.	2.	3.	4.	5.	6.
d					

N5 Herzlich willkommen

Ergänzen Sie. Achten Sie bei Verben auf die korrekte Form.

gehen zu • Besuch • Gäste • mitbringen • Einladung
~~Herzlich willkommen~~

1. An der Eingangstür hing ein Schild „*Herzlich willkommen*“.
2. Hast du die ______________ für die Geburtstagsparty schon bekommen?
3. Die Schwiegereltern kommen an Weihnachten immer zu __________.
4. Für die französischen __________ wurde ein Empfang mit bayerischem Essen organisiert.
5. __________ du ____ der Abschiedsfeier von Frau Beel?
6. Muss man zum Schulfest wieder Teller und Besteck ____________?

N6 Beim Empfang

Wie heißen die Verben?

1. Darf ich Ihnen ein Glas Sekt (enbaniet) *anbieten*?
2. Darf ich Sie zu einem Glas Champagner (ladeinen) ____________?
3. Ich möchte mich gerne mit Herrn Richter (teralhunten) ____________.
4. Ich möchte noch kurz mit dem neuen Teamleiter (renchspe) ____________.
5. Du musst mir (zärelenh) ____________, wie euer Urlaub in Neuseeland war.
6. Wir können nächste Woche noch einmal über das Projekt (enred) ____________.
7. Über dieses Thema sollten wir momentan besser nicht (tiekuendisr) ____________.

N7 Korrespondenz

Was passt nicht?

1. eine Einladung: schreiben – bekommen – ~~antworten~~ – kriegen
2. auf eine Einladung: reagieren – antworten – danken – warten
3. ich schreibe mit: Brief – Kugelschreiber – Bleistift – Füller
4. ich brauche: einen Zettel – ein Blatt – Papier – Post
5. ich schreibe: einen Brief – ein Kuvert (CH: Couvert) – eine Postkarte – eine Ansichtskarte

N8 Im Fußballverein

Ergänzen Sie.

Klub • Verein • ~~Mitglieder~~ • Trainer • treffen • Spenden
Vereinsheim • Versammlung

1. Seit der Fußballweltmeisterschaft ist die Zahl der *Mitglieder* stark gestiegen.
2. Seit wann sind Sie Mitglied im ________.
3. Das Sommerfest findet im ____________ statt.
4. Wer schreibt die Einladung für die nächste ____________?
5. ● Bei welchem ________ spielt dein Sohn? ◆ Er spielt beim FC Waldperlach.
6. __________ wir uns nächsten Freitag bei der Mitgliederversammlung?
7. Für die Seniorenmannschaft wird ein neuer _________ gesucht.
8. Wir müssen noch ___________ für einen neuen Rasenmäher sammeln.

0. Politik und Gesellschaft

1. Aktuelle Ereignisse und Schlagzeilen
2. Politik allgemein
3. Die UNO
4. Kritik und kritisieren
5. Das politische System der Bundesrepublik Deutschland
6. Parlament, Regierung, Parteien
7. Wirtschaft
8. Gewinn und Verlust

01 Aktuelle Ereignisse und Schlagzeilen

Ergänzen Sie.

Schlagzeile • gefährlich • ~~Nachrichten~~ • Katastrophen • Unglück
ernst • aktuellen

1. Machst du mal die _Nachrichten_ an. Es ist ein schreckliches ____________ mit einem ICE passiert.
2. Im Irak gibt es momentan einen Bürgerkrieg und das Leben dort ist sehr ____________.
3. Die Lage im Krisengebiet ist sehr _________, die UNO versucht z vermitteln.
4. Schaust du mal im Internet die ____________ Meldungen nach?
5. ● Mein Gott, zu Knuth dem Eisbären gibt es schon wieder eine ____________! ◆ Was hast du denn, dann sind schon keine ____________ passiert. Der Bär ist doch so süß!

02 Politik allgemein

Was passt? Kreuzen Sie an.

1. Man kann einen Kompromiss ...
   ☒ suchen ☒ finden ☐ lösen
2. Man kann Änderungen ...
   ☐ wollen ☐ fordern ☐ verlangen
3. Man kann ein Problem ...
   ☐ lösen ☐ einigen ☐ loben
4. Man kann Reformen
   ☐ machen ☐ beschließen ☐ verhindern

03 Die UNO

Ergänzen Sie. Achten Sie bei Verben auf die korrekte Form.

schicken • lösen • kämpfen • Konflikte • Organisation
~~Mitglied~~ • Frieden • Lösungen • Streit • Krieg • Soldaten

Fast alle Länder der Welt sind (1.) *Mitglied* der UNO. Das wichtigste Ziel der (2.) ____________ ist, den (3.) ____________ in der Welt zu sichern. Die Mitglieder treffen sich deshalb regelmäßig, um über (4.) ____________ in der Welt zu sprechen und (5.) ____________ dafür zu suchen. Eine wichtige Rolle spielt dabei der Generalsekretär. Er versucht zwischen den Ländern, die gegeneinander (6.) _______ führen, zu vermitteln und macht Vorschläge, wie man die Konflikte (7.) ___________ könnte. Manchmal (8.) __________ die UNO auch Soldaten in Länder, in denen es Krieg gab. Die (9.) _______________ sollen dann aber nicht (10.) ____________, sondern helfen, dass nicht wieder (11.) ____________ und Krieg zwischen den ehemaligen Gegnern ausbricht.

04 Kritik und kritisieren

Wie heißen die Verben?

1. die Kritik *kritisieren*
2. der Protest ____________
3. das Lob ____________
4. die Demonstration ____________
5. der Streik ____________
6. die Reform ____________
7. die Regierung ____________
8. die Wahl ____________

05 Das politische System der Bundesrepublik Deutschland

Ordnen Sie zu.

1. Wer wählt den Bundeskanzler bzw. die Bundeskanzlerin?
2. Welche Aufgaben hat der Bundeskanzler ?
3. Welche Aufgaben hat der Bundespräsident?
4. Was machen Minister und Ministerinnen?
5. Was ist der Bundesrat?
6. Wer ist der mächtigste Politiker, der Bundespräsident oder der Bundeskanzler?
7. Wer ist die Bundesregierung?

a) Die Hauptaufgabe des Bundeskanzlers bzw. der Bundeskanzlerin ist es, gemeinsam mit den Ministern zu regieren.

b) Der Bundeskanzler bzw. die Bundeskanzlerin ist die mächtigste Person.

c) Das Team, das Deutschland regiert: der Bundeskanzler bzw. die Bundeskanzlerin und ihre Minister und Ministerinnen.

d) Die Abgeordneten des Deutschen Bundestages wählen den Bundeskanzler bzw. die Bundeskanzlerin.

e) Er vertritt die Bundesrepublik Deutschland. Seine Hauptaufgabe ist das Repräsentieren.

f) Sie entwerfen Gesetze, über die der Bundestag abstimmt.

g) Die Vertretung der sechzehn deutschen Bundesländer.

1.	2.	3.	4.	5.	6.	7.
d						

06 Parlament, Regierung, Parteien

Ordnen Sie zu. Achten Sie bei Verben auf die korrekte Form.

Bundeskanzlerin • Innenminister • Außenminister • ~~Königin~~
Regierung • Parlament

1. Das Staatsoberhaupt von England ist eine _Königin_: Queen Elizabeth II.
2. Demokratie ist, wenn das Volk seine __________ selbst bestimmt.
3. Der ______________ kümmert sich um die Beziehung zu anderen Ländern.
4. Der ______________ ist für die Ordnung im Land und für die Polizei zuständig.
5. Das _____________ in Österreich und der Schweiz heißt „Nationalrat".
6. Seit November 2005 ist Angela Merkel in Deutschland _________________. Sie ist die erste Frau in diesem Amt.

SPD • FDP • CSU • CDU • Bundespräsident • Parteien • Gesetz
zustimmen • abstimmen • beraten • Mehrheit

7. Nachdem die Regierung ein _________ vorgeschlagen hat, _________ das Parlament über das Gesetz.
8. In der Bundesrepublik Deutschland ________ der Bundestag über Gesetze ___. Wenn die ________ dem Gesetz zustimmt, wird das Gesetz angenommen. Bei Gesetzen, die das Grundgesetz betreffen, muss aber auch noch der Bundesrat ____________.
9. Die größten und bekanntesten __________ in Deutschland sind die ______ (Christlich Demokratische Union), ______ (Christlich Soziale Union), ______ (Sozialdemokratische Partei Deutschlands), ______ (Freie Demokratische Partei) und Die Grünen.
10. In der Schweiz heißt das Staatsoberhaupt _______________.

07 Wirtschaft

Ergänzen Sie. Achten Sie bei den Verben auf die korrekte Form.

Waren • Lohn • Arbeiter • ~~Wirtschaft~~ • produzieren
pleitegehen • verdienen • entlassen • Fabrik • Gewinn

„Mama, was heißt das, der (1.) Wi_rtschaft_ geht es schlecht?"
„Wenn es der Wirtschaft schlecht geht, dann verkaufen die Firmen wenig (2.) W__________ und sie verdienen wenig Geld. Es kann dann passieren, dass Firmen (3.) pl__________ und viele Arbeiter (4.) ent__________ werden."
„Und wenn es der Wirtschaft gut geht, dann haben alle Arbeit?"
„Na ja, so einfach ist das nicht. Oft geht es den Firmen gar nicht schlecht und trotzdem werden (5.) Ar__________ entlassen. Die Chefs der Firmen überlegen sich nämlich, wie sie noch mehr Geld (6.) ver__________ können. Sie schließen dann eine (7.) Fa__________ und lassen in Ländern produzieren, in denen die Arbeiter weniger (8.) L________ bekommen. So machen sie noch mehr (9.) G________."
„Aber wenn die Arbeiter keine Arbeit haben, haben sie doch kein Geld, um das zu kaufen, was billig (10.) pr__________ wurde."
„Ach ..."

08 Gewinn und Verlust

Ergänzen Sie das Gegenteil mit Artikel.

1. der Gewinn ↔ (stluVer) _der Verlust_
2. der Export ↔ (rtImop) __________
3. exportieren ↔ (erimtienpor) __________
4. die Preise steigen ↔ die Preise (lenfal) __________
5. der Handel wird zunehmen ↔ der Handel wird (aehbennm) __________
6. arm ↔ (cheir) ________

Lösungen

A Personalien
B Informationen zur Person
C Körper und Körperpflege
D Wahrnehmung und Aktivitäten
E Wohnen und Hausarbeit
F Umwelt und Natur
G Reisen und Verkehr
H Essen und Trinken
I Geschäfte und Einkaufen
J Post, Bank und Polizei
K Arbeit und Beruf
L Ausbildung und Unterricht
M Freizeit und Unterhaltung
N Freundschaft und Kontakte
O Politik und Gesellschaft

A. Personalien

A1 1. Name 2. Vorname 3. Geburtsdatum 4. Straße 5. Hausnummer 6. Postleitzahl 7. Wohnort 8. Staat 9. Pass-Nummer 10. Telefonnummer 11. E-Mail

A2 1. c 2. d 3. f 4. b 5. a 6. e

A3 1. verliebt 2. Postleitzahl 3. Fax 4. Familienstand 5. Geburtsort 6. verwandt

A4 1. kommen – lebe 2. alt – Jahr 3. Adresse – wohne 4. Familienname 5. Beruf 6. Sprachkenntnisse – Muttersprache 7. buchstabieren 8. geboren 9. Kinder – Tochter 10. Geburtsort

A5 1. der Grieche 2. die Österreicherin 3. Polen 4. der Türke 5. Russland 6. der Finne 7. Schweden 8. die Portugiesin 9. Brasilien 10. der Argentinier

A6 1. der Türkei 2. den USA 3. Spanien 4. der Schweiz 5. Indien 6. dem Iran

A7 1. Italien – Italiener – Italienerin – Italiener – italienisch 2. Deutschland – Deutscher – Deutsche – Deutscher – deutsch 3. Japan – Japaner – Japanerin – Japaner – japanisch 4. den Niederlanden – Niederländer – Niederländerin – Niederländer – niederländisch 5. Großbritannien – Brite – Britin – Brite – britisch 6. Frankreich – Franzose – Französin – Franzose – französisch 7. aus der Schweiz – Schweizer – Schweizerin – Schweizer – schweizerisch 8. den USA – (US-)Amerikaner – (US-)Amerikanerin – (US-)Amerikaner – US-amerikanisch

A8 1. China 2. Dänemark 3. Griechenland 4. Belgien 5. Schweden 6. Tschechien 7. Ungarn 8. Finnland

A9 1. Belgien 2. Deutschland 3. Finnland 4. Frankreich 5. Griechenland 6. Irland 7. Italien 8. Luxemburg 9. Niederlande 10. Österreich 11. Portugal 12. Spanien

A10 Afrika – Amerika – Australien – Asien – Europa

A11 1. Belgien 2. Bulgarien 3. Dänemark 4. Deutschland 5. Estland 6. Finnland 7. Frankreich 8. Griechenland 9. Großbritannien 10. Irland 11. Italien 12. Lettland 13. Litauen 14. Luxemburg 15. Malta 16. Niederlande 17. Österreich 18. Polen 19. Portugal 20. Rumänien 21. Schweden 22. Slowakei 23. Slowenien 24. Spanien 25. Tschechien 26. Ungarn 27. Zypern

A12 1. die Adresse der Botschaft suchen 2. zur Botschaft gehen 3. das Visum beantragen 4. das Visum wird ausgestellt / das Visum bekommen 5. einreisen 6. das Visum läuft ab 7. das Visum wird verlängert 8. ausreisen

A13 1. weggelaufen 2. verkürzt 3. zureisen 4. arbeiten 5. verzollen 6. verlieren

B. Informationen zur Person

B1 1. Onkel 2. Tante 3. Cousin 4. Cousine 5. Großmutter 6. Schwiegereltern 7. Nichte 8. Neffe 9. Enkel 10. Schwager

B2 1. die Mutter 2. die Tochter 3. die Großmutter 4. die Schwester 5. die Tante 6. die Nichte 7. die Frau 8. das Mädchen

B3 1. Oma – Opa 2. Eltern 3. Geschwister 4. Enkelkinder 5. Mutti 6. Verwandtschaft 7. Angehörigen 8. Baby

B4 1. sich kennenlernen 2. sich verlieben 3. sich verloben 4. heiraten 5. Kinder bekommen 6. sie lebten glücklich bis an ihr Lebensende

B5 1. Paar 2. leben zusammen 3. ledig 4. Ehe 5. Kuss 6. Alleinerziehenden 7. Single 8. Hochzeit

B6 Sehr geehrter Herr Prof. Dr. Siebert,
ich möchte Ihnen ganz herzlich zu Ihrem 40. Geburtstag gratulieren. Ich möchte Ihnen alles Gute wünschen, vor allem Glück und Gesundheit und weiterhin viel Erfolg.
Mit herzlichen Grüßen
Dr. Manfred Müller

B7 1. Entschuldigung 2. Brief 3. Umzug 4. Schulfreundin 5. Heimweh 6. Mitschüler 7. Nachbarn 8. Jungen 9. Freunde 10. Kollegen 11. Grüße

B8 1 a 2 e 3 d 4 c 5 b

B9 1. unfreundlich 2. höflich 3. unsympathisch 4. faul 5. interessant 6. ungeduldig

B10 1. tut ... leid 2. geklingelt 3. kommen ... rein 4. kennengelernt 5. winken 6. Bestellen – Grüße 7. mich ... verabschieden – mich ... bedanken 8. Einladung – ausgezeichnet 9. gratulieren 10. einpacken

B11 1. distanziert – kalt 2. zuverlässig – lieb 3. eingebildet 4. geduldig – gerecht 5. geizig 6. fleißig 7. egoistisch 8. streng 9. stolz – neugierig 10. sympathisch – nett

C. Körper und Körperpflege

C1 1. der Kopf 2. die Nase 3. der Mund 4. der Hals 5. der Arm 6. der Bauch 7. das Bein 8. das Knie 9. der Fuß 10. die Haare 11. das Auge 12. das Ohr 13. die Zähne 14. die Schulter 15. der Rücken 16. die Brust 17. die Hand 18. der Zeh

C2 1. die Augen 2. die Ohren 3. die Hände 4. die Haare 5. die Füße 6. die Beine 7. die Zähne 8. die Finger

C3 1. die Lunge 2. das Herz 3. die Leber 4. der Magen 5. der Darm

C4 1. das Blut 2. der Mund 3. der Po 4. der Zeh

C5 1. sehen 2. hören 3. riechen 4. packen 5. fressen

C6 1. Durst 2. Rucksack 3. Hunger 4. Pause 5. muss mal 6. Parkplatz 7. Klo 8. schwitze 9. heiß 10. warm 11. die Klimaanlage 12. friere 13. kalt 14. angenehm

C7 1. Kulturbeutel 2. Zahnbürste 3. Zahnpasta 4. Kamm 5. Seife 6. Shampoo 7. Sonnencreme 8. Taschentücher (CH: Nastücher) 9. Handtuch 10. Waschlappen 11. wasch 12. duschst 13. föhn 14. putzen 15. kämmen 16. wechsle 17. Wäsche 18. schmutzig

C8 1. ein Duschgel 2. schminken 3. ich möchte ein Bad nehmen 4. bitte keinen Rasierschaum

C9 1. Toilettenpapier – Taschentücher (CH: Nastücher) 2. Tampons – Damenbinden – Kondome 3. Deo – Parfüm 4. Rasierklingen 5. waschen 6. Drei-Tage-Bart – rasieren

C10 1. Sehr gut, danke! 2. Gut, danke. 3. Es geht so. 4. Schlecht. 5. Sehr schlecht!

C11 1. Termin 2. Quartal 3. Versicherungskarte 4. Praxisgebühr 5. Quittung 6. Wartezimmer

C12 1. fehlt 2. Halsschmerzen 3. Beschwerden 4. Fieber 5. Grad 6. Oberkörper 7. verschreiben 8. Tablette 9. Krankmeldung 10. schreibe ... krank 11. sich ... ausruhen 12. zu Ende nehmen 13. gute Besserung

C13 1. Krankenversicherung 2. abhören 3. verschreibe 4. Impfung 5. weh 6. Atmen ... ein 7. Überweisung 8. Sprechstunde (A: Ordination) 9. verstaucht 10. Tropfen

C14 1. schwanger 2. adoptieren 3. Krankenhaus – entbinden 4. Geburt – behindert 5. Zwillinge

C15 1. Grippe 2. Schnupfen – Husten 3. allergisch 4. Gesundheit 5. Durchfall – gebrochen 6. wird ... schlecht

C16 1. sich ... gebrochen 2. sich ... geschnitten 3. Unfall – verletzt 4. Wunde – bluten 5. sich ... verbrennen 6. heruntergestürzt

C17 1. Medikament 2. Pille 3. Pflaste 4. Salbe 5. Spray 6. Tabletten 7. Tropfen

C18 1. Zigarette 2. Nichtraucherflüge – Rauchen 3. Feuer – Feuerzeug 4. Aschenbecher – verboten 5. Packung 6. süchtig – anzünden

D. Wahrnehmung und Aktivitäten

D1 1. sehen 2. blind 3. schauen 4. hinschauen 5. merken 6. bemerkt

D2 1. **an**gucken 2. **an**schauen 3. **zu**schauen 4. **weg**schauen 5. **auf**passen

D3 1. anhören 2. ruft 3. versteht 4. Hörst ... zu 5. hinhörst 6. gehört

D4 1. anfassen (A: angreifen) 2. berühren 3. probieren 4. riecht 5. stinkt 6. Fühl 7. Spürst 8. schmeckt

D5 1. bücken 2. gelaufen 3. gehen 4. wandern 5. springt 6. mich ... bewegen 7. gehüpft 8. rannte

D6 1. hängen 2. winken 3. ausmachen 4. mischen 5. aufkleben

D7 1. deckt 2. holst 3. bring 4. abschneiden 5. dich ... schneidest 6. Gibst 7. gemacht 8. kontrolliert 9. geschossen 10. nimm 11. einschenken 12. pass ... auf 13. gießt 14. benutzt 15. abgewischt 16. tritt 17. essen

D8 1. liegt 2. steckt 3. Legst 4. gehängt – gehangen 5. gestellt 6. sich ... hinlegen 7. mich ... setzen – nehmen ... Platz 8. aufstehen 9. stehen 10. sitzt 11. gelegt 12. gesteckt

E. Wohnen und Hausarbeit

E1 1. wohnt ... bei 2. Studentenwohnheim 3. zu Hause 4. ausziehen 5. Zimmer 6. Apartments 7. Wohngemeinschaft 8. Haus 9. Wohnung 10. Garten 11. Altersheim 12. Pflegeheim 13. Lage 14. Nähe 15. Stock 16. Balkon 17. Hof 18. Eigentumswohnung 19. Erdgeschoss 20. Terrasse 21. Tiefgarage 22. Keller

E2 1. das Dach 2. der Schornstein 3. das Schlafzimmer 4. das Gästezimmer 5. das Kinderzimmer 6. das Bad 7. das Arbeitszimmer 8. das Treppenhaus (A: das Stiegenhaus) 9. die Küche 10. das Wohnzimmer (A: die Stube) 11. die Toilette 12. die Treppe 13. der Kamin 14. der Keller 15. der Hobbyraum

E3 1. der Fernseher 2. das Klavier 3. der Vorhang 4. der Sessel 5. die Lampe 6. das Bild 7. das Regal 8. das Sofa / die Couch 9. das Kissen 10. die Katze 11. der Tisch 12. die Vase 13. der Teppich 14. die Pflanze

E4 1. die Tische 2. die Teppiche 3. die Sessel 4. die Bilder 5. die Lampen 6. die Betten 7. die Schränke 8. die Sofas

E5 1. die Mikrowelle 2. die Kaffeemaschine 3. das Geschirr 4. die Uhr 5. der Herd 6. der Kühlschrank 7. die Spülmaschine 8. die Spüle (A: die Abwasch) 9. der Wasserhahn

E6 1. die Dusche 2. der Spiegel 3. die Zahnbürste 4. die Badewanne 5. die Badeente 6. das Waschbecken (CH: das Lavabo) 7. das Handtuch 8. das Toilettenpapier 9. die Toilette / das Klo

E7 1. klein 2. möbliert 3. hell 4. alt 5. teuer 6. ruhig 7. breit 8. schmutzig

E8 1. Zimmer, Küche, Bad 2. Einbauküche 3. Nebenkosten 4. Parkett 5. Tiefgarage 6. Erdgeschoss 7. Dachgeschoss 8. erstes Obergeschoss 9. zwei Monatsmieten Kaution 10. Heizung 11. Balkon 12. ab sofort 13. Fußbodenheizung 14. Keller 15. Wohnfläche 16. Doppelhaushälfte

E9 1. Anzeige (CH: Annonce) 2. frei 3. liegt 4. ruhig 5. Tempo-30-Zone 6. hell 7. Süden 8. Kaution 9. Monatsmieten 10. Nebenkosten 11. betragen 12. besichtigen 13. vorbeikommen 14. das geht

E10 1. mieten 2. kosten 3. heizen 4. kündigen 5. umziehen 6. besichtigen

E11 1. Telefon 2. Internetanschluss 3. Handy 4. Verbindung 5. Faxanschluss 6. E-Mail 7. Telefonleitung 8. Apparat 9. Wackelkontakt 10. erreichen 11. besetzt

E12 1. d 2. f 3. c 4. e 5. b 6. a

E13 1. der Gartenzaun 2. die Fensterbank 3. die Steckdose 4. das Treppenhaus 5. die Türklinke 6. der Dachboden 7. der Briefkasten 8. Haustür

E14 1. zugemacht 2. offen 3. absperren 4. auf

E15 1. Müll 2. trennen 3. Tonnen 4. Papier 5. Kompost 6. Abfall

E16 1. schmeiß 2. Mülleimer (A: Mistkübel, CH: Abfallkübel) 3. entsorgen 4. Mülltonne 5. Essensreste 6. Salat 7. Gartenabfälle 8. werfe ... weg

E17 Geschirr: abwaschen – abtrocknen – spülen Spülmaschine: ausräumen – einräumen – ausschalten Wohnung: putzen – aufräumen – sauber machen

E18 1. Putzeimer 2. Putzmittel 3. Putzlappen 4. stauben ... ab 5. Staubsauger 6. saugen 7. wischen 8. Mülleimer 9. putzen 10. Ordnung

E19 1. wasche – Wäsche 2. Waschmaschine – aufhängen 3. Wäschetrockner – lasse ... trocknen 4. bügelt 5. Bügeleisen 6. Wäscheständer

E20 1. Fernseher – Computer 2. Radio 3. Stereoanlage – Lautsprechern 4. Walkman

E21 1. Wasserleitung – Trinkwasser 2. kalt 3. Gas 4. Ofen – Holz 5. Kohle 6. Strom 7. Stecker – Steckdose 8. Stromleitungen 9. Kabel – Verlängerungskabel 10. Elektrogeräte – elektrische

E22 1. brennen 2. drücken 3. ist zu 4. drücken

F. Umwelt und Natur

F1 1. Stadtführung 2. begrüßen 3. Aussicht 4. Einwohner 5. Fluss 6. Brücke 7. erreichen 8. Tor 9. Krieg 10. Heisererplatz 11. Fußgängerzone 12. Frauenkirche 13. Rathaus 14. Heimatmuseum 15. besichtigen 16. geöffnet

F2 1. Schloss 2. anschauen 3. Mühle 4. Tor 5. Reichstag 6. Fernsehturm 7. Zoo 8. Schlange stehen

F3 1. Stadtviertel (A: Bezirk, CH: Quartier) 2. Stadtrand 3. Zentrum 4. Land 5. Vorort 6. Bach 7. Umgebung 8. Felder

F4 1. Industrie 2. flach 3. Kohle 4. schmutzig 5. Luft; 6. Fluss 7. Ufer 8. steilen 9. Felsen 10. oben 11. Schiffe; 12. entlang 13. eben 14. Landschaft 15. Burgen 16. steil

F5 1. das Gebirge 2. das Dorf 3. die Seilbahn 4. der Hügel 5. der Fluss 6. die Wiese 7. das Gipfelkreuz 8. die Kirche 9. der Bauernhof 10. der Wald 11. die Burg 12. die Brücke 13. das Feld 14. der See 15. die Straße

F6 1. Sommerferien 2. Meer 3. Insel 4. Küste 5. Nordsee 6. Ebbe 7. Strand

F7 1. Stadtteil 2. Nähe 3. Park 4. Innenstadt 5. Ufer 6. Kanal

F8 1. die Wurzel 2. das Blatt 3. der Stängel 4. der Samen 5. die Blüte 6. die Knospe 7. die Erde

F9 1. der Stamm 2. der Zweig 3. der Ast 4. das Nest 5. das Gras 6. die Wurzel

F10 1. verblühen 2. mähen 3. pflücken 4. ernten 5. fällen

F11 1. Der Hund 2. Die Katze 3. Der Esel 4. Das Schaf 5. Die Ziege 6. Der Hahn 7. Die Ente 8. Die Kuh 9. Das Schwein 10. Das Huhn

F12 1. Hasen 2. Fische 3. Papageien 4. Tiger 5. Bären 6. Krokodile 7. Flossen

F13 1. der Hahn 2. das Küken 3. die Maus 4. das Lamm 5. die Kuh 6. das Fohlen 7. das Kalb 8. die Henne 9. das Ferkel 10. der Stier 11. das Pferd 12. der Stall 13. das Schwein 14. der Maulwurf 15. das Schaf

F14 1. um Insekten zu fangen 2. der Storch 3. sie tanzen 4. weil Insekten bei schlechtem Wetter tief fliegen

F15 1. Frühling – kühl – frisch – sonnig 2. Sommer – heiß – hitzefrei 3. Herbst – Nebel – Wind – Stürme 4. Winter - Schnee

F16 1. heiter 2. bewölkt 3. Regenschauer 4. Regen 5. Gewitter 6. Schneeregen 7. Schnee 8. Nebel

F17 1. Schnee – mild 2. Frost 3. geschneit – glatt – Glatteis – Salz

F18 1. Hitze – Schatten 2. Wetterbericht – vorhergesagt – Himmel 3. Sonne – heiß – trocken 4. Gewitter – Wolken 5. Donner – Blitz

F19 1. den Schatten 2. bewölkt 3. gefriert 4. kühl 5. stürmen 6. trocken

F20 1. tröpfelt 2. schüttet 3. donnert 4. blitzt 5. Sonne

F21 1. regnet 2. nass 3. bunt 4. grün 5. Erde 6. Trocknen

F22 1. Osten 2. Süden 3. Westen 4. Norden

G. Reisen und Verkehr

G1 1. der Roller 2. das Fahrrad (CH: das Velo) 3. das Auto 4. der Bus 5. die Straßenbahn (CH: die Tram) 6. die U-Bahn 7. der Zug 8. das Taxi 9. das Schiff 10. die Fähre 11. das Flugzeug 12. der Hubschrauber

G2 1. kommst 2. fliege 3. da sein 4. bringen 5. fahren 6. wieder 7. fliege ... zurück 8. komme ... an 9. zu Hause 10. abholen 11. nehme 12. weg 13. nach Hause 14. gehen 15. Brauchst 16. nimmt ... mit 17. zu Fuß

G3 1. wo liegt – ich suche – wo ist 2. komme ich 3. Gibt es 4. brauche ich 5. links – rechts – immer geradeaus 6. das weiß ich nicht – ich bin fremd hier – ich kenne mich hier nicht aus – ich bin nicht von hier

G4 1. a 2. c 3. d 4. e 5. f 6. b 7. g

G5 1. Weltkarte 2. verfahren – Stadtplan 3. Nähe 4. schnellsten – besten

G6 1. öffentlichen 2. Verkehrsmitteln 3. U-Bahn 4. Richtung 5. Haltestelle 6. umsteigen 7. aussteigen 8. beeilst 9. Verbindung 10. kriegst 11. Steig ... ein 12. verpasst 13. erst 14. hol ... ab

G7 1. d 2. f 3. c 4. e 5. b 6. g 7. a

G8 1. interessieren uns für 2. nehmen ... Platz 3. zentral 4. übernachten 5. empfehlen 6. gegenüber 7. anbieten 8. günstiger 9. neben 10. Sparpreis 11. wohnen 12. Nächte 13. buchen 14. Stadtrundfahrt 15. Besichtigung 16. Sehenswürdigkeiten 17. Kreditkarte 18. Reiseunterlagen 19. Reiseführer 20. gute Reise

G9 1. Hotel 2. günstig 3. Einzelzimmer 4. Doppelzimmer 5. Frühstücksbüfett 6. Vollpension 7. Halbpension 8. reservieren

G10 1. reserviert 2. wecken 3. stören 4. finde

G11 1. der Portier 2. das Zimmermädchen 3. der Kellner 4. der Koch 5. der Barkeeper 6. die Reiseleiterin 7. der Busfahrer 8. der Schaffner 9. die Zugbegleiterin 10. die Stewardess 11. der Pilot 12. der Fluglotse 13. der Kapitän 14. der Matrose

G12 1. Gasthaus – Fremdenzimmer 2. Pension 3. Ferienwohnung – zelten 4. Ferienanlage 5. ausgebucht – Zimmer 6. Zelte – Freien

G13 1. Flughafen 2. Flug 3. Start 4. Maschine 5. abfliegen

G14 1. Einsteigen – begeben ... sich – Bordkarten 2. Aufruf – Passagier – Check-in-Schalter 3. landen – Sicherheitsgurte 4. geflogen – Bord – bleiben ... sitzen

G15 1. Endstation – aussteigen 2. Bahnhof – Schalter 3. Gleis 4. Ankunft 5. fährt ... ab 6. Auskunft – verpasse – geht ... nach

G16 1. pendelt – fährt – Zug 2. entwerten – gültig 3. Fahrplan 4. fährt ... ab 5. legt ... an

G17 1. Fahrkarte 2. Erste 3. Zweite 4. Einfach 5. Hin- und Rückfahrt 6. Verbindung 7. Hauptbahnhof 8. Rückfahrt 9. reservieren 10. Raucher 11. Fensterplatz 12. macht 13. Fahrschein 14. Wagen 15. Platz 16. Reise

G18 1. Ich muss noch die Koffer packen. 2. Kann ich hier mein Gepäck aufgeben? 3. Ich habe meinen Rucksack im Abteil liegen lassen. 4. Kann ich die Reisetasche bei der Gepäckaufbewahrung abgeben? 5. Er suchte seine Fahrkarte und fand sie nicht.

G19 1. Grenze – Kontrollen 2. mitnehmen – Zoll bezahlen 3. einführen 4. wechseln 5. Papiere 6. Ausweis 7. Visum 8. gültig 9. Stempel 10. Führerschein (CH: Fahrausweis)

G20 1. Kurve – Fahrrad (CH: Velo) 2. kommt – gelaufen 3. anschnallen – Gurt 4. Leihwagen – zu Fuß

5. halten 6. Parkplätze 7. Kreuzung – aussteigen 8. überholen 9. bremste 10. Werkstatt 11. parkte – Strafzettel (CH: Busse) 12. mieten

G21 1. abbiegen – Einbahnstraße 2. Verkehr 3. Schild (CH: Signal) 4. Stau 5. Umleitung – Nebenstraßen 6. Abfahrt – Autobahn 7. Unfall – Ampel – rufen 8. volltanken 9. Verkehrskontrolle 10. gesperrt 11. Strafe 12. stoppte – Geschwindigkeit

H. Essen und Trinken

H1 1. b 2. f 3. e 4. c 5. a 6. d

H2 1. Guten Appetit! 2. Mahlzeit! 3. Zum Wohl!

H3 1. trinken 2. Essen 3. ernähren – Süßigkeiten 4. Pausenbrot

H4 1. Mahlzeiten 2. Frühstück (CH: Morgenessen) 3. Kaffee 4. Kakao 5. Vormittags 6. Mittagessen 7. Nudeln 8. Gemüse 9. Kantine 10. Nachmittag 11. Obst 12. Eis 13. Abendessen (CH: Nachtessen) 14. Wurst 15. Suppe

H5 1. der Apfel 2. die Banane 3. die Ananas 4. die Birne 5. die Kirsche 6. die Kiwi 7. die Melone 8. die Orange / die Apfelsine 9. die Erdbeere 10. die Aprikose (A: die Marille) 11. die Pflaume (A: die Zwetschke) 12. die Himbeere

H6 1. der Salat 2. die Tomate (A: der Paradeiser) 3. die Karotte / die Möhre (CH: das Rüebli) 4. die Kartoffel (A: der Erdapfel) 5. die Zwiebel 6. der Brokkoli 7. die Gurke 8. die Bohne (A: die Fisole) 9. der Mais 10. der Blumenkohl (A: der Karfiol) 11. der Paprika 12. der Kohlrabi

H7 1. Trauben 2. Bananen 3. Lauch, Pilze (A: Schwammerl), Knoblauch

H8 1. Was darf es sein? 2. Sonst noch etwas? 3. Und was kosten die Erdbeeren? 4. Geben Sie mir bitte zwei Schalen. 5. Das ist mir zu teuer 6. Ja, danke.

H9 1. die Marmelade 2. das Ei 3. die Nuss 4. die Sahne 5. der Fisch

H10 1. hungrig – Sandwich 2. Hauptspeise – magst – Fleisch 3. Dessert – Stück 4. Beilagen – Reis – Pommes frites 5. Essen – Spezialitäten

H11 1. sauer 2. weich – knusprig 3. bitter 4. scharf 5. kalt – warm 6. trocken 7. salzig – zäh 8. hart 9. fett 10. faulig

H12 1. der Braten – das Kotelett – das Schnitzel – das Hackfleisch 2. der Schinken – die Salami – das Wiener Würstchen 3. das Huhn – die Ente – die Gans – die Pute 4. der Senf – das Ketchup – die Mayonnaise – der Pfeffer

H13 1. frisch 2. reif – süß 3. roh 4. knackig – frisch 5. vegetarisch 6. kühl 7. heiß 8. lecker

H14 1. Milch 2. Getränke 3. Mineralwasser 4. Wasser 5. Tee 6. Cola 7. Orangensaft

H15 1. Alkohol 2. betrunken 3. Likör 4. Schnaps 5. Wein – Bier

H16 1. waschen 2. putzen 3. anbraten 4. kochen 5. schneiden 6. Pfanne 7. Reis 8. würzen 9. rühren 10. servieren

H17 1. gekochte 2. gebacken 3. gebraten 4. gegrillt

H18 1. Portion 2. Stück 3. Schachtel 4. Päckchen 5. Paket 6. Packung 7. Kasten / Kiste / Harass 8. Flasche 9. Glas 10. Tasse 11. Schluck 12. Büchse / Dose 13. Becher 14. Tüte 15. Netz 16. Stück

H19 1. d 2. f 3. e 4. g 5. a 6. c 7. b

H20 1.
a) Herr Ober, wir möchten gerne bestellen.
b) Ja gerne, was bekommen Sie?
c) Ich nehme den Schweinebraten mit Knödeln und Krautsalat. Könnte ich eine kleine Portion bekommen?
d) Ja, selbstverständlich. Und Sie, was möchten Sie?
e) Ich nehme das Wiener Schnitzel mit Pommes und Salat.

2.
a) Haben Sie schon gewählt?
b) Ja, ich hätte gerne das Tagesmenü.
c) Tut mir leid, das Tagesmenü ist leider aus. Ich kann Ihnen aber den Kalbsbraten empfehlen.
d) Okay, dann nehme ich den Kalbsbraten und als Vorspeise einen kleinen gemischten Salat.
e) Ja, gerne.

3.
a) Wir möchten bezahlen.
b) Ja, gerne. Zusammen oder getrennt?
c) Zusammen.
d) Das macht zusammen 18,20.
e) Machen Sie 20.
f) Vielen Dank.

H21 1. das Messer 2. die Gabel 3. der Löffel 4. die Weinflasche 5. das Weinglas 6. die Kaffeekanne 7. die Kaffeetasse 8. die Untertasse 9. das Milchkännchen 10. die Zuckerdose 11. die Salatschüssel 12. der Suppenteller 13. der Fleischteller 14. der Salzstreuer

I. Geschäfte und Einkaufen

I1 1. Supermarkt – Markt 2. Metzgerei (A: Fleischhauerei) 3. Bäckerei 4. Konditorei 5. Reformhaus – Naturkostladen 6. Apotheke 7. Kiosk (A: Trafik) 8. Geschäfte 9. Kaufhaus 10. Drogerie 11. Schreibwarengeschäft (CH: Papeterie) 12. Buchhandlung

I2 1. b 2. g 3. e 4. a 5. c 6. d 7. f

I3 1. Öffnungszeiten 2. durchgehend geöffnet 3. Verkäufer 4. Kunden 5. kriegen 6. verkaufen 7. Garantie 8. bringe 9. Schaufenster 10. Plastiktüte 11. Preis – Schlussverkauf 12. Hauptkasse 13. Rabatt 14. ausgeben

I4 1. ausverkauft – aus 2. ist gratis – ist kostenlos – umsonst 3. sehr günstig – billig – nicht teuer 4. steigen 5. eine Rechnung – eine Quittung 6. kriegen – bekommen 7. preiswert – günstig

I5 1. Portemonnaie – leihen 2. Geldschein 3. Kleingeld 4. Währung – Franken 5. Mark 6. Schilling 7. Münze 8. Banknoten 9. Kreditkarte – bar 10. Scheck 11. Bargeld 12. Überweisungsformular – Gebühren

I6 1. das Kleid (CH: der Rock) 2. der Rock (CH: der Jupe) 3. die Hose 4. der Anzug 5. das T-Shirt 6. die Krawatte 7. das Hemd 8. die Bluse 9. der Pullover 10. die Socken 11. der Mantel 12. die Mütze 13. der Schal 14. die Handschuhe

I7 1. Jeans 2. Kostüm 3. Jackett 4. Nachthemden 5. Gummistiefel – Matschhose 6. Badehose – Bikini 7. Uniform 8. Unterwäsche

I8 1. Nadel – Faden 2. Knöpfe 3. Leder 4. Wolle 5. Baumwolle

I9 1. chic – schön – hübsch 2. schmutzig – dreckig 3. altmodisch 4. kurzes – langes – elegantes

I10 1. steht 2. passt – Nummer 3. Kabine 4. trägt 5. umziehen 6. anziehen

I11 1. Schmuck – Kette 2. Uhr 3. Modeschmuck 4. Silber 5. Ohrringe 6. Haarspange 7. Armband

I12 1. die Suppenschüssel 2. der Kochlöffel 3. der Schraubenzieher 4. der Flaschenöffner 5. die Schere

J. Post, Bank und Polizei

J1 1. der Briefumschlag (A: das Kuvert, CH: das Couvert) 2. der Absender 3. die Postleitzahl 4. die Briefmarke 5. die Adresse 6. die Ansichtskarte 7. das Päckchen 8. das Paket 9. der Briefkasten 10. der Briefträger (CH: der Pöstler) 11. die Telefonzelle (CH: die Telefonkabine) 12. das Handy 13. die Telefonkarte (CH: die Taxcard) 14. das Telefonbuch

J2 1. abholen – Abholschein 2. Aufkleber 3. aufgeben 4. schicken – schwer – Kilogramm – Formular 5. Paketschein 6. bekommen – kriegen – Schalter 7. ausfüllen 8. erhalten – Express-Sendung 9. Postleitzahl – Postfach 10. frankieren – Porto

J3 1. klingelt 2. anrufen – besetzt 3. auszuschalten – läutete 4. Faxnummer – Mail 5. Telefonnummer – wählen – Ausland 6. Spreche ... mit – sich verwählt 7. Verbindung 8. erreichen 9. auflegen 10. Anrufbeantworter – Nachricht – rufe ... zurück

J4 1. überweisen – einzahlen 2. abheben 3. eröffnen – überziehen – haben 4. einlösen – ausstellen 5. abzahlen – bekommen

J5 1. Kreditkarte 2. Geld 3. Geheimnummer 4. bezahlt 5. abheben 6. eingegeben 7. EC-Karte

J6 1. Zinsen 2. Kontonummer – Rechnung 3. Schalter 4. Kontoauszüge 5. im Minus 6. Dauerauftrag 7. Kredite – steigen

J7 1. Verkehr 2. Polizei (A: Gendarmerie) 3. Polizistin 4. parken (CH: parkieren) – Parkverbot 5. Anzeige

K. Arbeit und Beruf

K1 1. die Hausfrau 2. die Programmiererin 3. der Automechaniker 4. der Kaufmann 5. der Bauarbeiter 6. die Arzthelferin 7. der Maler 8. der Landwirt 9. die Polizistin

K2 1. Feuerwehrmann 2. Raumpflegerin, 3. Lehrer, 4. Verkäufer, 5. Gärtner, 6. Bäcker, 7. Stewardess, 8. Friseurin (CH: die Coiffeuse)

K3 1. Pilot / Pilotin – Busfahrer / Busfahrerin – Taxifahrer / Taxifahrerin 2. Arzt / Ärztin – Apotheker / Apothekerin – Krankenschwester / Krankenpfleger 3. Florist / Floristin – Metzger / Metzgerin (A: Fleischhauer / -in) 4. Elektriker / Elektrikerin – Installateur / Installateurin – Architekt / Architektin 5. Kellner / Kellnerin – Küchenhelfer / Küchenhelferin – Koch / Köchin 6. Richter / Richterin – Erzieher / Erzieherin – Lehrer / Lehrerin

K4 1. arbeitet ... als 2. Stelle – selbstständig 3. Beamte 4. Job 5. Arbeitsplatz 6. Angestellte

K5 1. langweilig 2. anstrengend 3. angenehm 4. gefährlich 5. geistig arbeiten

K6 1. machen – Aufgaben – Bereich 2. Organisation 3. Buchhaltung 4. verkauft 5. leitet 6. Projekt 7. Sitzung 8. entwickelt 9. Verantwortung 10. Stress

K7 1. Arbeitsplatz 2. Betrieb 3. Werkstatt 4. Firma 5. Fabrik

K8 1. die Schreibmaschine 2. die Büroklammer 3. der Stempel 4. das Papier 5. das Faxgerät 6. der Radiergummi

K9 1. Gewerkschaften – Streik – fordern 2. verhandeln – Gehaltserhöhungen 3. streikten 4. Überstunden 5. Stundenlohn 6. verdienen 7. sinken 8. steigen

K10 1. suchen – Auszubildende – Bewerbung – Gehaltsvorstellung 2. Praktikum 3. Vollzeit – schriftlich

K11 1. Stelle – finden 2. wechseln 3. bewerbe mich um 4. gekündigt 5. arbeitslos 6. sich ... vorstellen

K12 1. einschalten – ausschalten – hochfahren 2. mailen – ausdrucken 3. speichern – kopieren – öffnen 4. einlegen – brennen 5. anlegen

K13 1. Bildschirm 2. Tastatur 3. Maus 4. CD-ROM 5. Modem 6. Netz 7. E-Mail-Adresse 8. Internetadresse

L. Ausbildung und Unterricht

L1 1. besuchen 2. Kindergarten 3. Kinderkrippen 4. Grundschule 5. Primarschule 6. Hauptschule 7. Gymnasium 8. Klasse 9. Lehre 10. Realschule 11. Abitur 12. Universität

L2 1. Ferien 2. Hausaufgaben 3. Schultüte 4. Pausen 5. Direktor – Direktorin 6. Klassenzimmer 7. Unterricht 8. Aufgaben 9. Übung 10. Hausmeister (CH: Abwart)

L3 1. die Schüler 2. die Schülerinnen 3. die Klassen 4. die Schulausflüge 5. die Teilnehmer 6. die Klassenfahrten

L4 1. bist in 2. aufgepasst 3. merken 4. angemeldet 5. lernen – schreiben – rechnen 6. Erklärst 7. gebastelt – gesungen 8. abschreiben

L5 1. Deutsch 2. Mathematik 3. Heimat- und Sachkundeunterricht 4. Werken/Textiles Gestalten 5. Musikerziehung 6. Sporterziehung 7. Religionsunterricht – Ethik

L6 1. Unterricht 2. erklärt 3. Beispiel 4. meldet sich 5. geschrieben 6. radiert 7. Diktat 8. Lehrer 9. großgeschrieben 10. Wundert sich

L7 1. Probe 2. bereitet sich ... vor 3. Klassenarbeit 4. Test 5. schriftlichen – mündlichen 6. verbessern 7. lösen 8. Frage 9. Prüfung 10. erreicht 11. Resultat 12. bekommen 13. Punkt 14. Lösung

L8 1. schlecht 2. gut 3. weiß ich 4. fragen 5. verwendet

L9 1. verstanden – wiederholen 2. erklären 3. sprechen 4. bedeutet 5. buchstabieren 6. Wörterbuch

L10 1. schreiben 2. hörte ... zu 3. reden 4. aussprechen 5. lesen 6. übersetzen 7. nennen 8. zusammenfassen 9. meine 10. Kommunikation

L11 1. der Text 2. das Alphabet 3. die Redewendung 4. der Singular 5. maskulin

L12 1. die Verwendung 2. die Begründung 3. das Wissen 4. die Verbesserung 5. die Korrektur 6. der Buchstabe 7. die Zusammenfassung 8. die Formulierung

L13 1. Muttersprache 2. Dialekt 3. Akzent 4. Fremdsprache 5. Zweitsprache

L14 1. Studiengang – Notendurchschnitt 2. sich einschreiben (A: sich inskribieren) 3. Universität – studiert 4. Semester 5. abgeschlossen 6. Professor 7. Vorlesungen 8. Seminar 9. Kommilitonin 10. ablegen 11. durchgefallen 12. promovieren

L15 1. der Stift 2. die Schere 3. das Heft 4. das Lineal 5. der Radiergummi 6. das Federmäppchen (A: das Federpennal / CH: das Etui) 7. die Schultasche 8. das Buch 9. der Wasserfarbkasten 10. der Block 11. der Füller 12. der Spitzer

L16 1. Overheadprojektor 2. Bleistift 3. Tintenkiller 4. Rucksack 5. Kugelschreiber 6. Holzfarbstifte 7. Block – Ordner – Schnellhefter 8. Farben – Borstenpinsel 9. Klebestift 10. Hausschuhe – Turnbeutel

M. Freizeit und Unterhaltung

M1 1. jogge – lese – fahre – fotografiere – koche 2. treffe mich – spielen Fußball – schwimmen – chatte – höre gerne Musik – gehe

M2 1. fernsehen 2. wandern 3. Karten spielen 4. Ski fahren 5. shoppen gehen 6. ins Theater gehen 7. Tennis spielen 8. spazieren gehen 9. Fußball spielen

M3 1. Freizeit 2. habe ... frei 3. Feiertag 4. Ferien 5. Wochenende 6. Urlaub

M4 1. malen 2. zeichnet 3. basteln 4. Foto 5. Film – Digitalkamera – Batterien 6. entwickeln

M5 1. spielen 2. Glück 3. Ball 4. Spielzeug 5. Computerspiele

M6 1. Instrument 2. Saxofon 3. Flügel 4. Geige 5. Gitarre 6. Orchester – Trompeten 7. Konzert – Musik 8. Lied

M7 1. findet statt – fällt aus – ist gut besucht 2. im Vorverkauf – an der Abendkasse 3. bestellen – kaufen – reservieren 4. geschlossen – zu

M8 1. Mannschaft 2. Spiel – Tor 3. Trainer 4. Stadion 5. Verein – trainieren 6. Sportplatz

M9 1. Eintrittskarten 2. frei 3. Garderobe 4. Platz 5. Toiletten 6. klatschte

M10 1. Schauspieler 2. Regisseure 3. Film – Kino 4. anschauen 5. Hauptdarsteller 6. DVD

M11 1. a. damit er den Ball besser fangen kann 2. c. die Zuschauer beim Spiel zu Hause 3. c. das Auto wird betankt 4. b. wenn Schnee liegt

M12 1. Elfmeter 2. Surfen – Segeln – Rudern 3. Golfen – Tauchen – Klettern 4. wandern

N. Freundschaft und Kontakte

N1 1. Kollegin 2. Beziehungen 3. Kontakt 4. kennengelernt 5. getroffen 6. persönlich 7. zusammen 8. vertrauen 9. gefällt 10. duzen 11. sagt ... Du 12. sagt ... Sie 13. mag 14. Team

N2 1. geschieden 2. schlafen ... mit – Beziehung 3. Ehepartner 4. Sex 5. hab ... lieb 6. streichelte – zärtlich

N3 1. sich ... scheiden lassen 2. streitet ... sich 3. lügst 4. sich ... getrennt 5. beleidigt 6. diskutieren

N4 1. d 2. c 3. g 4. f 5. b 6. e 7. a

N5 1. Herzlich willkommen 2. Einladung 3. Besuch 4. Gäste 5. Gehst ... zu 6. mitbringen

N6 1. anbieten 2. einladen 3. unterhalten 4. sprechen 5. erzählen 6. reden 7. diskutieren

N7 1. antworten 2. danken 3. Brief 4. Post 5. ein Kuvert (CH: Couvert)

N8 1. Mitglieder 2. Verein 3. Vereinsheim 4. Versammlung 5. Klub 6. Treffen 7. Trainer 8. Spenden

O. Politik und Gesellschaft

01 1. Nachrichten – Unglück 2. gefährlich 3. ernst 4. aktuellen 5. Schlagzeile – Katastrophen

02 1. suchen – finden 2. wollen – fordern – verlangen 3. lösen 4. machen – beschließen – verhindern

03 1. Mitglied 2. Organisation 3. Frieden 4. Konflikte 5. Lösungen 6. Krieg 7. lösen 8. schickt 9. Soldaten 10. kämpfen 11. Streit

04 1. kritisieren 2. protestieren 3. loben 4. demonstrieren 5. streiken 6. reformieren 7. regieren 8. wählen

05 1. d) 2. a) 3. e) 4. f) 5. g) 6. b) 7. c)

06 1. Königin 2. Regierung 3. Außenminister 4. Innenminister 5. Parlament 6. Bundeskanzlerin 7. Gesetz – berät 8. stimmt ... ab – Mehrheit – zustimmen 9. Parteien – CDU – CSU – SPD – FDP 10. Bundespräsident

07 1. Wirtschaft 2. Waren 3. pleitegehen 4. entlassen 5. Arbeiter 6. verdienen 7. Fabrik 8. Lohn 9. Gewinn 10. produziert

08 1. der Verlust 2. der Import 3. importieren 4. die Preise fallen 5. der Handel wird abnehmen 6. reich

Anneli Billina

Fit in Grammatik

A1/A2

Inhalt

Seite		
189	**A.**	**Verben**
189	A1	**... und wer bist du?** • Verbkonjugation Präsens
190	A2	**... und wie ist, bitte, Ihr Name?** • Verbkonjugation Präsens
191	A3	**Eine schwierige Ehe ...** • Vokalwechsel im Präsens
192	A4	**Was so alles los ist** • Trennbare Verben im Präsens
194	A5	**Ein Tag im Leben von Frau Fleißig** • Trennbare Verben im Präsens
196	A6	**Reiseerinnerungen** • Trennbar oder nicht trennbar
198	A7	**Mach doch mal!** • Imperativ
199	A8	**Ein ganz normaler Tag** • Imperativ
201	A9	**Ein Ausflug nach Neuschwanstein** • Perfekt/Präteritum von *sein* und *haben*
202	A10	**Der perfekte Sohn** • Perfekt
203	A11	**Ein anstrengender Urlaub!** • Perfekt
204	A12	**Was so alles los gewesen ist** • Perfekt
205	A13	**Veränderungen** • Präteritum von *sein* und *haben*
206	A14	**Ein Rendezvous** • Reflexive Verben
208	A15	**Alles ändert sich ...** • Reflexive Verben
209	A16	**Das will ich können!** • Modalverben
210	A17	**Wünsche und Vorlieben** • Modalverben
211	A18	**Erlaubt und verboten** • Modalverben
212	A19	**So viele Regeln ...** • Modalverben
213	A20	**Warum ist denn keiner gekommen?** • Modalverben im Präteritum
214	A21	**Beziehungen ...** • Verben mit Präpositionen
215	A22	**Erzähl mir alles von dir!** • Verben mit Präpositionen
216	A23	**Das geht wirklich höflicher!** • Konjunktiv II, Höflichkeitsform

217 **B. Nomen und Artikel**
217 B1 **Einkauf für eine Großfamilie** • Plural
218 B2 **Wir haben Zwillinge!** • Plural
219 B3 **Nur ein Traum ...** • Bestimmter oder unbestimmter Artikel
219 B4 **Kreatives** • Bestimmter/unbestimmter Artikel, Nullartikel
221 B5 **Was zu wem gehört** • Possessivartikel
224 B6 **Familie Schmidt plant ihren Tag** • Possessivartikel
225 B7 **Falsch gedacht!** • Negation

226 **C. Adjektive**
226 C1 **Wie ist ...?** • Prädikatives Adjektiv
228 C2 **Koffer packen** • Attributives Adjektiv
229 C3 **Auf dem Wochenmarkt** • Attributives Adjektiv
230 C4 **Kontakte und ein bisschen mehr** • Attributives Adjektiv
231 C5 **Rap gefällt mir besser!** • Steigerung von *gut, viel, gern*
232 C6 **Harte Konkurrenz** • Komparativ
233 C7 **Interessante Tierwelt** • Komparativ und Superlativ
235 C8 **Wer weiß was?** • Superlativ

236 **D. Pronomen**
236 D1 **Gästeliste** • Personalpronomen
236 D2 **Viele Spiele** • Personalpronomen
238 D3 **Kurz gesagt!** • Personalpronomen: Satzstellung
239 D4 **Alles meins!** • Possessivpronomen
240 D5 **Besitzverhältnisse** • Possessivpronomen
241 D6 **Auf gute Nachbarschaft!** • Indefinitpronomen
242 D7 **Meinen Sie die da?** • Demonstrativpronomen
243 D8 **Nichts kann man richtig machen!** • Demonstrativpronomen

244 E. **Präpositionen**
244 E1 **Alles eine Frage der Perspektive** • Lokale Präpositionen
245 E2 **Die richtige Richtung** • Lokale Präpositionen
246 E3 **Urlaubspläne** • Temporale Präpositionen
247 E4 **Manager-Stress** • Temporale Präpositionen
248 E5 **Umzugs-Blues** • Wechselpräpositionen
249 E6 **Wie geht denn das?** • Wechselpräpositionen
250 E7 **Ordnung muss sein!** • Wechselpräpositionen
251 E8 **Eine Hundegeschichte** • Präpositionen mit Dativ oder Akkusativ
252 E9 **Blumen für meine Frau** • Präpositionen mit Dativ oder Akkusativ
254 E10 **Internationales** • Präpositionen bei Ländern mit und ohne Artikel

255 F. **Fragen**
255 F1 **Interview im Himmel** • W-Fragen
256 F2 **Du bist aber neugierig!** • W-Fragen
257 F3 **Sagen Sie die Wahrheit!** • Satzfragen
258 F4 **Doch!** • *ja, nein, doch*
259 F5 **Keine Ahnung!** • Indirekte Frage

261 G. **Satzstellung**
261 G1 **Eine Ferienwoche** • Verbposition
262 G2 **Der arme Bauch!** • Verbposition
264 G3 **Wort-Wolken** • Satzklammer
265 G4 **Wo ist sie nur?** • Akkusativergänzung
266 G5 **Alltägliches** • Dativergänzung
267 G6 **Der gute Balthasar** • Dativ- und Akkusativergänzung

268 G7 **Alles nach Plan** • Temporale Ergänzung
269 G8 **Wann und wo?** • Temporale und lokale Ergänzung

271 **H. Konjunktionen**
271 H1 **Pro und Kontra** • Grundstellung
272 H2 **… , aber es ist vielleicht sehr teuer!** • Grundstellung
273 H3 **Nachbarn, Bekannte und Freunde** • Inversion
275 H4 **Gut erklärt!** • Nebensatzkonjunktion *weil*
276 H5 **Klischees** • Nebensatzkonjunktion *dass*
277 H6 **Wann ist das?** • Nebensatzkonjunktion *wenn*
279 H7 **Eine Traumreise** • *weil, dass, wenn*

280 **I. Adverbien**
280 I1 **Ich komme gleich runter!** • Direktionaladverbien
281 I2 **In den Keller runterfahren!** • Direktionaladverbien
283 I3 **Ein warmer Geldregen …** • Präpositionaladverbien
284 I4 **Darüber möchte ich nicht diskutieren!** • Präpositionaladverbien

286 **J. Zahlen**
286 J1 **Fit in Zahlen!** • Kardinalzahlen
287 J2 **Zahlen, Zahlen, Zahlen …** • Uhrzeiten, Maßangaben, Preise
288 J3 **Die dritte Aufgabe!** • Ordinalzahlen
289 J4 **Der Wievielte ist heute?** • Datum

290 **Lösungen**

Abkürzungen

m	maskulin, männlich:	*der*	Hund
f	feminin, weiblich:	*die*	Katze
n	neutral, sächlich:	*das*	Pferd
Pl	Plural, Mehrzahl:	*die*	Tiere

A1 ... und wer bist du?

Welches Verb passt? Ergänzen Sie in der richtigen Form des Präsens.

kommen • heißen • ~~sein~~
sein • sein • arbeiten
sein • spielen • kommen
kommen • heißen • wohnen
spielen • heißen

◆ Hallo, wer (1.) *bist* du denn?

● Ich (2.) __________ Fernando und (3.) __________ jetzt auch hier in der Straße. Und ihr? Wie (4.) __________ ihr?

◆ Ich (5.) __________ Hans, und das (6.) __________ Karin.

■ Und mein Name (7.) __________ Marcel!

● Entschuldigung – wie (8.) __________ du?

■ Marcel! Woher (9.) __________ du, Fernando?

● Meine Familie und ich, wir (10.) __________ aus Spanien. Mein Papa (11.) __________ jetzt in München.

◆ (12.) __________ du gern Fußball, Fernando?

● Klar!

■ Super! (13.) __________ wir heute Nachmittag?

● Gern, ich (14.) __________ um drei Uhr zum Spielplatz!

◆ Gut, bis später!

■ Tschüs, mach's gut!

A2 ... und wie ist, bitte, Ihr Name?

Was passt hier? Ergänzen Sie die Verben in der richtigen Form des Präsens.

sein • sein • sein • ~~finden~~ • arbeiten • freuen • beginnen

◆ Entschuldigung, (1.) *finde* ich hier Herrn Sorger?

● Ja, ich (2.) __________ Herr Sorger.

◆ Mein Name (3.) __________ Frau Menken, ich (4.) __________ hier nächste Woche meine Arbeit als Assistentin.

● Ach, natürlich! Freut mich, Frau Menken! Das hier (5.) __________ mein Kollege, Herr Weidlich. Sie (6.) __________ nächste Woche auch viel zusammen.

■ Guten Tag, Frau Menken. Nett, Sie kennenzulernen!

◆ Guten Tag, Herr Weidlich. Ich (7.) __________ mich auch!

A3 Eine schwierige Ehe ...

Ergänzen Sie das Verb in der richtigen Form des Präsens.

1. Ich _fahre_ sehr gern Motorrad, aber mein Mann _fährt_ leider nie mit mir (fahren).
2. Ich __________ so gern Steak, aber mein Mann __________ nur Gemüse (essen).
3. Am Wochenende __________ ich bis um 11 Uhr, aber mein Mann __________ nicht gern lang (schlafen).
4. Ich __________ gern Liebesfilme, aber mein Mann __________ nur Fußball und Nachrichten (sehen).
5. Manchmal __________ ich meinen Hund (waschen), aber mein Mann __________ mir nicht (helfen). Er __________ lieber stundenlang sein Auto (waschen).
6. Ich __________ nicht so gern, aber mein Mann __________ jedes Jahr einen Marathon (laufen).
7. Ich __________ nicht gern Medikamente, aber mein Mann __________ jede Nacht eine Schlaftablette (nehmen).
8. Ich __________ gern Romane, aber mein Mann __________ nur Zeitungen und Sachbücher (lesen).
9. Beim Frühstück __________ mein Mann sehr viel, aber ich __________ am Morgen sehr wenig (sprechen).
10. Am Abend __________ ich gern Freunde, aber mein Mann __________ seine Freunde nur Samstagabend (treffen).

... aber ich liebe meinen Mann trotzdem!

A4 Was so alles los ist

Bilden Sie Sätze und verwenden Sie das Verb in der richtigen Form des Präsens.

1. anfangen: der Unterricht – um 8 Uhr 30
   Der Unterricht fängt um 8 Uhr 30 an.
2. ausschlafen: du – am Wochenende – gern
   ____
   ______________________________?
3. versprechen: der Vater – seinen Kindern – einen Kinobesuch
   ____
   ______________________________.
4. erschrecken: die Kellnerin – und –
   fallen: der Teller – auf den Boden
   ____
   ______________________________.
5. sich benehmen: respektlos – Max – er – weil –
   unterbrechen: im Gespräch – immer – die anderen
   ______________________________,
   ______________________________.
6. einwerfen: du – für mich – den Brief –
   vergessen: bitte – nicht – es
   ______________________________?
   ______________________________!

7. beraten: der Verkäufer – sehr geduldig – den Kunden –
   gefallen: dem – gar nichts – aber

   ______________________________________.

   ______________________________________.

8. empfehlen: das italienische Restaurant – der Reiseführer – in der Maximilianstraße

   ____

   ______________________________________.

9. schenken: ich – dir – zum Geburtstag – einen Stadtplan –
   sich verlaufen: du – weil – so oft

   ______________________________________,

   ______________________________________!

10. wachsen: meine Pflanze – so schnell
    haben: ich – dass – bald– keinen Platz mehr

    ______________________________________,

    ______________________________________!

A5 Ein Tag im Leben von Frau Fleißig

Setzen Sie die passenden Verben ein.

aufräumen • vorbereiten • vorbereiten • ausmachen
abräumen • einkaufen • schreiben • einschlafen • fahren
anfangen • helfen • kochen • ~~aufwecken~~ • abholen • anrufen
aufhören • bringen • decken • liegen • fernsehen • aufhängen

1. Um 6 Uhr 30 _weckt_ sie die Kinder _auf_.
2. Dann ________ sie das Frühstück _____.
3. Nach dem Frühstück ________ sie den Tisch _____ und macht die Küche.
4. Dann ________ sie ihre Tochter in den Kindergarten und ihren Sohn in die Schule.
5. Um 8 Uhr 30 ________ sie mit ihrer Arbeit im Büro _____.
6. Sie ________ eine Präsentation _____, ________ Briefe und ________ ihre Kunden _____.
7. Um 13 Uhr ________ sie nach Hause und ________ ihre Tochter vom Kindergarten und ihren Sohn von einer Freundin _____.
8. Sie ________ den beiden ein Mittagessen.
9. Nach dem Mittagessen ________ sie ihrem Sohn bei den Hausaufgaben.
10. Am Nachmittag ________ sie die Wohnung _____.
11. Danach ________ sie im Supermarkt _____.

12. Ihre Kinder ________ im Wohnzimmer _____ und sie sagt zu ihnen: „Aber nach diesem Film ________ ihr den Fernseher _____!“
13. Sie ________ den Tisch fürs Abendessen.
14. Nach dem Abendessen ________ sie die Wäsche zum Trocknen _____.
15. Dabei denkt sie: „________ dieser Tag denn nie _____?“
16. Doch nach zwei Stunden am Schreibtisch ________ sie um 23 Uhr endlich im Bett und ________ _____.

A6 Reiseerinnerungen

Miguel und Teresa sind eine Woche lang in München. Erzählen Sie ihre Erlebnisse mithilfe der Notizen im Kalender. Bilden Sie ganze Sätze im Präsens und achten Sie darauf, ob die Verben trennbar oder untrennbar sind.

Montag	– um 10 Uhr 30 am Flughafen ankommen – um 14 Uhr die Altstadt besichtigen – abends die Geschichte Münchens im Reiseführer nachlesen
Dienstag	– um 9 Uhr aufstehen – sich beim Hoteldirektor beschweren und in ein besseres Hotel umziehen – nachmittags einkaufen
Mittwoch	– vormittags Fahrräder ausleihen, durch den Englischen Garten fahren – um 21 Uhr mit Maria ausgehen
Donnerstag	– um 10 Uhr die Neue Pinakothek besuchen – um 19 Uhr Hans in einen Biergarten einladen
Freitag	– für Hans einen Brief ins Spanische übersetzen – das Münchner Nachtleben kennenlernen!
Samstag	– ausschlafen! – spazieren gehen im Olympiapark, sich verlaufen :0(– abends alles einpacken, die Hotelrechnung bezahlen
Sonntag	– um 11 Uhr das Hotelzimmer verlassen – um 15 Uhr 30 abfliegen – abends Geschenke an die Familie verteilen!

Montag:

1. *Um 10 Uhr 30 kommen sie am Flughafen an.*
2. ______________________________
3. ______________________________

Dienstag:

4. ______________________________
5. ______________________________
6. ______________________________

Mittwoch:

7. ______________________________
8. ______________________________

Donnerstag:

9. ______________________________
10. ______________________________

Freitag:

11. ______________________________
12. ______________________________

Samstag:

13. ______________________________
14. ______________________________
15. ______________________________

Sonntag:

16. ______________________________
17. ______________________________
18. ______________________________

A7 Mach doch mal!

Verbinden Sie die Sätze mit dem passenden Imperativ.

gib • geh • fahr • hab • komm • iss • ~~nimm~~ • gebt • seien
warte • sei • sprich • seid • gehen • kommen

1. Ich habe genug Kaugummis. Bitte, *nimm* dir doch einen!
2. Die Straße hat viele Kurven, ________ nicht so schnell!
3. Ich bin gleich fertig, Peter. ________ bitte einen Moment!
4. Ich habe ein bisschen Hunger, ________ mir doch bitte eine Banane!
5. ● ________ weg, das ist mein Platz!
6. ◆ ________ doch nicht so unfreundlich!
7. ________ keine Angst! Der Hund ist nicht gefährlich.
8. ________ doch etwas lauter! Ich verstehe dich nicht.
9. ________, wir gehen ins Kino!
10. ________ nicht so viel! Du wirst zu dick.
11. ________ mir bitte eure Blätter. Der Test ist zu Ende.
12. ________ Sie bitte mit mir, da vorne ist noch ein Platz frei!
13. ________ Sie bitte leise, in der Bibliothek dürfen Sie keinen Lärm machen.
14. ________ nicht nervös, der Test ist nicht schwer. Ihr könnt das!
15. Der Bahnhof? ________ Sie bis zur Ampel und dann rechts!

A8 Ein ganz normaler Tag

Setzen Sie das Verb in den Imperativ.

Zu Hause am Morgen:

1. _Steh_ endlich _auf_ (aufstehen)!
2. ___________ nicht so lange, deine Geschwister müssen auch noch ins Bad (duschen)!
3. ___________ dich schneller _____, es ist schon 7:30 Uhr (anziehen)!
4. ___________ dir die Haare, sonst erkältest du dich (fönen)!
5. ___________ dich endlich mal ordentlich (kämmen)!
6. _____ wenigstens einen Toast (essen) und ___________ eine Tasse Tee (trinken)!
7. ___________ deine Sportsachen nicht (vergessen)!
8. ___________ dich, es ist schon gleich halb acht (beeilen)!
9. ___________ dein Fahrrad, sonst kommst du zu spät (nehmen)!
10. Tschüs, mein Schatz, und ___________ auf dich _____ (aufpassen)!

In der Schule:

11. _Nehmt_ eure Deutschbücher aus den Taschen (nehmen)!

12. Max, ________ bitte den ersten Satz (lesen)!

13. ______________ eure roten Stifte (benützen) und ______________ das Verb im Perfekt (unterstreichen)!

14. Max und Leon, ________ ruhig (sein)!

15. Max, ________ schnell ins Sekretariat (laufen) und ________ dort den Beamer _____ (abgeben)!

Im Büro:

16. Herr Müller, *kommen* *Sie* bitte gleich in mein Büro (kommen)!

17. ___________ _____ bitte den Termin bei Mr. Browner _____ (absagen), ich muss noch heute nach Paris fliegen!

18. ___________ _____ bis spätestens morgen Nachmittag den Vertrag mit der Firma Slop _____ (abschließen)!

19. ___________ _____ mir dann alle Formulare auf meinen Schreibtisch (legen)!

20. ___________ _____ Ihren Urlaub auf den nächsten Monat, wir haben viel zu viel Arbeit (verschieben)!

A9 Ein Ausflug nach Neuschwanstein

Ergänzen Sie die Verben in Klammern in der Vergangenheit.
Vorsicht: Für *sein* und *haben* gebraucht man meist das Präteritum!

1. Meine Klasse _hat_ letztes Wochenende einen Ausflug zum Schloss Neuschwanstein _gemacht_ (machen).
2. Wir ______ eine Stunde mit dem Bus ______________ (fahren).
3. An der Kasse ______ wir eine halbe Stunde ______________ (warten).
4. Dann ______ wir viele Zimmer ______________ (anschauen).
5. Wir ______ über Ludwig II. ______________ (diskutieren) – ______ (sein) er verrückt oder nicht?
6. Ich ______ ein paar Souvenirs ______________ (kaufen).
7. Ich ______ auch ______________ (fotografieren), aber unser Lehrer ______ ______________ (sagen), das darf man nicht.
8. Dann ______ wir Pause ______________ (machen), in einem Café.
9. Dort ______ ich eine heiße Schokolade ______________ (bestellen).
10. Die Schokolade ______ (sein) gut, aber der Kuchen ______ nicht so gut ______________ (schmecken).
11. Um 7 Uhr abends ______ wir wieder nach Hause ______________ (kommen).
12. Ich ______ (sein) sehr müde und ______ gleich ins Bett ______________ (gehen).
13. Aber wir ______________ (haben) einen schönen Tag!

A10 Der perfekte Sohn

Antworten Sie auf die Aufforderungen wie im Beispiel in Satz 1.

1. ■ Du musst dein Zimmer aufräumen! ● *Ich habe mein Zimmer schon aufgeräumt!*
2. ■ Mach doch endlich deine Hausaufgaben! ● ______
3. ■ Kaufst du bitte Brot für das Abendessen? ● ______
4. ■ Gibst du bitte den Blumen in deinem Zimmer Wasser? ● ______
5. ■ Hilfst du Sarah bei den Hausaufgaben? ● ______
6. ■ Du musst noch Klavier üben! ● ______
7. ■ Rufst du heute Abend Opa an? ● ______
8. ■ Gehst du heute ins Fitness-Studio? ● ______
9. ■ Holst du ein paar Flaschen Apfelsaft aus dem Keller? ● ______
10. ■ Bringst du das Buch in die Bibliothek zurück? ● ______

A11 Ein anstrengender Urlaub!

Ergänzen Sie die Verben aus dem Kasten in der richtigen Form im Text.

~~finden~~ • ausfüllen • dauern • umziehen • stellen • suchen
nehmen • ankommen • landen • verpassen • verlieren
fliegen • losgehen • vergessen • kaufen • denken • tragen
bezahlen • passieren • reparieren

Liebe Anna,

endlich (1.) *habe* ich ein Internet-Café *gefunden* und kann Dir schreiben! Du glaubst gar nicht, was mir in den letzten Tagen alles (2.) ____________ ______!

Es (3.) ______ schon damit ____________, dass ich mein Flugzeug (4.) ____________ ______ ... :0(

Ich (5.) ______ zwei Wecker ____________, aber ich (6.) ______ nicht an die Sommerzeit ____________! Es war chaotisch, aber schließlich (7.) ______ ich doch gut hier ____________. Aber nur ich, nicht mein Gepäck!! Es (8.) ______ weiter nach Miami ____________. Also (9.) ______ ich viele Formulare ____________, (10.) ______ mir eine neue Zahnbürste ____________ und ein Zimmer in der Nähe des Flughafens ____________. Nach zwei Tagen – ich (11.) ______ immer dasselbe T-Shirt ____________ ... ;0) – (12.) ______ mein Rucksack endlich ____________. Ich (13.) ______ mich ____________, das Zimmer ____________ und den nächsten Bus nach Süden

______________. Du fragst Dich sicher schon, was jetzt noch kommt ... Richtig! Der Bus (14.) ______ nach 150 km ein Rad ______________! Der Busfahrer (15.) ______ es ______________, doch es (16.) ______ zwei Stunden ______________. Aber aller guten (und schlechten!) Dinge sind drei, und jetzt hoffe ich auf einen schönen Urlaub!

PS: Oh, ich glaube, ich (17.) ______ meinen Geldbeutel im Hotel ______________!!

A12 Was so alles los gewesen ist

Bilden Sie Sätze und verwenden Sie das Verb in der richtigen Form des Perfekts.

1. wegwerfen: Leoni – endlich – ihre alten, kaputten Schuhe
   Leoni hat endlich ihre alten, kaputten Schuhe weggeworfen.
2. streiten: unsere Nachbarn – die ganze Nacht – laut
   ____
3. schwimmen: Ich – gestern – 1000 Meter
   ____
4. gießen: du – die Blumen – schon – ?
   ____
5. leihen: Ich – meinem Freund – mein Motorrad
   ____

6. mitbringen: Jörg – aus dem Urlaub – einen Hund

____

7. schneiden: Sarah – ihre Haare – ganz kurz

____

8. gewinnen: Ich – noch nie – im Lotto

____

9. denken: Er – die ganze Nacht – an seine Freundin

____

13 Veränderungen

Setzen Sie *sein* und *haben* im Präteritum ein.

1. Früher ___war___ ich schlank.	Jetzt bin ich dick.
2. Früher ________ ich keine Kinder.	Jetzt habe ich fünf Kinder.
3. Früher ________ wir reich.	Jetzt sind wir arm.
4. Früher ________ du viel Zeit.	Jetzt hast du keine Zeit mehr.
5. Früher ________ es oft langweilig.	Jetzt ist es nie mehr langweilig.
6. Früher ________ meine Eltern viel auf Reisen.	Jetzt sind sie immer zu Hause.
7. Früher ________ unser Sohn lange Haare.	Jetzt hat er kurze Haare.
8. Früher ________ wir eine kleine Wohnung.	Jetzt haben wir ein großes Haus.
9. Früher ________ ich glücklich.	... und jetzt bin ich auch glücklich!

A14 Ein Rendezvous

Was machen die Personen? Benützen Sie das passende reflexive Verb. Beginnen Sie den Satz je nach Bild mit *er*, *sie* oder *sie* (Pl).

schminken • kämmen • ausruhen • beeilen • waschen
duschen • küssen • ~~verabreden~~ • lieben • abtrocknen
verabschieden • eincremen • ärgern • anziehen

1. *Sie verabreden sich.*

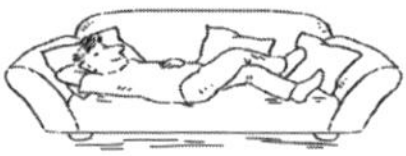

2. ______________________ 3. ______________________

4. ______________________ 5. ______________________

6. ______________________ 7. ______________________

8. ______________________

9. ______________________

10. ______________________

11. ______________________

12. ______________________

13. ______________________

14. ______________________

A15 Alles ändert sich ...

Ergänzen Sie das passende Reflexivpronomen.

1. ● Klaus, triffst du _dich_ am Wochenende mit Martha?
   ◆ Nein, wir haben ______ getrennt. Aber für Samstagabend habe ich ______ mit Anna verabredet!

2. Als wir Kinder waren, haben wir ______ wochenlang auf Weihnachten gefreut. Jetzt ärgert man ______ über den Stress im Dezember und die vielen Menschen in den Geschäften.

3. ● Ich glaube, Emil hat ______ verliebt!
   ◆ Warum?
   ● Er zieht ______ plötzlich schick an, wäscht ______ jeden Tag die Haare und rasiert ______ regelmäßig!

4. ● Kinder, jetzt streitet ______ doch nicht dauernd! Ihr habt ______ doch früher so gut vertragen!
   ◆ Ja, aber Alex hat ______ so verändert!

A16 Das will ich können!

Ergänzen Sie die Verben in den Klammern in der richtigen Präsens-Form.

1. Jutta _kann_ (können) sehr gut Klavier spielen, aber sie ________ (müssen) jeden Tag üben.

2. Hans und ich ________ (wollen) am Freitagabend zum Tanzen gehen. Das wird lustig, denn wir ________ (können) nicht gut tanzen!

3. Ich ________ (wollen) unbedingt fliegen lernen. Das ist aber teuer, deshalb ________ (müssen) ich zuerst viel Geld verdienen ...

4. ● ________ (können) du Schach spielen?

   ◆ Ja, aber nicht so gut. Ich ________ (dürfen) wahrscheinlich nicht so schnell spielen, ich ________ (müssen) länger nachdenken.

5. Max ________ (wollen) im Winter einen Salsa-Kurs machen. Jetzt ________ (müssen) er aber noch eine Tanzpartnerin finden. Das ist schwierig, denn er ist ziemlich klein und er ________ (wollen) nicht, dass das Mädchen größer ist als er!

6. ● ________ (wollen) ihr mit mir Fußball spielen?

   ◆ Gern, aber wir ________ (können) erst in einer Stunde kommen. Wir________ (müssen) noch die Hausaufgaben fertig machen.

A17 Wünsche und Vorlieben

Setzen Sie *mögen* oder *möchten* in der richtigen Form ein.

1. ● _Möchtest_ du ein Glas Whisky?

   ◆ Vielen Dank, aber ich ____________ keinen Whisky. Ich finde, er schmeckt schrecklich!

2. ● Wie findest du Mareike?

   ◆ Sehr nett, ich ____________ sie gern.

3. ● Jetzt ____________ ich am Meer in der Sonne liegen ... Und du?

   ◆ Ich ____________ die Berge lieber. Wandern und eine schöne Aussicht haben – da ____________ ich jetzt sein!

4. ● ____________ du lieber das Leben in der Stadt oder auf dem Land?

   ◆ Ich ____________ das Stadtleben, aber im Sommer ____________ ich oft in der Natur sein. Da ist es auf dem Land schöner.

5. Ralf hat nur noch schlechte Noten in Mathematik. Er lernt nicht, denn er ____________ seinen neuen Mathelehrer überhaupt nicht.

6. ● ____________ ihr vor dem Essen einen Aperitif trinken?

   ◆ Gerne! Ich ____________ bitte einen Campari Orange.

   ■ Für mich auch, bitte!

A18 Erlaubt und verboten

Was ist richtig? Markieren Sie.

1. Meine Kinder dürfen / ~~müssen~~ nicht jeden Tag fernsehen. Sie sollen / müssen lieber draußen spielen.

2. ● Mami, soll / darf ich ins Kino gehen?
   ◆ Heute nicht, du musst / darfst auf deine kleine Schwester aufpassen. Wir wollen / sollen heute Abend ausgehen!

3. ● Franz, mach endlich deine Hausaufgaben!
   ◆ Aber ich kann / will sie doch auch heute Abend machen!
   ● Nein, am Abend kannst / sollst du mit allem fertig sein.

4. Im Flugzeug muss / darf man nicht rauchen.

5. In Deutschland soll / muss man rechts fahren, aber in England muss / darf man nicht rechts fahren, man muss / soll links fahren.

6. ● Karl, du musst / darfst jetzt nach Hause gehen!
   ◆ Oh, Frau Wimmer, darf / soll ich nicht noch ein bisschen mit Toni spielen?
   ● Nein, Karl, tut mir leid, deine Mutter hat angerufen und gesagt, du kannst / sollst um 18 Uhr zu Hause sein!

A19 So viele Regeln ...

Mögen, wollen, müssen, dürfen? Wählen Sie das passende Modalverb in der richtigen Präsens-Form.

1. Meine Freunde Klaus, Johann und ich wohnen zusammen in einer Wohngemeinschaft. Wir mögen / ~~möchten~~ uns und mögen / wollen, dass es so bleibt! Also dürfen / müssen wir ein paar Sachen regeln:

2. Wenn einer kocht, muss / darf er danach die Küche aufräumen und natürlich das Geschirr spülen.

3. Wir müssen / dürfen bis 22 Uhr Musik hören, danach müssen / möchten wir leise sein.

4. Ich mag / möchte Katzen sehr gerne, aber Klaus hat eine Katzenallergie. Also kann / muss ich leider keine Katze haben.

5. Einmal im Monat darf / mag jeder von uns Party machen, aber um 1 Uhr kann / muss Schluss sein. Wir wollen / dürfen ja nicht, dass sich die Nachbarn beschweren.

6. Und man darf / muss in unserer Wohngemeinschaft nicht rauchen. Wenn jemand unbedingt rauchen mag / will, muss / darf er auf den Balkon gehen.

7. Am liebsten mag / möchte ich unsere „Hut-Regel“: Wenn einer seine Ruhe haben darf / will, hängt er einen Hut an die Tür. Das heißt: „Bitte nicht stören!“

A20 Warum ist denn keiner gekommen?

Setzen Sie die passenden Modalverben im Präteritum ein.

Gestern Abend wollte ich eine Party machen, aber alle meine Freunde haben abgesagt ...

1. Peter hatte zu viel Arbeit. Er _konnte_ nicht kommen.
2. Susanne hatte keine Lust. Sie __________ nicht kommen.
3. Günters Eltern mögen mich nicht. Er __________ nicht kommen.
4. Christian schreibt seine Doktorarbeit. Er __________ nicht kommen.
5. Gabi hat eine Erkältung. Sie __________ nicht kommen.
6. Dieter ist lieber zu seiner Freundin gegangen. Er __________ nicht kommen.
7. Elsa hatte Angst, ihren Exfreund zu treffen. Sie __________ nicht kommen.
8. Herberts Vater hat es ihm verboten. Er __________ nicht kommen.
9. Jana ist im Urlaub. Sie __________ nicht kommen.
10. Und Ernst __________ kommen, aber dann hat er es einfach vergessen!

A21 Beziehungen ...

Markieren Sie die richtige Präposition.

1. ● Ach, ich ärgere mich so ~~auf~~ / (über) Miriam!
   ◆ Warum? Was ist denn los?
   ● Gestern Abend habe ich mich mit / an ihr verabredet. Dann habe ich eine halbe Stunde um / auf sie gewartet, aber sie ist nicht gekommen!
   ◆ Oje, ich glaube, du trennst dich bald von / mit ihr ...
   ● Wieso?
   ◆ Du beschwerst dich sehr oft auf / über sie und sprichst so selten nett von / mit ihr!

2. ● Kommst du am Sonntag mit uns zum Wandern?
   ◆ Tut mir leid, aber ich habe keine Zeit. Ich muss mich auf / um meinen Vater kümmern. Er lebt in einem Seniorenheim und freut sich immer so über / an Besuch.
   ● Schade!
   ◆ Ja, aber das nächste Mal gern. Mein Vater interessiert sich an / für Schach und möchte bald an / von einem Schachwettbewerb teilnehmen. Dann habe ich mehr Zeit – und ich hätte große Lust auf / für eine Wanderung!

3. ● Letzte Nacht habe ich von / mit so einer tollen Frau geträumt! Sie war ...
   ◆ Ach du, sei doch still! Wann denkst du einmal nicht auf / an tolle Frauen?!?
   ● Ja, du hast eben eine nette Freundin! Aber erinnere dich doch für / an das letzte Jahr: Da hast du nur noch von / zu Frauen gesprochen und dich zwei Tage vorher schon auf / an jedes Rendezvous gefreut!
   ◆ Ach, wirklich?

A22 Erzähl mir alles von dir!

Ergänzen Sie das richtige Fragewort und verbinden Sie die Frage mit der passenden Antwort.

1. Wofür interessierst du dich?	An meine Kindheit.
2. ________ träumst du oft?	Um den kleinen Sohn meiner Nachbarin.
3. ________ erinnerst du dich gern?	Über das schlechte Wetter.
4. ________ hast du oft Lust?	Für gute Bücher.
5. ________ ______ ärgerst du dich manchmal?	Mit meiner besten Freundin.
6. ________ ______ kümmerst du dich gern?	Auf meine Schwester.
7. ________ beschwerst du dich manchmal?	Von einem Lottogewinn.
8. ________ ______ triffst du dich gern?	Über schlechte Lehrer.
9. ________ sprichst du oft?	Über spannende Kinofilme.
10. ________ freust du dich?	Auf ein leckeres Eis.
11. ________ ______ musst du am häufigsten warten?	Auf meinen Urlaub in zwei Wochen.

A23 Das geht wirklich höflicher!

Formulieren Sie den Satz als eine höfliche Frage.

1. Machen Sie das Fenster zu! *Würden Sie bitte das Fenster zumachen?*
2. Hol eine Flasche Saft! ______________________
3. Gib mir die Butter! ______________________
4. Bringen Sie mir eine Tasse Kaffee! ______________________
5. Rauchen Sie hier nicht! ______________________
6. Schreibt das auf! ______________________
7. Geh zum Einkaufen! ______________________
8. Komm mal her! ______________________
9. Sprich leise! ______________________
10. Sei still! ______________________

B1 Einkauf für eine Großfamilie

Ergänzen Sie auf dem Einkaufszettel die Wörter in der richtigen Pluralform.

die Nudel • das Ei • die Tomate • die Packung Kaffee
die Dose Bohnen • ~~der Apfel~~ • der Fisch • der Salat
der Becher Joghurt • das Brötchen • die Kiwi • die Traube
die Flasche Wein

1. 5 Kilo Äpfel
2. 1 Kilo Tr__b__
3. 2 Kilo Tom_____
4. 5 S_la__
5. 8 Fis___
6. 15 B______ Joghurt
7. 30 Ei__
8. 4 Dos__ Bohnen
9. 3 Kilo Nu_____
10. 20 Bröt______
11. 6 F__sch__ Wein
12. 2 Pack______ Kaffee
13. 8 Ki___

B2 Wir haben Zwillinge!

Ergänzen Sie jeweils die Pluralform.

Letzte Woche hat meine Frau zwei Mädchen bekommen!
Jetzt brauchen wir …

1. … nicht nur einen Kinderwagen, sondern zwei Kinderwägen.
2. … nicht nur eine Milchflasche, sondern zwei ________________
3. … nicht nur ein Bett, sondern zwei _________.
4. … nicht nur einen Autositz, sondern zwei ____________.

Später brauchen wir …

5. … nicht nur ein Fahrrad, sondern zwei ________________.
6. … nicht nur eine Sonnenbrille, sondern zwei ______________.
7. … nicht nur ein Kinderzimmer, sondern zwei ______________.
8. … nicht nur ein Radio, sondern zwei _______________.
9. … nicht nur einen Computer, sondern zwei __________.
10. … nicht nur einen Schreibtisch, sondern zwei ______________.
11. … nicht nur eine Schultasche, sondern zwei ______________.

Und hoffentlich finden sie einmal …

12. … nicht nur einen Mann, sondern zwei _________ – für jede einen!

B3 Nur ein Traum ...

Passt hier der bestimmte oder der unbestimmte Artikel? Markieren Sie den richtigen Artikel.

Mein Traumhaus liegt an (1.) einem / ~~dem~~ See. Ich schwimme jeden Morgen in (2.) einem / dem See. (3.) Das / Ein Haus ist nicht groß, aber es hat (4.) einen / den sehr großen Garten. In (5.) dem / einem Garten sind (6.) – / die Blumen, (7.) – / die Bäume und (8.) ein / der Gemüsegarten. (9.) Der / Ein Gemüsegarten hat (10.) – / die Tomaten, (11.) die / – Zucchini, (12.) die / – Gurken, und (13.) – / die Kräuter.
In (14.) einem / dem Garten soll auch genug Platz sein für (15.) die / – Tiere. Ich möchte (16.) die / – Hunde, (17.) – / die Hühner und (18.) das / ein Pferd.
In (19.) einem / dem Haus gibt es (20.) ein / das Schlafzimmer, zwei Bäder, (21.) eine / die Toilette, (22.) eine / die Küche und (23.) das / ein Wohnzimmer. (24.) Das / Ein Schlafzimmer hat (25.) den / einen breiten Balkon. Im Wohnzimmer möchte ich sehr gerne (26.) den / einen Kamin. Und natürlich möchte ich (27.) ein / das Segelboot.

B4 Kreatives

Bestimmter, unbestimmter oder Nullartikel? Ergänzen Sie die Artikel in der richtigen Form.

1. ● Hast du _den_ Tisch gebaut? _____ ist ja toll!
   ◆ Danke! Ja, ich arbeite gern mit _____ Holz. Ich habe auch schon _____ Stühle und _____ Schreibtische gebaut.

- Kannst du mir auch mal ______ Schreibtisch bauen? ______ Tisch in meinem Arbeitszimmer ist viel zu klein.
- ◆ Gern! Ich habe sicherlich bald ______ Zeit.

2. ● Möchtest du auch ______ Pizza mit ______ Salami? Ich möchte heute ______ Pizza backen.
   ◆ Nein, ______ Salami schmeckt mir nicht so gut. Aber machst du mir vielleicht ______ Pizza mit ______ Champignons?
   ● O.k., wenn du ______ Champignons kaufst! Ich habe keine zu Hause.
   ◆ Ich gehe gleich. Hast du ______ Geld?
   ● Warte mal – ja, ich habe noch ______ 10-Euro-Schein in ______ Hosentasche. Hier!

3. ● Na, Frieda, malst du ______ Bild?
   ◆ Ja, Mami. Das ist ______ Papi mit ______ Hund.
   ● ______ Hund schaut ja toll aus. Hast du so ______ Hund schon mal gesehen?
   ◆ Ja, gestern war bei ______ Müllers so ______ Hund. Zuerst hatte ich ______ Angst, aber dann war ______ Hund ganz lieb. Und jetzt male ich ______ Hund auf ______ Bild für ______ Papi!
   ● Schön. Und zeig mir ______ Bild, wenn du fertig bist!

4. Bald ziehen wir um, in _____ neue Wohnung. Ich träume von _____ ganz bunten Wohnung. Ich möchte _____ Wohnzimmer orange anmalen, _____ Küche blau und _____ Schlafzimmer grün. Vielleicht male ich auch _____ Blumen oder _____ Formen an _____ Wände. Man sagt, Orange macht _____ Zimmer warm und Blau bringt _____ Kreativität. Und _____ Kreativität in _____ Küche ist ja nicht schlecht!

B5 Was zu wem gehört

Ergänzen Sie die Possessivartikel in der richtigen Form.

1. Ich spreche über mich:

<u>Mein</u> Name ist Marlies. Ich habe zwei Geschwister: _____ Bruder heißt Peter und _____ Schwester heißt Gabi. Ich wohne mit _____ Eltern und _____ Geschwistern in München. Ach ja, und mit _____ Katze Beatrice!

2. Ich spreche mit dir:

Wie ist _____ Name? Claudio? Wo lebst du und _____ Familie? Ist das _____ Hund? Der ist aber nett!

3. Ich erzähle dir von Hannes:

Der Junge auf dem Foto ist Hannes. Er lebt in Hamburg. _______ Eltern sind geschieden und er wohnt bei _______ Vater. Hier siehst du Hannes und _______ Freund John. Die beiden besuchen gerade _______ Mutter in Köln.

4. Ich erzähle dir von Nathalie:

Hier auf dem Foto siehst du Nathalie. Da stehen sie und _______ Cousine Lea vor _______ Haus in Dresden. Und hier besuchen die beiden _______ Großeltern auf dem Land. Dort steht auch _______ Pferd. Das gehört Nathalie ganz allein!

5. Mein Bruder und ich sprechen über uns:

Wir wohnen im Süden von München. _______ Haus ist nicht groß, aber sehr hübsch. Besonders lieben wir _______ Garten, er ist ganz wild. _______ liebstes Spiel ist Indianer und Cowboy. Auf dem Foto ist auch _______ Freundin Klara.

6. Ich spreche mit euch:

Hallo Petra, hallo Beate! Wie geht's? Gerade habe ich auch ______ Eltern getroffen! Ihr fahrt in den Ferien in ______ Haus am See, nicht wahr? Super! Nehmt ihr ______ Fahrräder auch mit? Was macht ihr in der Zeit mit ______ Hund? Ihr könnt ihn ja zu mir bringen.

7. Ich spreche mit Herrn Sommer:

Guten Tag, Herr Sommer! Soll ich Ihnen helfen? Ich kann gerne ______ Einkaufskorb tragen. Geben Sie mir doch ______ Schlüssel, dann öffne ich ______ Haustür.

8. Ich spreche über meine Großeltern:

Meine Großeltern heißen Gisela und Günter. ______ Haus ist auf dem Land. Dort wohnen sie schon 30 Jahre mit ______ Tieren. ______ Garten ist sehr groß und macht viel Arbeit. Aber er ist auch ______ ganze Freude.

B6 Familie Schmidt plant ihren Tag

Ergänzen Sie die Possessivartikel in der richtigen Form.

Die ganze Familie sitzt beim Frühstück und alle planen (1.) ihren Tag. Vater Marco und (2.) _______ Frau Ella, (3.) _______ Kinder Tom und Tim und Oma Hanna.

Ella: „Kinder, ihr müsst heute unbedingt (4.) _______ Zimmer aufräumen. Es sieht aus wie …"

Tom: „… wie bei Oma Hannas Hühnern, ich weiß!"

Oma: „ (5.) _______ Hühner sind sauberer als ihr!"

Tim: „Ja, ja … Ich wollte heute aber (6.) _______ Fahrrad reparieren. Das ist viel wichtiger."

Marco: „Soll ich mir mal (7.) _______ Fahrrad anschauen?"

Tim: „Das kann ich schon alleine! Aber danke, Papa. Können wir vielleicht später (8.) _______ Baumhaus weiterbauen?"

Marco: „Mal sehen – ich muss zuerst (9.) _______ Auto zur Reparatur bringen. Und ich muss Omas neue Brille abholen. Sie hat (10.) _______ alte Brille gestern verloren.

Oma: Ach ja, aber da fällt mir was ein – gestern war ich doch bei (11.) _______ Freundin. Wir haben in (12.) _______ Küche gesessen und haben (13.) _______ Urlaubsfotos angeschaut. Vielleicht habe ich (14.) _______ Brille dort vergessen!

Ella: Ich muss nach dem Frühstück einkaufen, Mutter. Dann gehe ich bei (15.) _______ Freundin vorbei und frage sie

	nach (16.) ______ Brille, einverstanden? Marco, kannst du Tom noch bei (17.) ______ Hausaufgaben helfen?
Tom und Marco:	Oh, nein, (18.) ______ Plan für heute ist schon ganz voll!

B7 Falsch gedacht!

Setzen Sie die Sätze in die verneinte Form.

Am Freitag erzählt Robert seinem Freund:	Am Montag trifft er seinen Freund wieder. Alles war ganz anders:
1. Morgen gehe ich zum Fischen.	Ich bin *nicht zum Fischen* gegangen.
2. Sicher fange ich einen großen Fisch.	Ich habe ______________ gefangen.
3. Bestimmt ist das Wetter gut.	Das Wetter war ______________.
4. Dann mache ich eine Fahrradtour.	Ich habe ______________ gemacht.
5. Am Abend treffe ich meine Freunde.	Ich habe ______________ getroffen.
6. Vielleicht sehen wir einen Film zusammen.	Wir haben ______________ zusammen gesehen.
7. Oder wir gehen in die Diskothek.	Wir sind ______________ gegangen.
8. Vielleicht lerne ich dort ein Mädchen kennen.	Ich habe ______________ kennengelernt.
9. Am Sonntag schlafe ich lange.	Ich habe ______________ geschlafen.
10. Ich ruhe mich so richtig aus!	Ich habe mich ______________ ausgeruht.

C1 Wie ist ...?

Kombinieren Sie das Bild und das passende Adjektiv und bilden Sie einen Satz.

neu • klein • leicht • teuer • groß • ~~verheiratet~~ • schwer
breit • krank • nett

1. 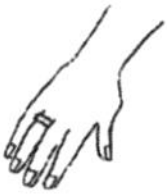 Die Frau *ist verheiratet*.

2.  Der Mann ______________________.

3.  Der Pullover ______________________.

4. 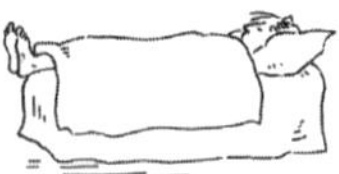 Das Bett ______________________.

5.  Das Mädchen ______________________.

6.  Die Straße ______________________.

7.  Das Fahrrad ______________________.

8. 

Die Äpfel ______________________.

9.  Der Koffer ______________________.

10.  Die Übung ______________________.

C2 Koffer packen

Ergänzen Sie die Adjektivendungen. Die Angaben in Klammern helfen Ihnen dabei.

Heute muss ich meinen Koffer packen. Ich fahre morgen in Urlaub, nach Dänemark. Mein (1.) klein<u>er</u> Koffer (m) ist sicher groß genug. Was brauche ich alles?

Auf jeden Fall brauche ich einen (2.) warm___ Pullover (m), vielleicht den (3.) grün___. Auch die (4.) blau___ Jacke (f) mit den (5.) lang___ Ärmeln (Pl) muss mit. Dann brauche ich eine (6.) lang___ und eine (7.) kurz___ Hose (f). Ich packe die (8.) schwarz___ Jeans (f) ein – und die (9.) blau___ auch, vielleicht wird ja eine schmutzig. Und von meinen (10.) kurz___ Hosen (Pl) nehme ich die (11.) weiß___ mit. Und die (12.) braun___. Für alle Fälle.

Dann brauche ich (13.) hübsch___ T-Shirts (Pl). Das T-Shirt mit den (14.) gelb___ Blumen (Pl), dann das (15.) weiß___ mit den (16.) lang___ Ärmeln (Pl) und noch fünf andere. Oder sechs.

Dann packe ich die (17.) grün___ Socken (Pl) aus Wolle ein, dazu die (18.) blau___ (19.) kurz___ und noch drei Paar.

Und meine Unterwäsche darf ich nicht vergessen.

Und dann brauche ich ein (20.) groß___ Badehandtuch (n) und ein (21.) klein___ – oder zwei.

Ich glaube, ich nehme doch lieber den (22.) groß___ Koffer (m).

C3 Auf dem Wochenmarkt

Setzen Sie die Adjektivendungen ein. Die Angaben in Klammern helfen Ihnen dabei.

Auf dem Wochenmarkt gibt es alles zum Essen und Trinken, was man sich nur vorstellen kann. Und die Lebensmittel kommen aus allen Ländern dieser Erde.

Sie finden (1.) französischen Wein (m), (2.) italienisch__ Salami (f) und (3.) griechisch__ Oliven (Pl). Auch (4.) französisch__ Käse (m) fehlt natürlich nicht. Wer lieber (5.) holländisch__ Käse (m) möchte, findet ihn auch.

(6.) Das frisch__ Gemüse (n) und (7.) das bunt__ Obst (n) sieht wunderbar aus. Es gibt (8.) afrikanisch__ Ananas (Pl), (9.) brasilianisch__ Bananen (Pl), (10.) chinesisch__ Chicorée (m), (11.) deutsch__ Dörrpflaumen* (Pl), (12.) englisch__ Erbsen (Pl) – nein, (13.) das ganz__ Alphabet (n) schaffe ich nicht!

Aber es gibt nicht nur (14.) lecker__ Obst (n) und Gemüse (n), sondern auch (15.) frisch__ Fisch (m) und (16.) saftig__ Fleisch (n). Wenn Sie ein (17.) nordisch__ Fischgericht (n) oder einen (18.) bayerisch__ Schweinebraten (m) kochen wollen, müssen Sie auf dem Wochenmarkt einkaufen!

Auch für ein besonderes Dessert finden Sie alles. (19.) Türkisch__ Süßigkeiten (Pl), (20.) arabisch__ Gebäck (n), (21.) griechisch__ Halva (n) und (22.) bayerisch__ Honigkekse (Pl) – es gibt nichts, was es nicht gibt!

*Dörrpflaumen = getrocknete Pflaumen

C4 Kontakte und ein bisschen mehr

Bitte ergänzen Sie die richtigen Adjektivendungen. Die Angaben in Klammern helfen Ihnen dabei.

1. Ein nicht mehr ganz junger Mann (m) mit einem groß__ Haus (n) und einem toll__ Segelschiff (n) sucht eine gut aussehend__, jung__ Frau (f) mit lang__, blond__ Haaren (Pl) für gemeinsam__ Reisen (Pl). Eine später__ Heirat (f) ist möglich. Chiffre: JF3340.

2. Ich liebe gut__ Bücher (Pl) und klassisch__ Musik (f). Für schön__, harmonisch__ Stunden (Pl) zu zweit suche ich eine lieb__, intelligent__ Frau (f) mit gleich__ Interessen (Pl). Wollen wir zusammen lang__ Gespräche (Pl) führen und uns im kalt__ Winter (m) wärmen? Chiffre: MR2098.

3. Lang__ Bergtouren (Pl), täglich__ Joggen (n) und viele sportlich__ Freizeitaktivitäten (Pl) – das ist meine Welt! Du bist ein sportlich__ und stark__ Mann (m) mit Humor und möchtest auch nicht immer alleine laufen, schwimmen, etc.? Dann schreib mir unter Chiffre AS1254.

4. Ich hatte ein lang__ Leben (n) voll von aufregend__ Reisen (Pl) und viel__ Abenteuern (Pl) – nun bin ich 68 und suche ein gemütlich__ Zuhause (n). Ich bin eine interessant__ und humorvoll__ Frau (f). Mit mir gibt es keine langweilig__ Abende (Pl) mehr! Chiffre: MM4761.

5. | Ein nett__, aber etwas schüchtern__ Mann (m) sucht eine sympathisch__Frau (f). Du bist schon über 30? Das ist kein Problem, wenn du ein optimistisch__, fröhlich__ Typ (m) bist! Chiffre: PT5184.

C5 Rap gefällt mir besser!

Ergänzen Sie die passenden Steigerungsformen von *gut, viel* und *gern* aus dem Kasten.

am liebsten • am besten • besser • ~~lieber~~ • mehr
am meisten • besser • mehr • am besten • lieber • lieber

1. ● Trinkst du gern Kaffee?
   ◆ Ja, im Sommer trinke ich gern Kaffee, aber im Winter trinke ich *lieber* Tee.

2. ● Gefällt dir Punkrock?
   ◆ Nicht so gut, Rap gefällt mir ____________.

3. ● Ich mag unseren Mathelehrer ____________ als unsere Deutschlehrerin.
   ◆ Das denkst du nur. Du kannst einfach Mathe ____________ als Deutsch!

4. Theaterkarten kosten ____________ als Kinokarten, aber ____________ kosten die Karten für die Oper.

5. ● Welcher Harry-Potter-Film hat dir bis jetzt ____________ gefallen?
   ◆ Der letzte. Der war wirklich super spannend!

6. ● Gehen wir heute Abend in einen Club?
   ◆ Bleiben wir doch ____________ zu Hause. Das kostet nichts und ist gemütlicher!

7. ● Was ist dein Lieblingshobby?
   ◆ ____________ spiele ich Tennis. Und du?

8. ● Mmh, deine Frau backt wirklich fantastische Kuchen!
   ◆ Ja, nicht schlecht. Aber sie sind nicht so gut wie meine Kuchen. Und die von meiner Mutter sind ____________, die solltest du probieren!

9. ● Kannst du heute einkaufen gehen? Du hast heute ____________ Zeit als ich!
   ◆ Das denkst du! Ich muss heute so viel arbeiten!

C6 Harte Konkurrenz

Ergänzen Sie die Adjektive im Komparativ.

1. Mein Bruder ist groß, aber ich bin *größer*.
2. Er ist klug, aber ich bin ____________.
3. Er ist sportlich, aber ich bin ____________.
4. Er verdient viel Geld, aber ich verdiene ____________.
5. Er ist lustig, aber ich bin ____________.
6. Er hat eine schöne und junge Frau, aber meine Frau ist noch ____________ und ____________.
7. Er ist schlank, aber ich bin ____________.
8. Er kommt meistens pünktlich, aber ich komme noch ____________.
9. Er arbeitet hart, aber ich arbeite ____________.
10. Er ist stark, aber ich bin ____________.
11. Die Bäume in seinem Garten sind hoch, aber meine sind ____________.
12. Er ist arrogant, aber ich bin noch ____________!

C7 Interessante Tierwelt

Ergänzen Sie die Sätze mit den fehlenden Adjektiven im Komparativ und Superlativ.

1. groß:

   Der Braunbär (3 m) ist _größer_ als der Gorilla (1,8 m), aber _am größten_ ist die Giraffe (5,7 m).

2. klein:

   Die Kängurumaus (7 cm) ist __________ als das Seepferdchen (15 cm), aber ________________ ist der Kolibri (2,5 cm).

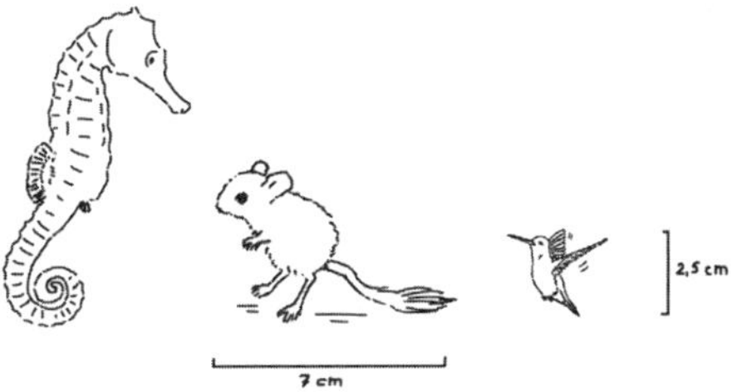

3. lang:

Der Weiße Hai (7 m) ist __________ als das Nilkrokodil (5 m),

aber ________________ ist der Blauwal (33 m).

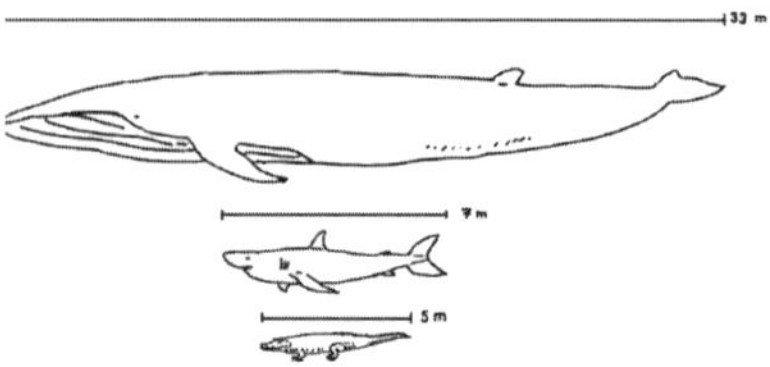

4. schnell:

Die Gazelle (80 km/h) rennt __________ als das Pferd (69 km/h),

aber ________________ rennt der Gepard (105 km/h).

5. langsam:

Das Faultier (190 m/h) bewegt sich __________ als die Galapagos-Schildkröte (370 m/h), aber ________________ bewegt sich die Gartenschnecke (50 m/h).

C8 Wer weiß was?

Ergänzen Sie die Fragen und raten Sie – Sie finden die Ergebnisse auch bei den Lösungen.

1.	hoch: Kilimandscharo / Nanga Parbat / K2	Welcher Berg ist *am höchsten*?
2.	groß: Venus / Jupiter / Uranus	Welcher Planet ist ____________?
3.	kalt: Sibirien / Arktis / Antarktis	Welcher Ort ist ____________?
4.	trocken: Sahara / Wüste Gobi / Atacama-Wüste	Welcher Ort ist ____________?
5.	klein: Asien / Europa / Australien	Welcher Kontinent ist ____________?
6.	viel: Hawaii / Irland / Indien	Wo regnet es ____________?
7.	heiß: Al Aziziyah (Libyen) / Death Valley (Kalifornien) / Dasht-e Lut (Iran)	Welcher Ort ist ____________?
8.	berühmt: Picasso / Manet / Spitzweg	Welcher Maler ist ____________?
9.	nah: Pluto / Saturn / Mars	Welcher Planet ist der Erde ____________?
10.	lang: Adenauer / Merkel / Kohl	Wer regierte in Deutschland ____________?
11.	alt: München / Rom / Paris	Welche Stadt ist ____________?

D1 Gästeliste

Welche Sätze passen zusammen? Kombinieren Sie.

1. Du bist mein Gast.
2. Ihr seid unsere Gäste.
3. Ich bin Giselas Gast.
4. Marco ist unser Gast.
5. Mein Herr, Sie sind mein Gast!
6. Ich bin Jürgens Gast.
7. Die Leute sind unsere Gäste.
8. Maria ist Annas Gast.
9. Die Journalisten sind die Gäste des Präsidenten.
10. Meine Freundin ist mein Gast.
11. John ist Peters Gast.

a) Sie lädt mich ein.
b) Ich lade Sie ein.
c) Er lädt mich ein.
d) Wir laden euch ein.
e) Er lädt sie ein.
f) Ich lade dich ein.
g) Ich lade sie ein.
h) Wir laden ihn ein.
i) Er lädt ihn ein.
j) Sie lädt sie ein.
k) Wir laden sie ein.

1.	2.	3.	4.	5.	6.	7.	8.	9.	10.	11.
f)										

D2 Viele Spiele

Ergänzen Sie die passenden Personalpronomen aus dem Kasten.

~~dich~~ • ihn • uns • ihr • euch • sie • sie • ihm
ihnen • er • uns • es • ihr • dir • mir • dich • euch
uns • mich • euch

1. Lisa, Lena, Paul und Peter spielen Verstecken. Paul sucht die drei anderen Kinder. Er sieht Peter und ruft: „Ich sehe _dich_!"
Lisa und Lena verstecken sich hinter einem Baum und sagen leise: „Peter hatte kein gutes Versteck. Paul hat ________ gleich gefunden. Aber er sieht ________ nicht, das ist gut!"
Paul ruft: „Wo seid ________? Ich sehe ________ nicht!" Er sucht ________ und findet ________ schließlich hinter dem Baum.

2. Sebastian hat ein neues Hobby: Schach. Es gefällt ________ so gut, dass er jeden Freitag Freunde einlädt und den ganzen Abend mit ________ Schach spielt. Meistens gewinnt ________, und seine Freunde beschweren sich: „Du spielst einfach zu gut für ________!"

3. Lisa spielt sehr gut Tennis. Ihre Freundin Lotte möchte ________ auch lernen. Lisa übt oft mit ________. Lotte bedankt sich: „Das ist nett von ________, dass du ________ alles zeigst. Dafür möchte ich ________ zum Essen einladen!"

4. ● Hallo, Gisa! Hallo, Oliver! Habt ihr heute Abend schon etwas vor?
◆ Nein, warum?
● Wir möchten mit ________ einen Spielabend machen. Wir können Rommé spielen, oder Monopoly – wollt ihr zu ________ kommen?
◆ Klar, ich komme gerne!
■ Aber Karten spielen – ohne ________! Ich hasse Karten spielen! Aber ich schaue ________ gerne zu.

D3 Kurz gesagt!

Ersetzen Sie alle Nomen durch ein Personalpronomen.

1. Hans zeigt seiner Freundin die Stadt.
   _Er_ zeigt _sie_ _ihr_.
2. Die Großmutter erzählt den Kindern das Märchen „Cinderella“.
   ______ erzählt ______ ______.
3. Die Mutter erklärt ihrer Tochter die Mathematik-Aufgabe.
   ______ erklärt ______ ______.
4. Der Hund stiehlt dem Kind die Wurst.
   ______ stiehlt ______ ______.
5. Die Eltern schenken Paul den Hund Bello.
   ______ schenken ______ ______.
6. Kannst du mir den Weg zum Bahnhof erklären?
   Kannst ______ ______ ______ erklären?
7. Darf ich Ihnen die schwere Tasche tragen helfen?
   Darf ______ ______ ______ tragen helfen?
8. Der Ober empfiehlt den Gästen das Steak.
   ______ empfiehlt ______ ______.
9. Professor Müller beantwortet dem Studenten seine Fragen.
   ______ beant wortet ______ ______.
10. Tante Erika schickt Silke die Fotos vom letzten Urlaub.
    ______ schickt ______ ______.
11. Fritz bringt seiner Frau den Morgenkaffee ans Bett.
    ______ bringt ______ ______ ans Bett.
12. „Ich kann dir diese Geschichte nicht glauben!“
    „______ kann ______ ______ nicht glauben!“

D4 Alles meins!

Ergänzen Sie die Endungen der Possessivpronomen.

Großes Chaos im Kinderzimmer. Papa, Hans und Lena räumen auf.

1. Papa: „Der Pullover hier, Hans – ist das dein_er_?"
2. Hans: „Ja, das ist mein____. Gib bitte her!
3. Papa: „Hier sind so viele Schuhe. Lena, hier sind dein____, und Hans, hier sind dein____!
4. Hans: „Das sind nicht mein____, das sind ihr____! Die da gehören mir."
5. Lena: „Papa, gib mir bitte das Handtuch da. Das ist mein____."
6. Papa: „Und die Spielsachen – sind das wirklich eu____? Oder gehört vielleicht auch etwas euren Freunden?"
7. Hans: „Nein, das sind uns____."
8. Papa: „Und warum steht ein Kochtopf unter deinem Bett?" Das ist doch nicht dein____?"
9. Lena: „Das ist mein____! Den brauche ich zum Musikmachen!"
10. Papa: „Aha ... ! Und warum ist das Kissen aus dem Wohnzimmer hier? Das ist uns____, von Mama und mir!"
11. Hans: „Na gut, nimm's mit. Das ist wirklich eu____."
    Papa: „Ihr müsst einfach besser Ordnung halten!"
12. Lena: „Also, Papa, jeder hat sein Zimmer: Das Wohnzimmer, das ist dein____, und Mamas. Aber das Kinderzimmer ist uns____, da bestimmen wir!"

D5 Besitzverhältnisse

Ergänzen Sie die passenden Possessivpronomen.

1. ● Ach, jetzt habe ich keinen Kugelschreiber dabei!
   ◆ Hier, nimm _meinen_!
2. ● Mit welchem Auto fährst du morgen nach Hamburg? Mit __________ oder mit Peters?
   ◆ Ich nehme lieber __________, das ist größer. Er nimmt dann mein Auto für die Fahrt ins Büro.
3. ● Hast du meine Brille gesehen?
   ◆ Ist die in der Küche nicht __________? Schau mal nach!
4. ● Kinder, wem gehören denn die Rollerskates vor der Haustür? Sind das __________?
   ◆ Nein, das sind nicht __________. Die gehören den Nachbarkindern.
5. ● Entschuldigung, Frau Wendler, ich muss dringend telefonieren und habe mein Handy vergessen. Darf ich kurz __________ benutzen?
   ◆ Natürlich, gerne.
6. ● Mama, darf ich kurz dein Fahrrad ausleihen?
   ◆ Ich wollte gerade einkaufen fahren. Aber Klara ist nicht da, nimm doch __________!

D6 Auf gute Nachbarschaft!

Ergänzen Sie die passenden unbestimmten Pronomen *ein-*, *kein-* und *welch-* mit der richtigen Endung.

Bettina kocht ein großes Menü, aber sie hat nicht genug eingekauft und die Geschäfte sind schon geschlossen. Zum Glück hat sie nette Nachbarn und kann sich vieles ausleihen.

Bettina braucht noch ein Ei. Zuerst klingelt sie bei Frau Kellerer. Doch die hat auch (1.) kein(e)s mehr. Bei Herrn Maier hat sie Glück, er hat noch (2.) ________. Dann fehlt ihr eine Zwiebel. Sie bekommt (3.) ________ von Herrn Wittmann. Einen großen Topf hat sie auch nicht, und auch Herr Maier hat (4.) ________. Aber von Frau Kellerer kann sie sich (5.) ________ leihen. Für den Salat fehlen ihr Tomaten. Frau Häberl hat (6.) ________, aber Frau Sabel hat (7.) ________. Schließlich macht sie noch ein Dessert. Dazu braucht sie eine Zitrone. Zitrone?? Frau Häberl hat noch (8.) ________. Ein Glück. Jetzt ist alles fertig. Oh nein – es sind keine Servietten mehr in der Schublade! Aber Frau Kellerer hat (9.) ________ ...!

Morgen muss sie einen Großeinkauf machen und alles zurückgeben. Hat Bettina wohl noch genug Geld ...?

D7 Meinen Sie die da?

Kombinieren Sie die Sätze. Achten Sie dabei auf das Demonstrativpronomen.

1. Ich hätte gern 200 Gramm Wurst, bitte.
2. Welcher Pullover gefällt Ihnen am besten?
3. Magst du bayerisches Spanferkel?
4. Kommen am Wochenende deine Eltern?
5. Ich möchte bitte das deutsch-englische Wörterbuch von Hans Weber.
6. Ist die Postkarte für John?
7. Kennst du den Film „Deep Blue“?
8. Bist du auch bei Dr. Korn?
9. Am Wochenende gehe ich in die Diskothek „Gardens“. Kommst du mit?
10. Hallo, Luisa! Wo ist Emil?

a) Das habe ich noch nie probiert.
b) Dem habe ich schon eine geschrieben.
c) Die kenne ich nicht, aber – gut, ja!
d) Ich möchte bitte den da.
e) Nein, zu dem gehe ich nicht mehr. Ich finde, Dr. Hase ist besser.
f) Meinen Sie die da?
g) Der kommt ein bisschen später.
h) Nein, die kommen erst in zwei Wochen.
i) Ja, von dem habe ich schon gehört.
j) Das haben wir leider nicht mehr.

1.	2.	3.	4.	5.	6.	7.	8.	9.	10.
f)									

D8 Nichts kann man richtig machen!

Ergänzen Sie das passende Demonstrativpronomen.

1. ● Ich schenke Maria zum Geburtstag Blumen.
   ◆ _Der_ willst du etwas schenken? _Die_ ist doch immer so unfreundlich!
2. ● Ich möchte so gern mal mit Horst tanzen ...
   ◆ Mit ______ willst du tanzen? ______ tritt dir sicher auf die Füße!
3. ● Morgen Abend gehe ich mit Ulla zum Essen.
   ◆ Mit ______ willst du zum Essen gehen? ______ hat doch nie Geld!
4. ● Das Haus von Müllers gefällt mir richtig gut.
   ◆ ______ gefällt dir? ______ ist doch so alt!
5. ● Ich möchte so gern Jonny Depp küssen ...!
   ◆ ______ möchtest du küssen? Über ______ habe ich gestern etwas in der Zeitung gelesen, ich sage dir ...!
6. ● Sollen wir am Wochenende unsere Nachbarn zum Kaffeetrinken einladen?
   ◆ ______ willst du einladen? ______ haben uns schon ein Jahr lang nicht mehr eingeladen!
7. ● Deine Tante hat Geburtstag. Rufst du sie heute Abend an?
   ◆ ______ rufe ich nicht an! Mit ______ rede ich nicht mehr.
   ● Und ich rede mit dir nicht mehr!
   ◆ Warum?

E1 Alles eine Frage der Perspektive

Ergänzen Sie die Präpositionen *zu, in, nach, bei, von* und *aus* und den richtigen Artikel.

	wohin? *Ich gehe ...*	**wo?** *Ich bin ...*	**woher?** *Ich komme ...*
1. Arzt:	zum Arzt.	beim Arzt.	vom Arzt.
2. Einkaufen:	__________	__________	__________
3. Büro:	__________	__________	__________
4. Bäckerei:	__________	__________	__________
5. Anna:	__________	__________	__________
6. Schwimmbad:	__________	__________	__________
7. Berge:	__________	__________	__________
8. zu Hause:	__________	__________	__________
9. Friseur:	__________	__________	__________
10. meine Eltern:	__________	__________	__________

E2 Die richtige Richtung

Setzen Sie die passende Präposition mit Artikel ein.

bis zum • über die • am • ~~zum~~ • nach • Am • Am • in die

- Entschuldigung, wie komme ich bitte (1.) _zum_ Bahnhof?
- Also, das ist ganz einfach. Sie gehen immer geradeaus (2.) ________ ________ Karlsplatz. (3.) ________ Karlsplatz gehen Sie (4.) ________ links (5.) ________ ________ Schützenstraße. (6.) ________ Ende der Schützenstraße gehen Sie (7.) ________ ________ Luitpoldstraße und schon sind Sie (8.) ________ Bahnhof.
- Vielen Dank! Das finde ich bestimmt. Auf Wiedersehen!

auf der • auf der • bis zur • nach • am • bis zum • nach

- Können Sie mir bitte helfen? Ich suche eine Buchhandlung.
- Ja, es gibt hier eine, aber Sie müssen etwa 10 Minuten gehen.
- Das macht nichts! Können Sie mir vielleicht den Weg beschreiben?
- Gern. Sie gehen hier ungefähr 300 Meter geradeaus (9.) ________ ________ nächsten Ampel. Dort gehen Sie (10.) ________ rechts (11.) ________ ________ Baldeplatz. Hier bleiben Sie (12.) ________ ________ linken Seite und gehen (13.) ________ Kino (14.) ________ links. Dann kommt (15.) ________ ________ rechten Seite eine Buchhandlung.
- Vielen Dank! Ich hoffe, ich finde es!

E3 Urlaubspläne

Ergänzen Sie die passende Präposition. Manchmal darf keine Präposition eingefügt werden.

vom ... bis zum • um • ~~am~~ • in der • im • für/-
– • am • um • – • für/-

1. Mein Urlaub beginnt ___am___ 10. August.
2. Zuerst fahre ich ______ drei Tage nach London.
3. Dort bin ich ______ 11. ______ ______ 14. August.
4. Mein Flug geht ______ 13:00 Uhr.
5. Er dauert ______ 2 Stunden.
6. Ich lande ______ 15:00 Uhr in London.
7. ______ ______ zweiten Woche möchte ich zu Hause bleiben.
8. ______ 2006 habe ich auch Urlaub zu Hause gemacht. Das war sehr schön.
9. ______ Ende gehe ich noch ______ drei Tage wandern.
10. Das ist ______ Sommer ein bisschen heiß, aber es macht trotzdem Spaß.

E4 Manager-Stress

Markieren Sie die richtige Präposition.

- ● Wann können wir den nächsten Termin vereinbaren, Herr Bizzy?
- ◆ Tja, lassen Sie mich in meinen Kalender sehen. – Hm, (1.) ab / ~~seit~~ Ende des Monats bin ich (2.) für / bis sicherlich vier Tage in Dubai. Aber (3.) vor / in drei Wochen hätte ich Zeit. Passt das?
- ● Na ja, (4.) vor / bis Ostern muss ich noch nach Paris. Aber sollen wir (5.) nach / an den Feiertagen den Termin machen?
- ◆ Gut, ich trage den Termin mit Ihnen (6.) für / um drei Stunden ein, (7.) vor / am Montag (8.) von / um 14:00 Uhr (9.) zu / bis 17:00 Uhr. Gute Geschäfte wünsche ich Ihnen, Herr Kaufmann!

- ■ Na, Herr Kollege, (10.) seit / bis wann sind Sie denn schon in unserer Firma?
- ◗ (11.) Seit / Vor fünf Jahren. Ich habe diese Stelle (12.) in / – 2005 bekommen. Und Sie?
- ■ Ich habe mich (13.) vor / seit drei Jahren beworben. (14.) Bis zu / Ab der Anstellung hat es aber noch länger gedauert. Ich habe die Stelle erst (15.) nach / in 6 Monaten bekommen. Aber ich bin ziemlich unzufrieden ...
- ◗ Wirklich? Das tut mir leid. Was möchten Sie denn tun?
- ■ Ich denke, (16.) in / vor einem Monat will ich kündigen – wenn ich (17.) um / bis Monatsende eine neue und interessante Stelle gefunden habe!

E5 Umzugs-Blues

An, in, um, unter, auf oder *vor*? Ergänzen Sie die richtige Präposition mit dem passenden Artikel. Das Bild hilft Ihnen dabei.

Häng die Lampe _an die_ Decke,
stell das Sofa ________ Ecke
und das Bett dort ________ Wand,
wo die Kiste immer stand.
Und den Tisch dann ________ Mitte,
Stühle ________ Tisch – na bitte!
Ist doch schon recht komfortabel.
Und dann Löffel, Messer, Gabel
________ Schublade ________ Schrank.
________ Fenster jetzt die Bank
und ________ diese stell ich Pflanzen –
das ist schön, da möcht' man tanzen!
Doch – oh weh! – wie kann das sein?
Nichts mehr passt ________ Zimmer rein!
Und da draußen, ________ Haus,
steh'n noch Möbel, welch' ein Graus ...

E6 Wie geht denn das?

Markieren Sie die richtige Präposition mit dem Artikel.

- ● Mama, ich habe Hunger!
- ◆ Dann mach dir doch ein Spiegelei.
- ● Wie denn?
- ◆ Pass auf: Zuerst nimmst du die Pfanne (1.) aus dem / ~~auf dem~~ Schrank.
- ● Welcher Schrank?
- ◆ Der da, (2.) in der / hinter der Mitte (3.) an der / auf der linken Seite.
- ● Und jetzt?

- ◆ Jetzt stellst du die Pfanne (4.) neben den / auf den Herd. Du nimmst die Butter (5.) in den / aus dem Kühlschrank, schneidest ein kleines Stück (6.) von der / mit der Butter ab und legst es (7.) unter die / in die Pfanne. Dann machst du (8.) vor dem / mit dem Streichholz die Gasflamme an.
- ● Oh, jetzt ist es kaputt!

- ◆ Dann nimm ein neues Streichholz (9.) in die / aus der Schachtel und wirf das kaputte (10.) in den / neben den Mülleimer! O. k.? Also: Nun schlägst du ein Ei (11.) am / über dem Pfannenrand auf.
- ● Wo sind die Eier?
- ◆ Natürlich (12.) im / vor dem Kühlschrank!
- ● Gut. Und jetzt?

- ◆ Jetzt muss es ein paar Minuten braten und dann streust du Salz und Pfeffer (13.) hinter das / auf das Ei. Und die Eierschalen legst du nicht (14.) unter den / auf den Tisch, sondern wirfst sie gleich (15.) in den / über den Mülleimer!

- ● Ja, ja ...
- ◆ Na, hoffentlich bin ich bald wieder gesund ... Lass es dir schmecken, mein Schatz!

E7 Ordnung muss sein!

a) Ergänzen Sie die Präpositionen aus dem Kasten und den richtigen Artikel. Die Angaben in Klammern helfen Ihnen dabei.
b) Ergänzen Sie die Sätze. Vorsicht: Die Verben verändern sich!

in • in • auf • in • zwischen • ~~auf~~ • an
unter • über • in

a) Ich muss dringend aufräumen:

1. Ich stelle Blumen *auf den* Tisch (m) im Esszimmer.
2. Im Schlafzimmer hänge ich die Kleider __________ Schrank (m).
3. Im Wohnzimmer stelle ich die Bücher __________ Regalwand (f) und die CDs __________ CD-Ständer (m).
4. Im Bad hänge ich die Handtücher __________ Wand (f).
5. Im Flur hänge ich den Hut __________ Garderobe (f).
6. Ich stelle das Auto __________ Garage (f).
7. Im Schlafzimmer lege ich die Tagesdecke __________ Bett (n).
8. Im Arbeitszimmer stelle ich den Mülleimer __________ Schreibtisch (m).
9. __________ Fenster (Pl) in der Küche hänge ich ein neues Bild.

b) ... und jetzt ist alles ordentlich!

1. *Auf dem Tisch im Esszimmer stehen Blumen*.
2. Im Schlafzimmer ______________________________.

3. Im Wohnzimmer ______________________________

______________________________.

4. Im Bad ______________________________.

5. Im Flur ______________________________.

6. Das Auto ______________________________.

7. Im Schlafzimmer ______________________________

______________________________.

8. Im Arbeitszimmer ______________________________

______________________________.

9. ______________ in der Küche ______________.

E8 Eine Hundegeschichte

Ergänzen Sie die fehlenden Buchstaben.

1. Ich gehe gern mit mein*em* Hund Kaylie (m) spazieren.
2. Am liebsten gehe ich mit ihm durch d___ Wald (m).
3. Er läuft dann immer um mi___ herum und ist glücklich.
4. Mein Hund kommt aus d___ Türkei (f)!
5. Ich habe ihn seit mein___ letzten Urlaub (m) in Antalya.
6. Dort habe ich bei ein___ alten Frau (f) gewohnt. Kaylie war ihr Hund.
7. Ich hatte immer viel Spaß mit d___ Tier (n).

8. Am Ende war der Hund ein Geschenk für mi____, denn sie konnte nicht mehr mit ih____ spazieren gehen.
9. Das war erst ein Problem, denn ohne ein____ Impfschein (m) durfte ich ihn nicht mitnehmen.
10. Ich bin zu ein____ Tierarzt (m) gegangen und er hat mir die Papiere gegeben.
11. Dann bin ich zurück nach Deutschland zu mein____ Freundin (f) gefahren.
12. Zuerst war sie gegen d____ Hund (m) – aber nicht lange. Jetzt liebt sie ihn – mehr als mich!

E9 Blumen für meine Frau

Ergänzen Sie die richtige Präposition.

gegen • mit • aus • ~~für~~ • ohne • seit • für • um
von • für • bei

1. ● Das sind aber schöne Blumen!
   ◆ Ja, die waren auch teuer ... Sie sind _für_ meine Frau, sie hat heute Geburtstag.

2. ● Warum ist euer Auto denn hinten kaputt?
   ◆ Tja – ich wollte einparken und bin rückwärts ______ einen Baum gefahren ...
   ● Oje!

3. ● Möchtest du auch eine Tasse Kaffee?
   ◆ Gern! Aber bitte ______ Zucker und Milch.
   ● Brrr – das schmeckt doch schrecklich bitter! Ich mag den Kaffee nur ______ Milch und Zucker.
   ◆ Nein, ich trinke meinen Kaffee immer schwarz.

4. ● Ich mache am Samstag eine Fahrradtour. Kommst du mit?
   ◆ Vielleicht – wohin möchtest du denn fahren?
   ● Einmal ______ den Starnberger See. Das dauert etwa drei bis vier Stunden.
   ◆ Gut, aber wir gehen auch schwimmen, ja?

5. ● Hast du schon gehört? Unser neuer Chef kommt ______ Hamburg. Und er wohnt noch ______ seiner Mutter! Sie kocht und wäscht ______ ihn!
   ◆ Ja, ein „Hotel Mama" ist schon sehr angenehm! Aber wie alt ist er? 45 Jahre?
   ● Mindestens!

6. ● Ich mache morgen meinen Führerschein.
   ◆ Woher hast du das Geld?
   ● ______ meinem Vater.
   ◆ Du hast es gut! Ich arbeite ______ drei Wochen im Supermarkt. Noch eine Woche, dann habe ich genug Geld ______ den Führerschein!

E10 Internationales

Ergänzen Sie die richtige Präposition und den Artikel.
Vorsicht: Einige Länder haben keinen Artikel!

1. Mein Freund Mehmet kommt _aus der_ Türkei. Er lebt schon lange ________ Deutschland. Reisen ist sein Hobby. Nächstes Jahr plant er eine große Reise ________ USA (Pl).

2. Mehmets Freundin Isabel ist ________ Frankreich. Sie ist aber ________ Schweiz (f) geboren und erst mit fünf Jahren ________ Frankreich gekommen. Jetzt arbeitet sie ________ Bundesrepublik (f) Deutschland.

3. Meine Familie ist auch sehr international. Mein Vater kommt ________ Vereinigten Arabischen Emiraten (Pl), meine Mutter ________ Großbritannien. Mein Vater hat lange ________ England gearbeitet und hat sie dort kennengelernt. Dann sind sie für drei Jahre ________ Iran (m) gegangen, und dort bin ich geboren. Die nächsten drei Jahre haben wir ________ Indien gelebt und dann sind wir ________ Österreich gekommen.

4. Vielleicht reise ich deshalb so gern. Ich war schon ________ vielen Ländern: ________ Schweden und ________ Norwegen, ________ Niederlanden (Pl), ________ Spanien und ________ Italien, ________ Ukraine (f) und ________ Tschechischen Republik (f) und auch ________ Russland.

5. Unbedingt möchte ich noch ________ Ägypten und ________ Marokko und ________ einige südamerikanische Länder: ________ Chile, ________ Peru, ________ Brasilien, ________ Argentinien und ... jetzt höre ich lieber auf!

F1 Interview im Himmel

Ergänzen Sie das richtige Fragewort aus dem Kasten.

Wie lange • ~~Wie~~ • Was • Wie • Wann • Woher
Wo • Wie • Wo • Seit wann • Wann

1. _Wie_ heißen Sie?	Marilyn Monroe.
2. ________ kommen Sie?	Aus Los Angeles.
3. ________ liegt das?	In den USA.
4. ________ sind Sie geboren?	Auch in Los Angeles.
5. ________ sind Sie geboren?	Am 1. Juni 1926.
6. ________ waren Sie von Beruf?	Ich war Fotomodell, Sängerin und Schauspielerin.
7. ________ haben Sie die Schule besucht?	10 Jahre.
8. ________ haben Sie als Fotomodell und Schauspielerin gearbeitet?	Seit 1945.
9. ________ haben Sie geheiratet?	1942.
10. ________ alt waren Sie da?	16 Jahre.
11. ________ ist Ihre Telefonnummer?	Die gebe ich Ihnen nicht ...

F2 Du bist aber neugierig!

Bilden Sie zu den Antworten die passenden Fragen.

1. *Wer ist das?*	Das da auf dem Foto, das ist mein Freund Hannes.
2. ________________	Er ist 29, so alt wie ich.
3. ________________	Er kommt aus Berlin.
4. ________________	Ich kenne ihn schon 10 Jahre.
5. ________________	Jetzt wohnt er in Hamburg, aber früher war er auch in München. Er war mein Nachbar.
6. ________________ in Hamburg?	Er wohnt dort seit drei Jahren.
7. ____________ von Beruf?	Er ist Arzt.
8. ________________ nach München?	Ich glaube, er möchte im Juli nach München kommen.
9.	________ möchtest du das wissen?
Er gefällt mir!	Er ist aber verheiratet!
Schade …	

F3 Sagen Sie die Wahrheit!

Machen Sie Fragen aus den Sätzen.

Andreas ist Detektiv von Beruf. Er glaubt nicht alles, was man ihm sagt ...

1. Ich heiße Mona. *Heißen Sie wirklich Mona?*
2. Ich komme aus Portugal. ____________________
3. Lissabon ist meine Heimatstadt. ____________________
4. Ich spreche Portugiesisch, Englisch und Deutsch. ____________________
5. Mein Vater ist Professor für Physik. ____________________
6. Ich studiere Wirtschaft in Berlin. ____________________
7. Ich möchte zwei Jahre in Deutschland bleiben. ____________________
8. Meine Hobbys sind Singen und Gitarre spielen. ____________________
9. Berlin gefällt mir sehr gut. ____________________
10. Ich wohne in der Lindenstraße. ____________________
11. Ich sage jetzt nichts mehr. ____________________

Nein! Sie gehen mir auf die Nerven!

F4 Doch!

Ergänzen Sie die Antwort mit *ja, nein* oder *doch.*

1.	Hast du den Hausschlüssel mitgenommen?	Ja, hier ist er.
2.	Hast du kein Wörterbuch?	_______, ich habe eins.
3.	Hast du kein Geld dabei?	_______, ich habe es vergessen
4.	Isst du heute eine Pizza?	_______, ich esse lieber Nudeln
5.	Hast du ein Handy?	_______, ich habe keins.
6.	Möchtest du nicht nach Paris fahren?	_______, natürlich möchte ich fahren.
7.	Liebst du deine Frau?	_______, ich liebe sie.
8.	Hast du keine Kinder?	_______, ich habe sogar fünf Kinder.
9.	Wohnst du nicht in München?	_______, nur in der Nähe von München.
10.	Hast du Geschwister?	_______, ich habe zwei Schwestern.
11.	Spielst du nicht Tennis?	_______, jedes Wochenende!
12.	Machst du deine Hausaufgaben?	_______, immer!

F5 Keine Ahnung!

Formen Sie die direkten Fragen in indirekte Fragen um.

1. ● Wie heißt die Hauptstadt von Deutschland?

   ◆ Keine Ahnung. Wissen Sie, _wie die Hauptstadt von Deutschland heißt_?

   ■ Berlin natürlich!

2. ● Wie viele Bundesländer hat Deutschland?

   ◆ Ähhh ... Können Sie mir sagen, ______________________________?

   ■ Klar! Das sind 16!

3. ● Und wo liegt Dresden?

   ◆ Hm. Wissen Sie, ______________________________?

   ■ In Sachsen.

4. ● Wann ist der deutsche Nationalfeiertag?

   ◆ Interessante Frage! Ich möchte wirklich wissen, ______________________________.

   ■ Der ist am 3. Oktober.

5. ● Wie viele Menschen leben in Deutschland?

   ◆ Puh, ich weiß wirklich nicht, ______________________________

   ____________________________________. Und Sie?

   ▪ Fast 82 Millionen.

6. ● Gibt es in Deutschland ein Meer?

   ◆ Ich bin nicht sicher, ___________________________________.

   Was meinen Sie?

   ▪ Im Nordwesten liegt die Nordsee und im Nordosten die Ostsee.

7. ● Wer ist denn der Chef der Regierung?

   ◆ Wissen Sie, _______________________________________?

   ▪ Das ist der Bundeskanzler.

8. ● Kann das auch eine Frau sein?

   ◆ Ja, ich möchte wissen, ___________________________________.

   ▪ Natürlich, zum Beispiel Angela Merkel.

G1 Eine Ferienwoche

Bilden Sie Sätze und achten Sie auf die richtige Verbstellung.

Vera hat eine Woche Ferien. Sie hat viele Pläne. Damit sie nichts vergisst, hat sie einen Notizzettel gemacht. Was hat sie alles vor?

1. jeden Morgen um 8 Uhr 30 aufstehen	Jeden Morgen *steht Vera um 8 Uhr 30 auf*.
2. oft ins Schwimmbad gehen	Sie ______.
3. Dienstagabend ins Theater gehen	Dienstagabend ______.
4. Ella und Rudi treffen	Sie ______.
5. die Großeltern in Bamberg besuchen	Sie ______.
6. jeden Abend joggen	Jeden Abend ______.
7. neue Schuhe kaufen	Sie ______.
8. viel spazieren gehen	Sie ______.
9. Montagabend ins Kino gehen	Montagabend ______.
10. Keller aufräumen :0(	Sie ______.
11. am Samstag an den Chiemsee fahren	Am Samstag ______.
12. am Sonntagnachmittag Tante Tilla einladen	Am Sonntagnachmittag ______.

G2 Der arme Bauch!

Ordnen Sie die Dialogteile und bilden Sie Sätze. Beginnen Sie den Satz mit dem unterstrichenen Teil.

1. Arzt: Guten • Morgen	Guten Morgen !
2. Patient: Herr Doktor • Guten Morgen	______, ______!
3. Arzt: kann • für Sie • Was • tun • ich	______ ______?
4. Patient: habe • Bauchschmerzen • Ich • seit drei Tagen	______ ______.
5. Arzt: tut • Wo • Ihnen • der Bauch weh	______ ______?
6. Patient: überall • Er • weh • tut	______ ______.
7. Arzt: Bauchschmerzen • haben • Wann • Sie	______ ______?
8. Patient: der Bauch • Meistens • tut • nach dem Essen • weh	______ ______.
9. Arzt: Essen • sehr viel • Sie	______?
10. Patient: ich • Nein • ganz wenig • esse	______, ______ ______.

11. Arzt: Was • Sie • am Tag • essen ______________________________?

12. Patient: esse • fünf Eier • und • Zum Frühstück • ich • drei Brötchen ______________________________.

13. gehe • ins Restaurant • Zum Mittagessen • ich • esse • und • ein Steak mit Kartoffeln • ein Eis • zum Nachtisch • und ______________________________.

14. Kaffee und Kuchen • gibt • Am Nachmittag • es ______________________________.

15. nur • Zum Abendessen • es • etwas Kleines • gibt ______________________________.

16. eine Pizza • Ich • oder • esse • vielleicht • Schinkenbrote ______________________________.

17. Arzt: eine Diät • müssen • machen • Sie ______________________________!

18. essen • Eine Woche • Sie • Reis und Gemüse • nur ______________________________.

19. haben • Dann • keine Bauchschmerzen • Sie • sicher • mehr ______________________________.

G3 Wort-Wolken

Bilden Sie Sätze. Die Verbklammer kommt immer in die grauen Felder.

hat | Haus-aufgaben | gemacht | nicht | ihre | Klara

1. Klara hat ihre Hausaufgaben nicht gemacht.

verstanden | nicht | Wort | habe | das | Ich

2. Ich

Party | machen | Udo | möchte | eine

3. Udo

kann | nicht | kommen | heute | Tina

4. Tina

gespielt | Wochen-ende | Am | die | Jungen | haben | Fußball

5. Am

dich | will | Freitag | meiner | Geburts-tagsparty | zu | einladen | ich | Am

6. Am

du | Kannst | heute | einkaufen? | Nachmittag

7. Kannst

G4 Wo ist sie nur?

Markieren Sie die Nominativ- und die Akkusativergänzung.

1. Jörg sucht seine Brille. 

2. Er fragt seinen Sohn: „Hast du meine Brille gesehen?“

3. Doch sein Sohn isst gerade einen Teller Spaghetti und hört nicht zu.

4. Dann räumt Jörg seinen Schreibtisch auf.

5. „Vielleicht finde ich sie hier“, denkt er.

6. Aber die Brille liegt auch hier nicht.

7. Jörg ist sauer. „Klar, ohne Brille sehe ich meine Brille nicht gut!“, schimpft er.

8. Plötzlich hat er eine Idee: „Ich habe doch gerade die Zeitung gelesen!“

9. Er geht ins Wohnzimmer. Aha – da liegt die Katze auf der Zeitung. Und die Zeitung liegt .... auf der Brille!

G5 Alltägliches

Setzen Sie das Wort in der Klammer in die richtige Form der Dativergänzung.

1. ● Wie gefällt _dir_ (du) das Kleid?

   ◆ Super, aber leider passt es ______ (ich) nicht so gut. Probier du doch mal!

   ● Nein, Rot steht ______ (ich) nicht.

2. Schokolade schmeckt ___________ (Kinder) sehr gut. Doch das gefällt ______ ___________ (die Eltern) nicht, denn zu viel Schokolade ist nicht gesund.

3. ● Entschuldigung, könnten Sie ______ (ich) bitte helfen?

   ◆ Natürlich! Gehört der große Koffer da oben ________ (Sie)?

   ● Ja! Es tut ______ (ich) leid, aber er ist so schwer!

   ◆ Das macht doch nichts. Hier, bitte!

   ● Oh, ich danke ________ (Sie) sehr!

4. ● Hast du ________ ___________ (deine Mutter) schon zum Geburtstag gratuliert?

   ◆ Ja, heute Morgen schon.

5. ● Wie geht es eigentlich ________ ___________ (Ihre Eltern)? Sind sie nicht schon über 80 Jahre alt?

   ◆ Richtig! Es geht ________ (sie) gut, sie sind zum Glück gesund.

G6 Der gute Balthasar

Setzen Sie die Dativ- und Akkusativergänzungen in der richtigen Form in den Satz ein. Welche Ergänzung kommt zuerst?

1. seine Frau, ein Blumenstrauß	Jedes Wochenende schenkt Balthasar *seiner Frau einen Blumenstrauß*.
2. ein Kuchen, sein Großvater	Jeden Sonntag backt er ______ ______.
3. die Touristen, der Weg	Gerne zeigt er ______ ______.
4. sein Auto, seine Freunde	Oft leiht er ______ ______.
5. die Hausaufgaben, sein Sohn	Abends erklärt er ______ ______.
6. seine Tochter, der Deutschtest	Dann schreibt er ______ ______.
7. der Nachbarshund, eine Wurst	Jeden Morgen gibt er ______ ______.
8. kleine Geschenke, seine Kinder	Von einer Reise bringt er ______ ______ mit.
9. seine Familie, ein tolles Menü	Am Wochenende kocht er ______ ______.
10. schöne Geschenke, alle Freunde	An Weihnachten kauft er ______ ______.

G7 Alles nach Plan

Schreiben Sie die Sätze mit der Zeitangabe. Es gibt immer zwei Möglichkeiten.

1. Dieter steht auf. (jeden Morgen / um 7 Uhr)
   Dieter steht jeden Morgen um 7 Uhr auf. /
   Jeden Morgen steht Dieter um 7 Uhr auf.

2. Er frühstückt Toast und Kaffee. (um 7 Uhr 30)
   ____
   ____________________.

3. Er fährt ins Büro. (von Montag bis Freitag / um 8 Uhr 30)
   ____
   ____________________.

4. Er macht im Stadtpark Mittagspause. (meistens / um 12 Uhr 30)
   ____
   ____________________.

5. Er arbeitet. (am Freitag / nur bis 15 Uhr)
   ____
   ____________________.

6. Er geht mit seiner Freundin in die Oper. (am Freitagabend / um 20 Uhr)
   ____
   ____________________.

7. Er sieht ein Fußballspiel im Stadion. (jeden Samstagnachmittag / um 15 Uhr)

____

____.

8. Er besucht seine Mutter im Seniorenheim. (am Sonntag / von 14 bis 16 Uhr)

____

____.

G8 **Wann und wo?**

Setzen Sie die temporale und die lokale Ergänzung in die Sätze ein.

1. Luisa fährt mit ihrer Mutter in Urlaub. (im August / nach Italien)

Luisa fährt im August mit ihrer Mutter nach Italien in Urlaub.

2. Treffen wir uns mit Peter und Gabi? (heute Abend / vor dem Kino)

____

____.

3. Ich habe geheiratet. (im Mai / in Paris)

____.

4. Felix besucht seine Schwester. (nächste Woche / in Rom)

____

____.

5. Der Zug kommt zu spät an. (heute / in Berlin)

6. Hella geht mit ihrem Hund spazieren. (am Morgen / im Englischen Garten)

7. Meine Freundin ist mit ihrer Familie umgezogen. (letzte Woche / nach Hamburg)

8. Gerda hat noch keine Freunde gefunden. (bis jetzt / in der Schule

9. Rudolf hat einen Termin. (heute Nachmittag / beim Zahnarzt)

10. Mein Hund rennt der Katze hinterher. (seit 20 Minuten / durch den Park)

H1 Pro und Kontra

Verbinden Sie die Sätze mit der passenden Konjunktion.

1. Ich lerne Deutsch, denn ...
2. Ich lerne Deutsch, aber ...

a) es ist sehr anstrengend.
b) ich habe einen deutschen Freund.
c) ich vergesse immer wieder alles.
d) ich mag diese Sprache.
e) ich möchte das Oktoberfest besuchen.
f) meine Freundin versteht mich immer noch nicht.
g) ich will Goethe im Original lesen.
h) mein Großvater kommt aus Deutschland.
i) ich kann noch nicht viele Wörter.
j) ich habe viele deutsche Kunden.
k) ich mag meinen Lehrer nicht.
l) ich war noch nie in Deutschland.

H2 ... , aber es ist vielleicht sehr teuer!

Verbinden Sie die beiden unterstrichenen Sätze mit der passenden Konjunktion: *denn, aber, oder.*

- ● Was machen wir heute Abend? Gehen wir zum Essen? Schauen wir uns den neuen Film mit Tom Hanks an?

  (1.) *Gehen wir zum Essen oder schauen wir uns den neuen Film mit Tom Hanks an?*

- ◆ Das ist mir gleich. Entscheide du!
- ● Hm. Ich möchte gern den Film sehen. Er hat eine gute Kritik bekommen.

  (2.) ______________________________

- ◆ Gut, dann gehen wir ins Kino!
- ● Ja, Kino macht sicher Spaß. Ich möchte gern einmal das neue indische Restaurant ausprobieren.

  (3.) ______________________________

- ◆ Dann lass uns essen gehen!
- ● Das möchte ich gerne. Es ist vielleicht sehr teuer.

  (4.) ______________________________

- ◆ Ich lade dich ein.
- ● Nett von dir! Ich esse gern indisch. Das schmeckt so interessant.

  (5.) ______________________________

- ◆ Also Restaurant!

- Nein, gehen wir ins Kino. Im Kino ist es gemütlich. Es gibt dort so weiche Sessel.

  (6.) ______________________________

  ____

◆ Weißt du was? Wir bleiben einfach zu Hause. Wir sehen eine DVD an. Wir gehen früh ins Bett.

  (7.) ______________________________

  Das ist noch viel gemütlicher!

H3 Nachbarn, Bekannte und Freunde
Verbinden Sie die Sätze mit der passenden Konjunktion *trotzdem* oder *deshalb*.

1. Katrin ist immer fröhlich. Ich mag sie gern.

   Katrin ist immer fröhlich, *deshalb mag ich sie gern.*

2. Mein Nachbar Jens ist mir nicht sehr sympathisch. Ich trinke manchmal eine Tasse Kaffee mit ihm.

   Mein Nachbar Jens ist mir nicht sehr sympathisch, ______________________________

3. Oliver repariert immer mein Auto. Ich lade ihn oft zum Essen ein.

   Oliver repariert immer mein Auto, ______________________________

4. Herr Baier ist oft unfreundlich. Ich spreche nicht gern mit ihm.
Herr Baier ist oft unfreundlich, ______________________________

____

5. Inge und ich wollen beide fit bleiben. Wir gehen oft zusammen joggen. Inge und ich wollen beide fit bleiben, ________________

____

6. Die alte Frau Baumann ist nicht sehr nett. Ich helfe ihr manchma im Garten.
Die alte Frau Baumann ist nicht sehr nett, ____________________

____

7. Mein Freund hat viel Arbeit im Büro. Er hat wenig Zeit für mich.
Mein Freund hat viel Arbeit im Büro, _________________________

____

8. Familie Ecker wohnt neben mir. Ich sehe sie nicht oft.
Familie Ecker wohnt neben mir, ______________________________

9. Jürgen ist ein schwieriger Mensch. Ich bin gern mit ihm zusammer
Jürgen ist ein schwieriger Mensch, ___________________________

____

10. Herr Kaiser schenkt mir jeden Tag Rosen. Ich mag ihn nicht.
Herr Kaiser schenkt mir jeden Tag Rosen, ______________________

____

H4 Gut erklärt!

Verbinden Sie die passenden Sätze mit der Konjunktion *weil*.

1. Sebastian hat eine Erkältung.
2. Ich kann mir kein neues Auto kaufen.
3. Moritz isst keine Pilze.
4. Frieda hat einen Job im Supermarkt.
5. Anja ist glücklich.
6. Man sollte viele Sprachen lernen.
7. Jörg liest gerne die Zeitung.
8. Du sollst nicht rauchen.

Er mag sie nicht.
Das ist wichtig für den Beruf.
Sie hat sich verliebt.
Das ist schlecht für deine Gesundheit.
Er ist im Regen ganz nass geworden.
Sie möchte Geld verdienen.
Ich habe nicht genug Geld.
Er interessiert sich für Politik.

1. Sebastian hat eine Erkältung, *weil er im Regen ganz nass geworden ist.*
2. Ich kann mir kein neues Auto kaufen, __________
3. Moritz isst keine Pilze, __________
4. Frieda hat einen Job im Supermarkt, __________
5. Anja ist glücklich, __________
6. Man sollte viele Sprachen lernen, __________
7. Jörg liest gerne die Zeitung, __________
8. Du sollst nicht rauchen, __________

H5 Klischees

Schreiben Sie Fragen mit der Konjunktion *dass*.

1. Finden Sie, *dass Geld glücklich macht?*
   (macht / Geld / glücklich)
2. Meinen Sie, ______
   (alle Deutschen / immer / sind / pünktlich)
3. Glauben Sie, ______
   (Frauen / Mathematik / gut / nicht / können)
4. Sind Sie der Meinung, ______
   (die Deutschen / planen / alles)
5. Finden Sie, ______
   (die Menschen / dumm / das Fernsehen / macht)
6. Denken Sie, ______
   (trinken / alle Engländer / gern / Tee)
7. Glauben Sie, ______
   (war / früher / besser / alles)
8. Denken Sie, ______
   (sprechen / über / Männer / nicht / ihre Gefühle)
9. Meinen Sie, ______
   (haben / immer / reiche Männer / junge, blonde Frauen)
10. Sind Sie sicher, ______
    (hübsch / Frauen / für die Männer / machen / sich)

H6 Wann ist das?

Simon ist sehr sportlich, Tanja liebt Tiere und Albert ist Arzt. Was antworten sie auf die Fragen? Bilden Sie Sätze mit der Konjunktion *wenn*.

1. ● Simon, wann bist du glücklich?
   ◆ Wenn ich einen Marathon gelaufen bin.
   (einen Marathon gelaufen)

2. ● Tanja, wann bist du traurig?
   ◆ ______________________________
   (meine Tiere – nicht gesund sein)

3. ● Albert, wann hast du Stress?
   ◆ ______________________________
   (viele Patienten – zu mir kommen)

4. ● Und wann bist du zufrieden?
   ◆ ______________________________
   (einen Patienten gesund machen können)

5. ● Simon, wann bist du zufrieden?
   ◆ ______________________________
   (viel trainiert haben)

6. ● Und du, Tanja?

   ◆ ______________________________

   (mit meinen Hunden spazieren gehen)

7. ● Wann fühlst du dich wohl, Simon?

   ◆ ______________________________

   (im Fernsehen die Olympischen Spiele anschauen)

8. ● Und du, Albert?

   ◆ ______________________________

   (ein Wochenende frei haben)

9. ● Und Tanja, wann geht es dir gut?

   ◆ ______________________________

   (meine Hunde haben Kinder bekommen)

H7 Eine Traumreise

Setzen Sie die passende Konjunktion ein – *weil, dass* oder *wenn.*

1. _Wenn_ ich meinen nächsten Urlaub habe, möchte ich eine große Schiffsreise machen.
2. Ich weiß, ________ Schiffsreisen sehr teuer sind.
3. Aber ich kann das bezahlen, ________ ich lange darauf gespart habe.
4. Ich träume davon, ________ ich auf dieser Reise viele verschiedene Länder sehe.
5. ________ ich in ein arabisches Land komme, möchte ich auf einem Kamel reiten.

6. Schon als Kind habe ich mir gewünscht, ________ meine Eltern große Reisen mit mir machen.
7. Aber das war nicht möglich, ________ sie kein Geld hatten.
8. Ich hoffe, ________ das Wetter gut ist, ________ ich meine Schiffsreise mache.
9. Ich glaube nicht, ________ ich krank werde. Mit dem Schiff zu fahren macht mir keine Probleme!
10. Meine Freundin hat gesagt, ________ sie keine Schiffsreise machen möchte, ________ sie auf Schiffen Angst hat.
11. Ich habe aber keine Angst, ________ ich gut schwimmen kann!

I1 Ich komme gleich runter!

Ergänzen Sie die passenden Adverbien aus dem Kasten.

raus • rauf • rüber • runter • rauf • ~~rein~~ • rein • runter

1. ● Brr, ich finde es jetzt wirklich kalt im Garten!
   ◆ Komm, wir gehen _rein_ und trinken heißen Tee!

2. ● Tim, mach mal das Fenster auf!
   ◆ Ja, was wollt ihr?
   ● Kommst du ______ zu uns und spielst mit uns Fußball?
   ◆ Tut mir leid, ich muss noch Hausaufgaben machen.

3. ● Schau mal, da auf der anderen Straßenseite: Ist das nicht Lena
   ◆ Stimmt! Komm, gehen wir ______ und sagen wir ihr Hallo!

4. ● Ulrike?
   ◆ Ich bin oben in meinem Zimmer!
   ● Kannst du mir bitte in der Küche helfen?
   ◆ Gut, ich komme gleich ______!

5. ● Ich möchte so gern einmal auf die Zugspitze steigen.
   ◆ Das ist doch ein sehr hoher Berg! Wie lange geht man denn da ______?
   ● Ich glaube, acht Stunden.

6. ● Entschuldigung, Herr Professor, darf ich Sie einen Moment stören?

   ◆ Bitte, Frau Wenzel, kommen Sie ______!

7. ● Fährst du gern Achterbahn?

   ◆ Oh nein! Da geht es so schnell ______ und ______, dass mir ganz schlecht wird!

I2 In den Keller runterfahren!

Ergänzen Sie die Sätze mit dem passenden Verb aus dem Kasten.

rausgehen • reinlassen • raustragen • rüberbringen
rausgeworfen • rübergehen • reingeschrieben • rauffahren
rüberschwimmen • ~~runterfahren~~

1. Mit dem Aufzug kann man in den Keller *runterfahren*.

2. Man kann auch in den 8. Stock ______________.

3. Der Kanalschwimmer trainiert viel. Er möchte von England nach Frankreich ______________.

4. ● Hast du ein Tagebuch?

   ◆ Ja, aber ich habe schon lange nichts mehr ______________.

5. Der Mülleimer ist voll. Kannst du bitte den Müll

_______________?

6. ● Schnell, das Kino hat schon angefangen!

◆ Ja, aber erst seit fünf Minuten. Da müssen sie uns noch

_______________.

7. ● Gestern Abend war die Polizei in der Disco!

◆ Ja, warum denn?

● Zwei Männer haben gestritten und der Barkeeper hat sie

_______________.

8. Burghausen liegt an der Salzach, und dieser Fluss ist die Grenze zu Österreich. Hier kann man einfach mal zum Essen nach Österreich _______________!

9. ● Na, Silvia? Eine tolle Party, nicht?

◆ Ja, schon, aber es ist so heiß hier und so eng! Ich muss mal einen Moment _______________, kommst du mit?

10. ● Hallo, Herr Nachbar! Kann ich bitte heute Nachmittag ihre große Gartenschere leihen?

◆ Aber gerne!

● Heute Abend kann mein Sohn sie Ihnen wieder

_______________.

I3 Ein warmer Geldregen ...

Vermeiden Sie Wiederholungen und ergänzen Sie die Sätze mit den passenden Präpositionaladverbien.

1. ● Du hast ein neues Bett?
   ◆ Ja, und ich schlafe so wunderbar _darin_ (in dem Bett)!
2. ● Und ein neues Sofa hast du auch?
   ◆ Mhm, ja! Man kann so gemütlich ________ (auf dem Sofa) sitzen.
3. ● Dein Schreibtisch ist doch auch neu!
   ◆ Richtig! Ich kann stundenlang ________ (an dem Schreibtisch) sitzen und bekomme keine Rückenschmerzen.
4. ● Und der große Mercedes vor deiner Tür?
   ◆ Den habe ich gestern gekauft. Ich kann ________ (mit dem Mercedes) fast 200 km/h fahren!
5. ● Über den Sitzplatz auf der Terrasse hast du ein Dach bauen lassen, oder?
   ◆ Genau! ________ (Unter dem Dach) kann man auch bei Regen sitzen.
6. ● Das Schwimmbad im Garten – seit wann hast du das?
   ◆ Seit einem Monat. ________ (Von dem Schwimmbad) habe ich schon so lange geträumt.

7. ● Und du hast auch zwei Pferde gekauft?
   ◆ Ja, ________ (über die Pferde) freue ich mich ganz besonders.

8. ● Stimmt es, dass dein reicher Onkel Kasimir gestorben ist und du alles Geld bekommen hast?
   ◆ Ja, das stimmt. Und ich kann ________ (von dem Geld) viele Jahre leben und muss nicht mehr arbeiten!

I4 Darüber möchte ich nicht diskutieren!

Ergänzen Sie die Präpositionaladverbien aus dem Kasten.

darauf • dafür • daran • ~~darüber~~ • dafür • darauf
darüber • danach

1. ● Hast du in den Nachrichten den Gesundheitsminister gehört? Er hat so einen Quatsch erzählt!
   ◆ Hör auf mit der Politik! Mit dir möchte ich *darüber* nicht diskutieren.

2. ● Mein Nachbar hat gestern Abend schon wieder so laut Musik gehört!
   ◆ Ärgere dich doch nicht ________. Die Musik war doch gar nicht so schlecht!

3. ● Du hast mir so viel beim Umzug geholfen. Ich danke dir sehr ________!
   ◆ Das habe ich doch gern gemacht!

4. ● Weißt du noch? Dieses Lied haben wir vor einem Jahr gehört, und dann haben wir uns das erste Mal geküsst!
   ◆ Natürlich kann ich mich ________ noch erinnern!

5. ● ... und dann ist Schweinsteiger gekommen und hat den Ball ...
   ◆ Jetzt hör doch bitte mit deinem Fußball auf! Du weißt doch, ich interessiere mich absolut nicht ________!

6. ● 4 x 8 = äh ... 35!
   ◆ Geli, bitte! Wir machen jetzt Mathematik und du musst dich endlich mal ________ konzentrieren!

7. ● Leihst du morgen Heinz dein Fahrrad?
   ◆ Warum? Er hat mich noch nicht ________ gefragt!

8. ● Nächste Woche fliegst du nach Thailand, nicht wahr?
   ◆ Jaaa! Und ich freue mich schon so ________!

J1 Fit in Zahlen!

Schreiben Sie alle Zahlen in Worten und notieren Sie das Ergebnis. Das Lösungswort ist ein berühmter deutscher Mathematiker und Physiker.

1. 3 + 20 = __ *drei* und *zwanzig* ist *dreiundzwanzig*
2. 5 + 7 = __ ____ und ______ ist _____
3. 24 + 13 = __ ______________ und ________ ist ________________
4. 4 + 14 = __ ____ und ________ ist ________
5. 31 + 42 = __ ______________ und ______________ ist ______________
6. 66 + 22 = __ ________________ und ______________ ist ______________
7. 1 + 16 = __ ____ und ________ ist ________
8. 2 + 19 = __ ____ und ________ ist _____________
9. 40 + 32 = __ _______ und ______________ ist _____________
10. 29 + 32 = __ _______________ und ______________ ist _____________
11. 36 + 12 = __ ________________ und _____ ist _____________
12. 11 + 5 = __ ___ und ____ ist ________

13. 6 + 16 = __ _____ und ________ ist

____

14. 59 + 34 = __ _______________ und _______________

ist _______________

1	2	3	4	5	6	7	8	9	10	11	12	13	14

J2 Zahlen, Zahlen, Zahlen ...

Schreiben Sie die Uhrzeiten, Maßangaben und Preise in Worten auf.

1. 12:45 Uhr *zwölf Uhr fünfundvierzig*
2. 3,50 Euro ____________________
3. 4,5 kg ____________________
4. 20:15 Uhr ____________________
5. 0:20 Uhr ____________________
6. 249,90 Euro ____________________
7. 1,72 m ____________________
8. 0,9 m ____________________
9. 730 g ____________________
10. 10:57 Uhr ____________________
11. 1 876 Euro ____________________
12. 83 km ____________________
13. 1:10 Uhr ____________________
14. 79,99 Euro ____________________

J3 Die dritte Aufgabe!

Schreiben Sie die Ordinalzahlen in Klammern als Wort.

1. ● Entschuldigen Sie bitte, wohnt Frau Kugler hier?
   ◆ Ja, aber im Erdgeschoss. Hier ist der _vierte_ **(4.)** Stock!

2. ● Was hast du da?
   ◆ Das ist ein Kreuzworträtsel vom Supermarkt, da kann man etwa gewinnen.
   ● Und was?
   ◆ Der __________ **(1.)** Preis ist ein Fahrrad, der __________ **(2.** ein Rucksack und der __________ **(3.)** eine Flasche Champagne

3. ● Am Sonntag ist der __________ **(70.)** Geburtstag von meinem Opa.
   ◆ Wünsch ihm alles Gute von mir!

4. ● Der Deutschtest war wirklich einfach!
   ◆ Ja, aber die __________ **(6.)** Aufgabe habe ich nicht verstande

5. ● Wir müssen heute zur Buchausstellung gehen!
   ◆ Warum?
   ● Hier, lies mal: Der __________ **(100.)** Besucher bekommt ein Buch geschenkt!

6. ● Guten Tag, hier spricht Müller. Ich habe Ihre Anzeige gelesen und möchte gern das alte Fahrrad kaufen!
   ◆ Das ist jetzt der ____________________ **(25.)** Anruf – das Fahrrad ist leider schon lange verkauft!

J4 Der Wievielte ist heute?

Schreiben Sie das Datum in Worten.

1. ● Alles Gute zum Geburtstag!
   ◆ Das ist nett, aber heute ist der D*reiundzwanzigste* **(23.)**, und mein Geburtstag ist am F__________ **(25.)**!
   ● Oh …

2. ● Michael, der Wievielte ist heute?
   ◆ Der z______ D______ **(12.3.)**!
   ● Oh, Mist! Jetzt habe ich den Geburtstag von meinem Bruder vergessen!
   ◆ Wann hatte er denn Geburtstag?
   ● Am E______ **(11.)**. Aber ich rufe ihn gleich an.

3. Vom e__________ S______ **(31.7.)** bis zum v__________ N______ **(14.9.)** haben die Kinder in Bayern Sommerferien.

4. ● Was bist du für ein Sternzeichen?
   ◆ Ich weiß nicht. Ich bin am z______ E______ **(2.1.)** geboren.
   ● Dann bist du Steinbock!

5. ● Wann hat eigentlich die Bundesrepublik Deutschland Geburtstag?
   ◆ Der Gründungstag war der d__________ Mai n__________ **(23. Mai 1949)**.

6. Der Deutschkurs beginnt am e__________ Z______ **(21.10.)** und dauert bis zum n__________ Z______ **(19.12.)**.

A. Verben

A1 1. bist 2. bin/heiße 3. wohne 4. heißt 5. heiße/bin 6. ist 7. ist 8. heißt* 9. kommst 10. kommen 11. arbeitet** 12. Spielst 13. Spielen 14. komme

Zur Erinnerung:
*Bei Verben mit *s, ß, z* am Ende des Stammes fällt das *s* der Endung in der 2. Person Singular weg: *du hei**ß**t*
Verben mit *t* oder *d* am Ende des Stammes haben ein extra *e* bei einigen Formen: *du arbeite**st, er arbeit**e**t, ihr arbeit**e**t*

A2 1. finde 2. bin 3. ist 4. beginne 5. ist 6. arbeiten 7. freue

A3 1. fahre; fährt 2. esse; isst 3. schlafe; schläft 4. sehe; sieht 5. wasche; hilft; wäscht 6. laufe; läuft 7. nehme; nimmt 8. lese; liest 9. spricht; spreche 10. treffe; trifft

A4 1. Der Unterricht fängt um 8 Uhr 30 an. 2. Schläfst du am Wochenende gern aus? 3. Der Vater verspricht seinen Kindern einen Kinobesuch. 4. Die Kellnerin erschrickt und der Teller fällt auf den Boden. 5. Max benimmt sich respektlos, weil er die anderen im Gespräch immer unterbricht. 6. Wirfst du den Brief für mich ein? Bitte vergiss es nicht! / Vergiss es bitte nicht! 7. Der Verkäufer berät den Kunden sehr geduldig. Aber dem gefällt gar nichts. / Dem gefällt aber gar nichts. 8. Der Reiseführer empfiehlt das italienische Restaurant in der Maximilianstraße. 9. Ich schenke dir einen Stadtplan zum Geburtstag / zum Geburtstag einen Stadtplan, weil du dich so oft verläufst! 10. Meine Pflanze wächst so schnell, dass ich bald keinen Platz mehr habe!

A5 1. weckt ... auf 2. bereitet ... vor 3. räumt ... ab 4. bringt 5. fängt ... an 6. bereitet ... vor; schreibt; ruft ... an 7. fährt; holt ... ab 8. kocht 9. hilft 10. räumt ... auf 11. kauft ... ein 12. sehen ...fern; macht ... aus 13. deckt 14. hängt ... auf 15. Hört ... auf 16. liegt; schläft ein

A6 **Montag:** 1. Um 10 Uhr 30 kommen sie am Flughafen an. 2. Um 14 Uhr besichtigen sie die Altstadt. 3. Abends lesen sie die Geschichte Münchens im Reiseführer nach.
Dienstag: 4. Um 9 Uhr stehen sie auf. 5. Sie beschweren sich beim Hoteldirektor und ziehen in ein besseres Hotel um. 6. Nachmittags kaufen sie ein.
Mittwoch: 7. Vormittags leihen sie Fahrräder aus und fahren durch den Englischen Garten. 8. Um 21 Uhr gehen sie mit Maria aus.
Donnerstag: 9. Um 10 Uhr besuchen sie die Neue Pinakothek. 10. Um 19 Uhr laden sie Hans in einen Biergarten ein.
Freitag: 11. Sie übersetzen für Hans einen Brief ins Spanische. 12. Sie lernen das Münchner Nachtleben kennen.

Samstag: 13. Sie schlafen aus. 14. Sie gehen im Olympiapark spazieren und verlaufen sich. 15. Abends packen sie alles ein und bezahlen die Hotelrechnung.
Sonntag: 16. Um 11 Uhr verlassen sie das Hotelzimmer. 17. Um 15 Uhr 30 fliegen sie ab. 18. Abends verteilen sie Geschenke an die Familie.

A7 1. nimm 2. fahr 3. Warte 4. gib 5. Geh 6. Sei 7. Hab 8. Sprich 9. Komm 10. Iss 11. Gebt 12. Kommen 13. Seien 14. Seid 15. Gehen

> **Zur Erinnerung:**
> Bildung des Imperativs:
> 2. Person Singular:
> *~~du~~ nimm~~st~~*
> *~~du~~ fähr~~st~~*
> 2. Person Plural:
> *~~ihr~~ gebt*

A8 1. Steh ... auf 2. Dusch 3. Zieh ... an 4. Fön 5. Kämm 6. Iss; trink 7. Vergiss 8. Beeil 9. Nimm 10. pass ... auf 11. Nehmt 12. lies 13. Benützt; unterstreicht 14. seid 15. lauf; gib ... ab 16. kommen Sie 17. Sagen Sie ... ab 18. Schließen Sie ... ab 19. Legen Sie 20. Verschieben Sie

A9 1. hat ... gemacht 2. sind ... gefahren 3. haben ... gewartet 4. haben ... angeschaut 5. haben ... diskutiert; war 6. habe ... gekauft 7. habe ... fotografiert; hat gesagt 8. haben ... gemacht 9. habe ... bestellt 10. war; hat ... geschmeckt 11. sind ... gekommen 12. war; bin ... gegangen 13. hatten

A10 1. Ich habe mein Zimmer schon aufgeräumt! 2. Ich habe meine Hausaufgaben schon gemacht! 3. Ich habe schon Brot für das Abendessen gekauft! 4. Ich habe den Blumen in meinem Zimmer schon Wasser gegeben! 5. Ich habe Sarah schon bei den Hausaufgaben geholfen! 6. Ich habe schon Klavier geübt! 7. Ich habe Opa (heute Abend) schon angerufen! 8. Ich bin heute schon ins Fitness-Studio gegangen! 9. Ich habe schon ein paar Flaschen Apfelsaft aus dem Keller geholt! 10. Ich habe das Buch schon in die Bibliothek zurückgebracht!

A11 1. habe ... gefunden 2. passiert ist 3. ist ... losgegangen 4. verpasst habe 5. habe ... gestellt 6. habe ... gedacht 7. bin ... gelandet 8. ist ... geflogen 9. habe ... ausgefüllt 10. habe ... gekauft; ... gesucht 11. habe ... getragen 12. ist ... angekommen 13. habe ... umgezogen; ... bezahlt; ... genommen 14. hat ... verloren 15. hat ... repariert 16. hat ... gedauert 17. habe ... vergessen

A12 1. Leoni hat endlich ihre alten, kaputten Schuhe weggeworfen. 2. Unsere Nachbarn haben die ganze Nacht laut gestritten. 3. Ich bin gestern 1000 Meter geschwommen. 4. Hast du die Blumen schon gegossen? / Hast du schon die Blumen gegossen? 5. Ich habe meinem

Freund mein Motorrad geliehen. 6. Jörg hat aus dem Urlaub einen Hund mitgebracht. / Jörg hat einen Hund aus dem Urlaub mitgebracht. 7. Sarah hat ihre Haare ganz kurz geschnitten. 8. Ich habe noch nie im Lotto gewonnen. 9. Er hat die ganze Nacht an seine Freundin gedacht.

A13 1. war 2. hatte 3. waren 4. hattest 5. war 6. waren 7. hatte 8. hatten 9. war

A14 1. Sie verabreden sich. 2. Er ruht sich aus. 3. Sie wäscht sich. 4. Er duscht sich. 5. Sie cremt sich ein. 6. Er trocknet sich ab. 7. Sie kämmt sich. 8. Er zieht sich an. 9. Sie schminkt sich. 10. Er ärgert sich. 11. Sie beeilt sich. 12. Sie küssen sich. 13. Sie lieben sich. 14. Sie verabschieden sich.

A15 1. dich; uns; mich 2. uns; sich 3. sich (4x) 4. euch; euch; sich

A16 1. kann; muss 2. wollen; können 3. will; muss 4. Kannst; darf; muss 5. will; muss; will 6. Wollt; können; müssen

Zur Erinnerung:
Alle Modalverben haben in der 1. und 3. Person Singular dieselbe Form (*ich kann, er kann*) und enden **nicht** auf *-t*!

A17 1. Möchtest; mag 2. mag 3. möchte; mag; möchte 4. Magst; mag; möchte 5. mag 6. Möchtet; möchte

A18 1. dürfen; sollen 2. darf; musst; wollen 3. kann; sollst 4. darf 5. muss; darf; muss 6. musst; darf; sollst

A19 1. mögen; wollen; müssen 2. muss 3. dürfen; müssen 4. mag; kann 5. darf; muss; wollen 6. darf; will; muss 7. mag; will

A20 1. konnte 2. wollte 3. durfte 4. konnte 5. konnte 6. wollte 7. wollte 8. durfte 9. konnte 10. wollte

A21 1. über; mit; auf; von; über; von 2. um; über; für; an; auf 3. von; an; an; von; auf

A22 1. Wofür ...? Für gute Bücher. 2. Wovon ...? Von einem Lottogewinn. 3. Woran ...? An meine Kindheit. 4. Worauf ...? Auf ein leckeres Eis. 5. Über wen ...? Über schlechte Lehrer. 6. Um wen ...? Um den kleinen Sohn meiner Nachbarin. 7. Worüber ...? Über das schlechte Wetter. 8. Mit wem ...? Mit meiner besten Freundin. 9. Worüber ...? Über spannende Kinofilme. 10. Worauf ...? Auf meinen Urlaub in zwei Wochen. 11. Auf wen ...? Auf meine Schwester.

Zur Erinnerung:
Mit allen Präpositionen kann man Fragewörter bilden:
***wo(r)-* + Präposition**
Das *r* kommt bei Präpositionen, die mit einem Vokal beginnen (*auf, an, unter, ...*).

A23 1. Würden Sie bitte das Fenster zumachen? 2. Würdest du bitte eine Flasche Saft holen? 3. Würdest du mir bitte die Butter geben? 4. Würden Sie mir bitte eine Tasse Kaffee bringen? 5. Würden Sie bitte hier / hier bitte nicht rauchen? 6. Würdet ihr das bitte aufschreiben? 7. Würdest du bitte zum Einkaufen gehen? 8. Würdest du bitte mal herkommen? 9. Würdest du bitte leise sprechen? 10. Würdest du bitte still sein?

Tipp: In allen Sätzen ist immer auch *könnte* statt *würde* möglich, z. B.: *Könnten Sie bitte das Fenster zumachen?, Könntest du bitte eine Flasche Saft holen?, Könntet ihr das bitte aufschreiben?*

B. Nomen und Artikel

B1 1. Äpfel 2. Trauben 3. Tomaten 4. Salate 5. Fische 6. Becher 7. Eier 8. Dosen 9. Nudeln 10. Brötchen 11. Flaschen 12. Packungen 13. Kiwis

Tipp:
Lernen Sie die Nomen immer zusammen mit Artikel und Pluralform (*die Frau, -en, das Kind, -er, ...*)!

B2 1. Kinderwägen 2. Milchflaschen 3. Betten 4. Autositze 5. Fahrräder 6. Sonnenbrillen 7. Kinderzimmer 8. Radios 9. Computer 10. Schreibtische 11. Schultaschen 12. Männer

B3 1. einem 2. dem 3. Das 4. einen 5. dem 6. – 7. – 8. ein 9. Der 10. – 11. – 12. – 13. – 14. dem 15. – 16. – 17. – 18. ein 19. dem 20. ein 21. eine 22. eine 23. ein 24. Das 25. einen 26. einen 27. ein

B4 1. den Tisch; Der; mit Holz; Stühle und Schreibtische; einen Schreibtisch; Der Tisch; Zeit
2. eine Pizza mit Salami; Pizza; Salami; eine Pizza mit Champignons; die Champignons; Geld; einen 10-Euro-Schein; in der Hosentasche
3. ein Bild; Papi mit einem Hund; Der Hund; so einen Hund; bei Müllers; so ein Hund; Angst; der Hund; den Hund; das Bild für Papi; das Bild

4. eine neue Wohnung; von einer ganz bunten Wohnung; das Wohnzimmer; die Küche; das Schlafzimmer; Blumen oder Formen; die Wände; ein Zimmer; Kreativität; Kreativität in der Küche

B5 1. Mein Name; Mein Bruder; meine Schwester; mit meinen Eltern und meinen Geschwistern; mit meiner Katze
2. dein Name; deine Familie; dein Hund
3. Seine Eltern; bei seinem Vater; seinen Freund; seine Mutter
4. ihre Cousine; vor ihrem Haus; ihre Großeltern; ihr Pferd
5. Unser Haus; unseren Garten; Unser liebstes Spiel; unsere Freundin
6. eure Eltern; euer Haus; eure Fahrräder; mit eurem Hund
7. Ihren Einkaufskorb; Ihren Schlüssel; Ihre Haustür
8. Ihr Haus; mit ihren Tieren; Ihr Garten; ihre ganze Freude

B6 1. ihren 2. seine 3. ihre 4. eu(e)re/euer 5. Meine 6. mein 7. dein 8. unser/mein 9. unser/mein 10. ihre 11. meiner 12. ihrer 13. ihre/meine/uns(e)re 14. meine 15. deiner 16. deiner 17. seinen 18. unser

B7 1. nicht zum Fischen 2. keinen großen Fisch 3. nicht gut 4. keine Fahrradtour 5. meine Freunde nicht 6. keinen Film 7. nicht in die Diskothek 8. kein Mädchen 9. nicht lange 10. nicht so richtig

C. Adjektive

C1 1. ist verheiratet 2. ist krank 3. ist groß 4. ist klein 5. ist nett 6. ist breit 7. ist neu 8. sind teuer 9. ist schwer 10. ist leicht

C2 1. kleiner 2. warmen 3. grünen 4. blaue 5. langen 6. lange 7. kurze 8. schwarze 9. blaue 10. kurzer 11. weiße 12. braune 13. hübsche 14. gelben 15. weiße 16. langen 17. grünen 18. blauen 19. kurzen 20. großes 21. kleines 22. großen

C3 1. französischen 2. italienische 3. griechische 4. französischer 5. holländischen 6. frische 7. bunte 8. afrikanische 9. brasilianische 10. chinesischen 11. deutsche 12. englische 13. ganze 14. leckeres 15. frischen 16. saftiges 17. nordisches 18. bayerischer 19. Türkische 20. arabisches 21. griechisches 22. bayerische

C4 1. junger; großen; tollen; aussehende; junge; langen; blonden; gemeinsame; spätere
2. gute; klassische; schöne; harmonische; liebe; intelligente; gleichen; lange; kalten
3. Lange; tägliches; sportliche; sportlicher; starker
4. langes; aufregenden; vielen; gemütliches; interessante; humorvolle; langweiligen
5. netter; schüchterner; sympathische; optimistischer; fröhlicher

C5 1. lieber 2. besser 3. lieber; besser 4. mehr; am meisten 5. am besten 6. lieber 7. am liebsten 8. am besten 9. mehr

C6 1. größer 2. klüger 3. sportlicher 4. mehr 5. lustiger 6. schöner; jünger 7. schlanker 8. pünktlicher 9. härter 10. stärker 11. höher 12. arroganter

C7 1. größer; am größten 2. kleiner; am kleinsten 3. länger; am längsten 4. schneller; am schnellsten 5. langsamer; am langsamsten

C8 1. am höchsten: K2 (8611 m) 2. am größten: Jupiter (142 884 km Durchmesser) 3. am kältesten: Antarktis (-58° bis -89° Celsius) 4. am trockensten: Atacama-Wüste (400 Jahre lang, bis 1971, kein Regen!) 5. am kleinsten: Australien (8 500 000 km²) 6. am meisten: Hawaii (Kauai: 350 Tage pro Jahr) 7. am heißesten: Dasht-e Lut (70,7° Celsius) 8. am berühmtesten: Picasso 9. am nächsten: Mars 10. am längsten: Kohl (16 Jahre) 11. am ältesten: Rom (753 v. Chr.)

D. Pronomen

D1 1. f) 2. d) 3. a) 4. h) 5. b) 6. c) 7. k) 8. j) 9. e) 10. g) 11. i)

D2 1. sehe dich; ihn gleich gefunden; sieht uns; Wo seid ihr; sehe euch; sucht sie; findet sie
2. gefällt ihm; mit ihnen; gewinnt er; für uns
3. möchte es; mit ihr; nett von dir; dass du mir ; möchte ich dich
4. mit euch; zu uns kommen; ohne mich; schaue euch gerne zu

D3 1. Er zeigt sie ihr. 2. Sie erzählt es ihnen. 3. Sie erklärt sie ihr. 4. Er stiehlt sie ihm. 5. Sie schenken ihn ihm. 6. Kannst du ihn mir erklären? 7. Darf ich sie Ihnen tragen helfen? 8. Er empfiehlt es ihnen. 9. Er beantwortet sie ihm. 10. Sie schickt sie ihr. 11. Er bringt ihn ihr ans Bett. 12. „Ich kann sie dir nicht glauben!"

D4 1. deiner 2. meiner 3. deine; deine 4. meine; ihre 5. mein(e)s 6. eu(e)re 7. uns(e)re 8. deiner 9. meiner 10. uns(e)res 11. eu(e)res 12. dein(e)s; uns(e)res

D5 1. meinen 2. deinem; sein(e)s 3. deine 4. eu(e)re; uns(e)re 5. Ihr(e)s 6. ihr(e)s

D6 1. kein(e)s 2. ein(e)s 3. eine 4. keinen 5. einen 6. keine 7. welche 8. eine 9. welche

D7 1. f) 2. d) 3. a) 4. h) 5. j) 6. b) 7. i) 8. e) 9. c) 10. g)

D8 1. Der; Die 2. Mit dem; Der 3. Mit der; Die 4. Das; Das 5. Den; Über den 6. Die; Die 7. Die; Mit der

E. Präpositionen

E1 1. zum Arzt; beim Arzt; vom Arzt 2. zum Einkaufen; beim Einkaufen; vom Einkaufen 3. ins Büro; im Büro; aus dem / vom Büro 4. in die / zur Bäckerei; in der Bäckerei; aus der / von der Bäckerei 5. zu Anna; bei Anna; von Anna 6. ins Schwimmbad; im Schwimmbad; aus dem / vom Schwimmbad 7. in die Berge; in den Bergen; aus den / von den Bergen 8. nach Hause; zu Hause; von zu Hause 9. zum Friseur; beim Friseur; vom Friseur 10. zu meinen Eltern; bei meinen Eltern; von meinen Eltern

Zur Erinnerung:
zu + dem = zum
von + dem = vom
in + dem = im
an + dem = am
bei + dem = beim

E2 1. zum 2. bis zum 3. Am 4. nach 5. in die 6. Am 7. über die 8. am 9. bis zur 10. nach 11. bis zum 12. auf der 13. am 14. nach 15. auf der

E3 1. am 2. für / – 3. vom ... bis zum 4. um 5. – 6. um 7. In der 8. – 9. Am; für / – 10. im

E4 1. ab 2. für 3. in 4. vor 5. nach 6. für 7. am 8. von 9. bis 10. seit 11. Seit 12. – 13. vor 14. Bis zu der 15. nach 16. in 17. bis

E5 an die Decke; in die Ecke; an die Wand; in die Mitte; um den Tisch; in die Schublade; im Schrank; Unters Fenster; auf diese; ins Zimmer; vor dem Haus

Zur Erinnerung:
Wohin? → Akkusativ
Wo? → Dativ

E6 1. aus dem Schrank 2. in der Mitte 3. auf der linken Seite 4. auf den Herd 5. aus dem Kühlschrank 6. von der Butter 7. in die Pfanne 8. mit dem Streichholz 9. aus der Schachtel 10. in den Mülleimer 11. am Pfannenrand 12. im Kühlschrank 13. auf das Ei 14. auf den Tisch 15. in den Mülleimer

E7 **a)** 1. auf den 2. in den 3. in die; in den 4. an die 5. an die 6. in die 7. über das / auf das 8. unter den 9. Zwischen die

b) 1. Auf dem Tisch im Esszimmer stehen Blumen. 2. Im Schlafzimmer hängen die Kleider im Schrank. 3. Im Wohnzimmer stehen die Bücher in der Regalwand und die CDs im CD-Ständer. 4. Im Bad hängen die Handtücher an der Wand. 5. Im Flur hängt der Hut an der Garderobe. 6. Das Auto steht in der Garage. 7. Im Schlafzimmer liegt die Tagesdecke über dem / auf dem Bett. 8. Im Arbeitszimmer steht der Mülleimer unter dem Schreibtisch. 9. Zwischen den Fenstern in der Küche hängt ein neues Bild.

E8 1. meinem 2. den 3. mich 4. der 5. meinem 6. einer 7. dem 8. mich; ihm 9. einen 10. einem 11. meiner 12. den

E9 1. für 2. gegen 3. ohne; mit 4. um 5. aus; bei; für 6. Von; seit; für

E10 1. aus der Türkei; in Deutschland; in die USA
2. aus Frankreich; in der Schweiz; nach Frankreich; in der Bundesrepublik
3. aus den Vereinigten Arabischen Emiraten; aus Großbritannien; in England; in den Iran; in Indien; nach Österreich
4. in vielen Ländern; in Schweden und (in) Norwegen; in den Niederlanden; in Spanien und (in) Italien; in der Ukraine und (in) der Tschechischen Republik; in Russland
5. nach Ägypten und (nach) Marokko; in einige südamerikanische Länder; nach Chile, (nach) Peru, (nach) Brasilien, (nach) Argentinien

F. Fragen

F1 1. Wie 2. Woher 3. Wo 4. Wo 5. Wann 6. Was 7. Wie lange 8. Seit wann 9. Wann 10. Wie 11. Wie

F2 1. Wer ist das? 2. Wie alt ist er? 3. Woher kommt er? 4. Wie lange kennst du ihn schon? 5. Wo wohnt er? 6. Seit wann wohnt er in Hamburg? 7. Was ist er von Beruf? 8. Wann kommt er nach München? 9. Warum möchtest du das wissen?

F3 1. Heißen Sie wirklich Mona? 2. Kommen Sie wirklich aus Portugal? 3. Ist Lissabon wirklich Ihre Heimatstadt? 4. Sprechen Sie wirklich Portugiesisch, Englisch und Deutsch? 5. Ist Ihr Vater wirklich Professor für Physik? 6. Studieren Sie wirklich Wirtschaft in Berlin? 7. Möchten Sie wirklich zwei Jahre in Deutschland bleiben? 8. Sind Ihre Hobbys wirklich Singen und Gitarre spielen? 9. Gefällt Ihnen Berlin wirklich sehr gut? 10. Wohnen Sie wirklich in der Lindenstraße? 11. Sagen Sie wirklich nichts mehr?

F4 1. Ja 2. Doch 3. Nein 4. Nein 5. Nein 6. Doch 7. Ja 8. Doch 9. Nein 10. Ja 11. Doch 12. Ja

Zur Erinnerung:
Negative Frage
↓
positive Antwort: *doch!*

F5 1. wie die Hauptstadt von Deutschland heißt 2. wie viele Bundesländer Deutschland hat 3. wo Dresden liegt 4. wann der deutsche Nationalfeiertag ist 5. wie viele Menschen in Deutschland leben 6. ob es in Deutschland ein Meer gibt 7. wer der Chef der Regierung ist 8. ob das auch eine Frau sein kann

G. Satzstellung

G1 1. steht Vera um 8 Uhr 30 auf 2. geht oft ins Schwimmbad 3. geht sie ins Theater 4. trifft Ella und Rudi 5. besucht die Großeltern in Bamberg 6. joggt sie 7. kauft neue Schuhe 8. geht viel spazieren 9. geht sie ins Kino 10. räumt den Keller auf 11. fährt sie an den Chiemsee 12. lädt sie Tante Tilla ein

> **Zur Erinnerung:**
> Das Verb steht immer auf Position II! (Ausnahmen: Satzfrage, Imperativ)
> Das Subjekt steht immer auf Position I oder es kommt gleich nach dem Verb.

G2 1. Guten Morgen! 2. Guten Morgen, Herr Doktor! 3. Was kann ich für Sie tun? 4. Ich habe seit drei Tagen Bauchschmerzen. 5. Wo tut Ihnen der Bauch weh? 6. Er tut überall weh. 7. Wann haben Sie Bauchschmerzen? 8. Meistens tut der Bauch nach dem Essen weh. 9. Essen Sie sehr viel? 10. Nein, ich esse ganz wenig. 11. Was essen Sie am Tag? 12. Zum Frühstück esse ich fünf Eier und drei Brötchen / drei Brötchen und fünf Eier. 13. Zum Mittagessen gehe ich ins Restaurant und esse ein Steak mit Kartoffeln und zum Nachtisch ein Eis. 14. Am Nachmittag gibt es Kaffee und Kuchen. 15. Zum Abendessen gibt es nur etwas Kleines. 16. Ich esse vielleicht eine Pizza oder Schinkenbrote / Schinkenbrote oder eine Pizza. 17. Sie müssen eine Diät machen! 18. Eine Woche essen Sie nur Reis und Gemüse. 19. Dann haben Sie sicher keine Bauchschmerzen mehr.

G3 1. Klara hat ihre Hausaufgaben nicht gemacht. 2. Ich habe das Wort nicht verstanden. 3. Udo möchte eine Party machen. 4. Tina kann heute nicht kommen. 5. Am Wochenende haben die Jungen Fußball gespielt. 6. Am Freitag will ich dich zu meiner Geburtstagsparty einladen. 7. Kannst du heute Nachmittag einkaufen?

G4 1. Jörg sucht seine Brille. 2. Er fragt seinen Sohn: „Hast du meine Brille gesehen?“ 3. Doch sein Sohn isst gerade einen Teller Spaghetti ... 4. Dann räumt Jörg seinen Schreibtisch auf. 5. „Vielleicht finde ich sie hier“, denkt er. 6. Aber die Brille ... 7. Jörg ist sauer. „...sehe ich meine Brille nicht gut!“, schimpft er. 8. Plötzlich hat er eine Idee. „Ich habe doch gerade die Zeitung gelesen!“ 9. Er geht ins Wohnzimmer. ... liegt die Katze auf der Zeitung. Und die Zeitung liegt ...

G5 1. dir; mir; mir 2. Kindern; den Eltern 3. mir; Ihnen; mir; Ihnen 4. deiner Mutter 5. Ihren Eltern; ihnen

G6 Die Dativergänzung kommt immer zuerst:
1. seiner Frau einen Blumenstrauß
2. seinem Großvater einen Kuchen
3. den Touristen den Weg 4. seinen Freunden sein Auto 5. seinem Sohn die Hausaufgaben 6. seiner Tochter den Deutschtest 7. dem Nachbarshund eine Wurst 8. seinen Kindern kleine Geschenke 9. seiner Familie ein tolles Menü 10. allen Freunden schöne Geschenke

G7 1. Dieter steht jeden Morgen um 7 Uhr auf. / Jeden Morgen steht Dieter um 7 Uhr auf.
2. Er frühstückt um 7 Uhr 30 Toast und Kaffee. / Um 7 Uhr 30 frühstückt er Toast und Kaffee.
3. Er fährt von Montag bis Freitag um 8 Uhr 30 ins Büro. / Von Montag bis Freitag fährt er um 8 Uhr 30 ins Büro.
4. Er macht meistens um 12 Uhr 30 im Stadtpark Mittagspause. / Meistens macht er um 12 Uhr 30 im Stadtpark Mittagspause.
5. Am Freitag arbeitet er nur bis 15 Uhr. / Er arbeitet am Freitag nur bis 15 Uhr.
6. Er geht am Freitagabend um 20 Uhr mit seiner Freundin in die Oper. / Am Freitagabend geht er um 20 Uhr mit seiner Freundin in die Oper.
7. Er sieht jeden Samstagnachmittag um 15 Uhr ein Fußballspiel im Stadion. / Jeden Samstagnachmittag sieht er um 15 Uhr ein Fußballspiel im Stadion.
8. Er besucht am Sonntag von 14 bis 16 Uhr seine Mutter im Seniorenheim. / Am Sonntag besucht er von 14 bis 16 Uhr seine Mutter im Seniorenheim.

G8 1. Luisa fährt im August mit ihrer Mutter nach Italien in Urlaub.
2. Treffen wir uns heute Abend mit Peter und Gabi vor dem Kino?
3. Ich habe im Mai in Paris geheiratet. 4. Felix besucht nächste Woche seine Schwester in Rom. 5. Der Zug kommt heute zu spät in Berlin an.
6. Hella geht am Morgen mit ihrem Hund im Englischen Garten spazieren. 7. Meine Freundin ist letzte Woche mit ihrer Familie nach Hamburg umgezogen. 8. Gerda hat bis jetzt noch keine Freunde in der Schule gefunden. / Gerda hat in der Schule bis jetzt ... 9. Rudolf hat heute Nachmittag einen Termin beim Zahnarzt. 10. Mein Hund rennt seit 20 Minuten der Katze durch den Park hinterher. / ... rennt der Katze seit 20 Minuten durch den Park hinterher.

H. Konjunktionen

H1 1. b); d); e); g); h); j)
2. a); c); f); i); k); l)

H2 1. Gehen wir zum Essen oder schauen wir uns den neuen Film mit Tom Hanks an? 2. Ich möchte gern den Film sehen, denn er hat eine gute Kritik bekommen. 3. Ja, Kino macht sicher Spaß, aber ich möchte gern einmal das neue indische Restaurant ausprobieren. 4. Das möchte ich gerne, aber es ist vielleicht sehr teuer. 5. Ich esse gern indisch, denn das schmeckt so interessant. 6. Im Kino ist es gemütlich, denn es gibt dort so weiche Sessel. 7. Wir sehen eine DVD an oder wir gehen früh ins Bett.

H3 1. deshalb mag ich sie gern.
2. trotzdem trinke ich manchmal eine Tasse Kaffee mit ihm. 3. deshalb lade ich ihn oft zum Essen ein.
4. deshalb spreche ich nicht gern mit ihm. 5. deshalb gehen wir oft zusammen joggen. 6. trotzdem helfe ich ihr manchmal im Garten.
7. deshalb hat er wenig Zeit für mich. 8. trotzdem sehe ich sie nicht oft. 9. trotzdem bin ich gern mit ihm zusammen. 10. trotzdem mag ich ihn nicht.

H4 1. weil er im Regen ganz nass geworden ist. 2. weil ich nicht genug Geld habe. 3. weil er sie nicht mag.
4. weil sie Geld verdienen möchte.
5. weil sie sich verliebt hat. 6. weil das wichtig für den Beruf ist.
7. weil er sich für Politik interessiert. 8. weil das schlecht für deine Gesundheit ist.

H5 1. dass Geld glücklich macht?
2. dass alle Deutschen immer pünktlich sind? 3. dass Frauen nicht gut Mathematik können?
4. dass die Deutschen alles planen?
5. dass das Fernsehen die Menschen dumm macht? 6. dass alle Engländer gern Tee trinken? 7. dass früher alles besser war? 8. dass Männer nicht über ihre Gefühle sprechen?
9. dass reiche Männer immer junge, blonde Frauen haben? 10. dass Frauen sich für die Männer hübsch machen?

H6 1. Wenn ich einen Marathon gelaufen bin. 2. Wenn meine Tiere nicht gesund sind. 3. Wenn viele Patienten zu mir kommen. 4. Wenn ich einen Patienten gesund machen kann. 5. Wenn ich viel trainiert habe. 6. Wenn ich mit meinen Hunden spazieren gehe. 7. Wenn ich im Fernsehen die Olympischen Spiele anschaue. 8. Wenn ich ein Wochenende frei habe. 9. Wenn meine Hunde Kinder bekommen haben.

H7 1. Wenn 2. dass 3. weil 4. dass
5. Wenn 6. dass 7. weil 8. dass; wenn 9. dass 10. dass; weil
11. weil

I. Adverbien

I1 1. rein 2. raus 3. rüber 4. runter 5. rauf 6. rein 7. rauf und runter

I2 1. runterfahren 2. rauffahren 3. rüberschwimmen 4. reingeschrieben 5. raustragen 6. reinlassen 7. rausgeworfen 8. rübergehen 9. rausgehen 10. rüberbringen

I3 1. darin 2. darauf 3. daran 4. damit 5. Darunter 6. Davon 7. darüber 8. davon

I4 1. darüber 2. darüber 3. dafür 4. daran 5. dafür 6. darauf 7. danach 8. darauf

Zur Erinnerung:
Mit allen Präpositionen kann man Adverbien bilden:
***da(r)* + Präposition**
Das *r* kommt bei Präpositionen, die mit einem Vokal beginnen (*auf, an, unter, ...*).

J. Zahlen

J1 1. drei und zwanzig ist dreiundzw**a**nzig 2. fünf und sieben ist zwö**l**f 3. vierundzwanzig und dreizehn ist sie**b**enunddreißig 4. vier und vierzehn ist achtz**e**hn 5. einunddreißig und zweiundvierzig ist d**r**eiundsiebzig 6. sechsundsechzig und zweiundzwanzig ist ach**t**undachtzig 7. eins und sechzehn ist siebz**e**hn 8. zwei und neunzehn ist einundzwanz**i**g 9. vierzig und zweiunddreißig ist zweiu**n**dsiebzig 10. neunundzwanzig und zweiunddreißig ist einund**s**echzig 11. sechsunddreißig und zwölf ist ach**t**undvierzig 12. elf und fünf ist s**e**chzehn 13. sechs und sechzehn ist zwe**i**undzwanzig 14. neunundfünfzig und vierunddreißig ist dreiund**n**eunzig
Lösungswort: Albert Einstein

J2 1. zwölf Uhr fünfundvierzig 2. drei Euro (und) fünfzig (Cent) 3. vier Kilo(gramm) (und) fünfhundert Gramm 4. zwanzig Uhr fünfzehn 5. null Uhr zwanzig 6. zweihundertneunundvierzig Euro (und) neunzig (Cent) 7. ein Meter (und) zweiundsiebzig (Zentimeter) 8. neunzig Zentimeter 9. siebenhundertdreißig Gramm 10. zehn Uhr siebenundfünfzig 11. eintausendachthundertsechsundsiebzig Euro 12. dreiundachtzig Kilometer 13. ein Uhr zehn 14. neunundsiebzig Euro (und) neunundneunzig (Cent)

Tipp: Wenn bei Zahlen und Maßen ein Komma vorhanden ist, kann dies in förmlicher Sprache auch gelesen werden:
4,5 kg *vier Komma fünf Kilogramm*
0,9 m *null Komma neun Meter*

J3 1. vierte 2. erste; zweite; dritte 3. siebzigste 4. sechste 5. hundertste 6. fünfundzwanzigste

J4 1. der Dreiundzwanzigste; am Fünfundzwanzigsten 2. der zwölfte Dritte; am Elften 3. Vom einunddreißigsten Siebten bis zum vierzehnten Neunten 4. am zweiten Ersten 5. der dreiundzwanzigste Mai neunzehnhundertneunundvierzig 6. am einundzwanzigsten Zehnten; bis zum neunzehnten Zwölften

Zur Erinnerung:
Ordinalzahlen:
Zahlen 1 bis 19 + *-te(n)*;
Zahlen ab 20 + *-ste(n)*
Unregelmäßige Formen:
erste(n), dritte(n), siebte(n)

Monika Reimann

Unregelmäßige Verben

Inhalt

Seite

Übungen
309 Übungen A1 + A2
341 Übungen B1
373 Formen üben A1 - B1
393 Stammformen zum Nachschlagen
397 Lernen nach Stammvokalen

403 **Lösungen**

Übungen A1 + A2

1 Was kann man für gute Freunde und mit guten Freunden machen?
2 Meine Geschwister und Freunde
3 Etwas *haben* oder etwas *sein*?
4 Meine Freunde und ich
5 Was haben Nina und Julian am Samstag gemacht?
6 Was passt zusammen?
7 Fragen über Fragen
8 Was macht man im Urlaub?
9 Was haben Sie im Urlaub gemacht?
10 Was kann man ...?
11 *dürfen* oder *können*?
12 *müssen* oder *sollen*?
13 Am Wochenende
14 Termine und Verabredungen
15 In der Schule
16 Könnten Sie bitte ...?
17 Rätsel
18 Im Büro
19 Ratschläge
20 *sein* oder *haben*? (I)
21 SMS
22 *sein* oder *haben*? (II)
23 Postkarte aus Italien
24 Am Strand
25 Früher und heute
26 Leben im Dorf
27 Mrs. Perfect hat alles perfekt gemacht!
28 Ein Samstag
29 Ein Samstag. Was hat Susanne gemacht?

A1 Was kann man für gute Freunde und mit guten Freunden machen?

Kombinieren Sie.

Man kann …

1. ihnen E-Mails
2. ihnen Geschenke
3. sie zum Essen
4. mit ihnen über viele Themen
5. ihnen in Not
6. sich mit ihnen am Samstagabend
7. ihnen sein Auto
8. am Sonntag etwas mit ihnen
9. mit ihnen am See in der Sonne
10. lange im Park
11. zusammen Kaffee
12. am Abend gemeinsam

a. unternehmen
b. trinken
c. liegen
d. schreiben
e. spazieren gehen
f. einladen
g. mitbringen
h. helfen
i. sprechen
j. fernsehen
k. leihen
l. treffen

1.	2.	3.	4.	5.	6.	7.	8.	9.	10.	11.	12.
								c			

A2 Meine Geschwister und Freunde

Ergänzen Sie *haben* und *sein*.

Das hier ___ist___(1) mein Bruder Jakob und meine kleine Schwester Lisa. Lisa ________(2) wirklich süß. Aber manchmal ________(3) sie auch ganz schön anstrengend! Aber ich ________(4) sie sehr gern! Jakob ________(5) viele Freunde, die oft zu uns nach Hause kommen. Sie ________(6) manchmal ziemlich laut und hören schreckliche Musik! Und wie viele Geschwister ________(7) ihr?

Das ________(8) meine Freunde Simon und Lukas. Simon ________(9) 16 Jahre alt und Lukas ________(10) 15. Wir ________(11) immer viel Spaß zusammen. Besonders Simon ________(12) sehr lustig. Er ________(13) einen sehr netten Bruder, der 18 Jahre alt ________(14).

A3 Etwas *haben* oder etwas *sein*?

Ergänzen Sie die Verben im Präsens.

1. ◆ ___sind___ Sie mit Ihrem Hotel zufrieden?
   ● Ja sehr!
2. ◆ ________ du Hunger? Sollen wir etwas kochen?
   ● Nein danke. Ich ________ noch nicht hungrig. Wir haben heute spät gefrühstückt.
3. ◆ ________ ihr noch nicht müde? Es ist doch schon spät!
   ● Nein, wir schlafen am Samstag immer lange.
4. ◆ Elias ________ wirklich sehr ängstlich! Er ________ schon vier Jahre alt und kann immer noch nicht Rad fahren.
   ● Das macht doch nichts. Mein Sohn hat es auch erst spät gelernt.
5. ◆ Weißt du, wie alt Jochen ________?
   ● Keine Ahnung, aber ich glaube, er ________ 18.
6. ◆ Nie ________ du Zeit für mich!
   ● Aber das stimmt doch nicht!
7. ◆ ________ Sie verheiratet oder ledig?
   ● Ledig.
8. ◆ Warum ________ du denn so vorsichtig! Der Hund macht dir nichts.
   ● Ich ________ aber immer Angst vor so großen Hunden!

A4 Meine Freunde und ich

Was passt zusammen?
Ergänzen Sie die Modalverben und verbinden Sie.

1. K______ Sie
2. Ja, ich m*öchte* gern
3. Wir mü______
4. S______ ich
5. Ich m______ jetzt
6. Was d______ ich
7. W______ du
8. Ich k______

a. euch mit dem Auto zum Bahnhof fahren?
b. euch anbieten? Tee oder Kaffee?
c. noch ein Stück Kuchen. Er ist lecker!
d. dir am Wochenende gern beim Umzug helfen.
e. jetzt etwas essen?
f. mich bitte morgen am Flughafen abholen?
g. gehen. Es ist schon spät und ich bin müde.
h. uns unbedingt mal wieder sehen! Wann habt ihr denn Zeit?

1.	2.	3.	4.	5.	6.	7.	8.
	c						

A5 Was haben Nina und Julian am Samstag gemacht?

Ergänzen Sie die Verben.

fernsehen • anrufen • aufstehen • fahren • anziehen
gehen • schwimmen • ~~schlafen~~ • helfen • essen

1. Sie *haben* lange *geschlafen*.

2. Um halb elf __________ sie __________.

3. Dann __________ sie sich __________ und gefrühstückt.

4. Nina __________ ihre Freundin __________.

5. Mittags ___________ Nina ihrem Vater beim Kochen _____________.

6. Um ein Uhr ___________ sie mit ihren Eltern _____________.

7. Am Nachmittag ___________ Julian und Nina mit Freunden an den See _____________.

8. Dort ___________ sie _____________.

9. Am Abend ___________ Julian und seine Freunde _____________.

10. Nina ___________ mit ihren Freundinnen ins Kino _____________.

A6 Was passt zusammen?

Ordnen Sie die Verben zu.

1. ankommen
2. einsteigen
3. essen
4. sich anziehen
5. gehen
6. einziehen
7. behalten
8. verlieren
9. geben
10. liegen

a. fahren
b. gewinnen
c. abfahren
d. nehmen
e. stehen
f. trinken
g. aussteigen
h. sich ausziehen
i. wegwerfen
j. umziehen

1.	2.	3.	4.	5.	6.	7.	8.	9.	10.
c									

A7 Fragen über Fragen

Ergänzen Sie Verben aus Übung A6.

1. ◆ Wo sind denn meine Hausschuhe?

   ● Ich habe sie ________________. Sie waren doch total kaputt.

   ◆ Aber warum denn? Sie waren überhaupt nicht kaputt.

2. ◆ Weißt du, wann unsere neuen Nachbarn in die Wohnung ________________?

   ● Ich glaube am 1. Dezember.

3. ◆ Wer hat denn bei dem Fußballspiel gestern Abend ________________?

   ● England natürlich, 3:0. Gegen Österreich haben sie noch nie ________________.

4. ◆ Wann ______________ Peter denn am Hauptbahnhof _______?

   ● Hab' ich vergessen. Schau doch mal im Internet nach. Ich weiß nur noch, dass er um 12.31 Uhr in Stuttgart ________________ ist.

5. ◆ Warum seid ihr denn noch nicht ins Auto ________________? Los schnell jetzt, wir müssen losfahren.

   ● Keine Panik, Papa!

6. ◆ Warum wollt ihr denn nichts ______________? Habt ihr denn gar keinen Hunger?

   ● Nein, wir haben unterwegs schon etwas ________________.

   ◆ Na gut, was möchtet ihr ______________? Cola, Orangensaft oder Wasser?

A8 Was macht man im Urlaub?

Ergänzen Sie.

fahren • unternehmen • spazieren gehen • lesen
(sich) unterhalten • essen • schwimmen • ~~aufstehen~~
trinken • tragen

1. morgens spät *aufstehen*
2. im Meer ________________
3. am Strand ________________
4. Koffer ________________
5. viel mit der Familie gemeinsam ________________
6. viele Bücher ________________
7. leckere Cocktails ________________
8. Rad ________________
9. oft im Restaurant ________________
10. sich viel ________________

A9 Was haben Sie im Urlaub gemacht?

Schreiben Sie. Benutzen Sie die Verben aus Übung A8.

Im Urlaub ...

1. _sind_ wir morgens spät _aufgestanden_,
2. ________ wir im Meer ________________,
3. ________ wir am Strand ________________,
4. ________ wir Koffer ________________,
5. ________ wir viel mit der Familie ________________,
6. ________ wir viele Bücher ________________,
7. ________ wir leckere Cocktails ________________,
8. ________ wir Rad ________________,
9. ________ wir oft im Restaurant ________________,
10. ________ wir uns viel ________________.

A10 Was kann man ...?

Was passt zusammen? Schreiben Sie.

unterschreiben • singen • backen • ~~schneiden~~
überweisen • stehen bleiben • teilnehmen • abschließen
leihen • braten

1. Brot *schneiden*
2. an einem Kurs ________________
3. einen Kuchen ________________
4. ein Lied ________________
5. ein Steak ________________
6. einen Vertrag ________________
7. Geld ________________
8. die Haustür ________________
9. einen Stift von jemandem ________________
10. an der roten Ampel ________________

A11 *dürfen* oder *können*?

Ergänzen Sie das richtige Verb.

1. ◆ Ihr bleibt doch noch ein bisschen?
   ● Na klar, heute _können_ wir länger bleiben. Morgen ist doch Feiertag. Da müssen wir nicht arbeiten.

2. ◆ Ich __________ nicht mehr raus zum Spielen.
   ● Warum denn?
   ◆ Mama hat es nicht erlaubt.

3. ◆ Entschuldigen Sie bitte, aber Sie __________ hier nicht rauchen. Es ist im gesamten Haus verboten.
   ● Oh, das tut mir Leid. Das wusste ich nicht.

4. ◆ __________ du wirklich Chinesisch sprechen?
   ● Ja, ich hab' es doch an der Uni studiert.

5. ◆ __________ ihr bitte ein bisschen leiser sein? Ich __________ mich so nicht konzentrieren!
   ● Ja natürlich. Entschuldigung!

6. ◆ Jetzt muss ich mich aber beeilen! Ich __________ nicht mehr zu spät kommen, sonst bekomme ich Probleme mit meiner Chefin.
   ● Na, dann mach mal schnell. Tschüß!

A12 *müssen* oder *sollen*?

Ergänzen Sie.

1. ◆ Hey Anna, du _sollst_ bitte Klaus anrufen. Er hat schon zweimal nach dir gefragt.
   ● Ja, mach' ich gleich.

2. ◆ Tut mir leid, aber ich __________ jetzt nach Hause.
   ● Warum denn?
   ◆ Mein Mann wartet mit dem Essen auf mich.

3. ◆ Ich weiß nicht, wie ich die drei Koffer transportieren __________.
   ● __________ ich dir mein Auto leihen?
   ◆ Das wäre super nett von dir.

4. ◆ Warum __________ du denn immer zu spät kommen! Das ist schrecklich!
   ● Ja, entschuldige, aber ...
   ◆ Ach, lass mich in Ruhe mit deinen Ausreden!

5. ◆ Frau Gerner, Sie __________ bitte sofort zum Direktor kommen.
   ● Was will er denn?
   ◆ Keine Ahnung.

6. ◆ __________ ich den Brief hier zur Post mitnehmen?
   ● Das wäre super, dann __________ ich nicht mehr selbst hinfahren. Vielen Dank!

A13 Am Wochenende

Schreiben Sie.

Freunde einladen • Pizza backen • ~~lange schlafen~~ • Wäsche waschen • an den See fahren • etwas mit den Großeltern unternehmen • spazieren gehen • E-Mails schreiben abends fernsehen • Zeitung lesen • zu viel Geld ausgeben lange im Bett liegen • aufstehen

Am letzten Wochenende *haben* wir lange *geschlafen*. Dann __________ wir noch lange im Bett ______________. Um 11 Uhr... Danach...

A14 Termine und Verabredungen

Ergänzen Sie.

~~mögen~~ • können • dürfen • sollen • haben • müssen
sein • müssen • ~~wollen~~

1. ◆ Also Corinna, treffen wir uns morgen Abend oder nicht?
   ● Morgen Abend __________ ich leider nicht. Da __________ ich zu Hause bleiben und auf meine kleine Schwester aufpassen, weil meine Eltern eingeladen sind.
   ◆ Na gut, wie wäre es dann übermorgen?
   ● Tut mir leid, aber da _will / möchte_ ich mir einen Film im Fernsehen anschauen. Aber am Freitag __________ ich abends Zeit. _Möchtest / willst_ du vielleicht zu mir zum Essen kommen? Dann koche ich uns etwas Gutes.
   ◆ Ja natürlich, sehr gern. Bis Freitag dann.

2. ◆ Guten Morgen. ____________ Herr Becker noch nicht da?
   ● Nein, er kommt heute etwas später.
   ◆ Dann ____________ er mich bitte gleich anrufen, wenn er kommt,
   ● Gut, ich sage es ihm.

3. ◆ Hey Susi, Kommst du denn am Samstag mit zum Schi fahren?
   ● Nein, leider nicht. Ich ____________ nicht. Meine Mutter hat es verboten.
   ◆ Aber warum denn nicht?
   ● Ich ____________ Englisch lernen, weil wir am Montag einen Test schreiben.
   ◆ Du Arme.

15 In der Schule

Was passt? Ergänzen Sie in der richtigen Form.

teilnehmen • einfallen • mitnehmen • anfangen
verschieben • vergleichen • (sich) umziehen • übertragen
wissen • ~~bestehen~~ • helfen • zurechtkommen • aufschreiben
• verstehen • lassen • heißen

1. Alle haben die Prüfung bestanden.
2. Bitte ______________ Sie jetzt Ihre Lösungen!
3. ______________ doch deiner Freundin bei dieser Übung!
4. Das deutsche Wort für *Test* ______________ *Prüfung*.
5. Für die Gruppenarbeit ______________ wir immer die Tische im Klassenzimmer.
6. Wer ______________ denn an dieser Prüfung ______________?
7. Für den Sportunterricht muss ich mich noch schnell ______________.
8. Wie heißt unsere Englischlehrerin? Mir ______________ ihr Name nicht mehr ______________.
9. ______________ Sie bitte die neuen Wörter ______________!
10. ______________ Sie, wann Goethe geboren ist?
11. Ich finde meinen neuen Lehrer sehr nett. Wir ______________ alle gut mit ihm ______________.
12. Wenn Sie mit der Aufgabe fertig sind, ______________ Sie bitte die Lösungen auf den Antwortbogen.
13. Ich habe meine Hausaufgabe ganz bestimmt gemacht, Frau Bäcker! Ich __________ nur mein Heft nicht ______________. Das __________ ich aus Versehen zu Hause ______________!
14. Hast du diese Aufgabe ______________?
15. Warum habt ihr denn noch nicht mit der Übung ______________! Beeilt euch, ihr habt nicht mehr viel Zeit!

A16 Könnten Sie bitte ...?

Antworten Sie im Perfekt.

1. ◆ Kannst du mir eine italienische Grammatik empfehlen?

   ● Aber unsere Lehrerin hat uns doch letzte Woche eine *empfohlen*.

2. ◆ Könnten Sie mir die 100 € bitte so schnell wie möglich überweisen?

   ● Die habe ich schon gestern ________________.

3. ◆ Kannst du bitte die alten Zeitungen wegwerfen?

   ● Aber die habe ich doch schon ________________.

4. ◆ Kannst du bitte endlich mit der Arbeit beginnen?

   ● Aber ich habe doch schon damit ________________.

5. ◆ Könntet ihr bitte den Abfall in den Hof bringen?

   ● Aber wir haben ihn doch schon in den Hof ________________.

6. ◆ Bietet Oma doch bitte etwas zu trinken an.

   ● Aber wir haben ihr doch schon etwas ________________.
   Sie möchte jetzt nichts trinken.

A17 Rätsel

Wie heißt das Verb? Ergänzen Sie.

1. eine Tür mit dem Schlüssel _ b _ _ _ l _ _ ß _ _
2. eine Prüfung _ _ s _ _ h _ _
3. im See _ c _ _ _ m _ _ _
4. Brot in Stücke _ _ _ n _ _ d _ _
5. Vögel f l i e g e n
6. Gästen etwas zu trinken _ _ b _ _ t _ _
7. einen Vertrag _ _ t _ _ s _ _ _ _ i _ _ _
8. an einem Kurs t _ _ l _ _ h _ _ _
9. einen Kuchen _ _ _ k _ _
10. am Strand in der Sonne _ _ _ g _ _
11. im Park oder im Wald _ p _ _ _ _ r _ _ _ _ h _ _
12. im Lotto _ _ w _ _ n _ _

A18 Im Büro

Ergänzen Sie die Dialoge.

~~verschieben~~ • denken • vergleichen • zurechtkommen
teilnehmen • vergessen • stattfinden • unterschreiben
überweisen • weg sein • ankommen • umsteigen

1. ◆ Könnten Sie bitte Herrn Breuer von der Firma FAC anrufen und ihn fragen, ob wir den Termin von Dienstag 14 Uhr auf Mittwoch 14 Uhr *verschieben* können.
   ● Ja, mache ich gleich.
   ◆ Danke. Gibt es noch etwas zu ______________?
   ● Ja, hier die zwei Briefe bitte.

2. ◆ Wie ______________ Sie denn mit unserer neuen Telefonanlage ______________?
   ● Ach, inzwischen ganz gut. Nur am Anfang hatte ich ein paar Probleme.

3. ◆ Wann ______________ die Besprechung denn nun ______________? Um 15 oder um 16 Uhr?
   ● Um 16 Uhr.
   ◆ Und wer ______________ alles daran ______________?
   ● Die ganze Marketing-Abteilung.

4. ◆ Haben Sie die Flüge nach Los Angeles schon gebucht?
   ● Nein, noch nicht, ich habe ______________, dass Sie das selbst machen wollten. Sie wollten doch noch mal im Internet die Preise ______________, oder?
   ◆ Ja schon, aber ich habe leider keine Zeit. Könnten Sie das nicht machen?

- Gut, mache ich. Wann möchten Sie denn genau fliegen?
- Ich muss am Montag bis spätestens 11 Uhr in L.A. ______________, denn um 14 Uhr habe ich den ersten Termin. Und auf alle Fälle möchte ich bitte nicht ______________, sondern nur einen Direktflug.
- Geht klar.
- Danke. Haben Sie noch eine Frage, denn ich ______________ jetzt dann ______________?
- Nein, es ist alles klar so weit.

5. ◆ Haben Sie schon die Rechnung an den Catering-Service ______________?
   ● Oh nein, das habe ich ganz ______________. Tut mir leid. Aber ich mache es sofort.
   ◆ Danke.

A19 Ratschläge

Ergänzen Sie im Imperativ.

lesen • mitbringen • geben • essen • helfen • wegwerfen
mitkommen • ~~aufschreiben~~ • sprechen • vergessen

Person 1	Person 2
1. Ich kann mir die PIN-Nummer von meinem Handy einfach nicht merken.	Dann *schreib* sie dir doch *auf*.
2. Puh, sind die Taschen schwer!	Dann ________ mir doch eine. Ich helfe dir gern.
3. Mir ist ja so langweilig!	Dann ________ doch ein bisschen.
4. Was soll ich denn mit den ganzen alten Zeitungen machen?	________ sie doch ____! Die brauchst du doch nicht mehr.
5. Glaubst du, dass es heute noch regnet?	Ja, bestimmt. Also ________ nicht den Regenschirm mitzunehmen!
6. Ich hab' so Hunger!	Dann ________ doch was!
7. Was soll ich Hannah und Klaus denn mitbringen?	________ doch Blumen aus deinem Garten ____! Darüber freut sich Hannah bestimmt.
8. Ich glaube, Ergül versteht kein Deutsch.	Doch, er versteht schon ganz gut. ________ einfach langsamer, dann versteht er dich schon.
9. Mama, Lisa kann das Fahrrad allein nicht in den Keller tragen.	Dann ________ ihr doch! Du bist doch ihr großer Bruder!
10. Wo ist denn hier die nächste U-Bahn Station?	________ Sie mit mir ____. Ich zeige Ihnen den Weg. Ich muss auch zur U-Bahn.

A20 *sein* oder *haben*? (I)

Ergänzen Sie.

1. umziehen: Wann _seid_ ihr nach Freiburg _umgezogen_?
2. schließen: Warum _____ du das Fenster _____________?
3. sterben: Wann _____ J.W. Goethe _____________?
4. gefallen: Wie _____ Ihnen der Film _____________?
5. streiten: Worüber _____ ihr denn schon wieder _____________?
6. hängen: _____ nicht hier immer dieses hässliche Bild _____________?
7. werden: Warum _____ du denn Orthopäde _____________?
8. tun: Warum bist du denn so böse? Was _____ ich dir denn _____________?
9. riechen: Wonach _____ es denn heute im Treppenhaus _____________?
10. abfliegen: An welchem Tag _____ sie denn _____________?
11. weggehen: Warum _____ du denn so früh _____________?
12. ausgeben: Wie viel Geld _____ du denn im Urlaub _____________?
13. anrufen: _____ du Anna schon _____________?
14. verlieren: Wer _____ das Spiel _____________?
15. beginnen: Wann _____ der Film _____________?

A21 SMS

Ergänzen Sie in der richtigen Form.

sprechen • verlieren • scheinen • kennen • bleiben
~~treffen~~ • wissen • gewinnen • finden

1.

2

3.

4.

Hast du im
Lotto ____?

5.

Grüße aus Davos!
Alles prima hier.
Guter Schnee
und die Sonne
____
wunderbar warm.
Grüße an alle.

6.

____ du
schon die neue
CD von Bushido?

7.

A22 *sein* oder *haben*? (II)

Ergänzen Sie im Präteritum.

1. ◆ Guten Tag, Herr Klauser. Wie ___*war*___ denn Ihre Reise? __________ Sie keine Probleme?

   ● Nein, es __________ alles bestens.

   ◆ Und wie __________ das Wetter?

   ● Sehr gut. Wir __________ die ganze Zeit Sonne und es __________ ziemlich warm.

   ◆ Na, da __________ Sie aber Glück! Hier __________ wir die ganze Zeit Regen.

2. ◆ Wo __________ ihr denn gestern Abend?

   ● Wir __________ zu Hause. Wir __________ Besuch. Und ihr?

   ◆ Wir __________ auf Peters Geburtstagsparty. Es __________ mal wieder richtig schön.

3. ◆ __________ deine Oma eigentlich einen Beruf?

   ● Nein, sie __________ nie richtig berufstätig, denn sie __________ keine Ausbildung. Aber sie hat immer ein bisschen im Geschäft von Opa geholfen.

23 Postkarte aus Italien

Ergänzen Sie die Verben im Perfekt.

fallen • essen • finden • ~~ankommen~~ • lassen • gehen

Liebe Sara, lieber Klaus,
viele Grüße aus Rom. Gestern _sind_ wir hier am Abend _angekommen_. Zuerst ______ wir unser Hotel nicht ____________, weil es in einer kleinen Seitenstraße liegt. Aber dann ______ wir nur unsere Koffer und Taschen im Hotelzimmer ____________ und ______ gleich in ein wunderschönes Restaurant in der Nähe ____________. Dort ______ wir Pasta und Fisch ____________. Es hat sehr gut geschmeckt!!! Und danach ______ wir alle müde ins Bett ____________.

Wir schreiben euch bald mehr.

Viele Grüße
Kati und Wilhelm

24 Am Strand

Welches Verb passt? Markieren Sie.

1. Wir mussten/wollten gern jeden Tag baden gehen.
2. Konntet/durftet ihr am Strand liegen oder war es noch zu kalt?
3. Mama, ich will/kann noch ein Eis!
4. Du kannst/sollst mittags nicht so lange in der Sonne liegen. Das ist nicht gesund!
5. Was hat Mama gesagt? Bis wann dürfen/wollen wir noch am Strand bleiben?
6. Du kannst/musst jetzt in den Schatten gehen! Du hast schon einen Sonnenbrand.

A25 Früher und heute

Ergänzen Sie die Modalverben im Präsens oder Präteritum.

1. Früher _wollte_ (wollen) ich keinen Spinat essen. Heute mag ich ihn sehr gern.

2. Früher __________ (müssen) wir jeden Tag die zwei Kilometer zur Schule zu Fuß gehen. Heute __________ (können) meine Kinder diese Strecke mit dem Fahrrad fahren.

3. Früher __________ (dürfen) man als Mädchen abends nicht allein mit einem Jungen ausgehen. Heute __________ (dürfen) die Mädchen Arm in Arm mit ihrem Freund durchs Dorf gehen.

4. Früher __________ (sollen) ich immer Kleider anziehen. Meine Mutter __________ (wollen) das so. Heute __________ (können meine Töchter anziehen, was sie __________ (wollen).

5. Früher __________ (müssen) ich auch am Samstag in die Schule gehen. Heute gibt es samstags keinen Unterricht mehr.

6. Früher __________ (können) mein Sohn gut Klavier spielen. Heute __________ (können) er nur noch wenige Stücke, weil er nicht mehr übt und keinen Unterricht mehr hat.

A26 Leben im Dorf

Was ist richtig? Markieren Sie.

Maria kommt von einem Bauernhof aus dem Schwarzwald. Mit 16 Jahren konnte/wollte (1) sie eine Ausbildung als Krankenschwester in Stuttgart machen, aber sie durfte/musste (2) nicht. Ihr Vater hat es verboten. Sie konnte/sollte (3) zu Hause bleiben und eine Lehre in der Bäckerei in ihrem Dorf machen. Ihre Mutter wollte/sollte (4) das auch, weil die Bäckersfrau ihre Freundin war. Also musste/durfte (5) Maria drei Jahre eine Ausbildung zur Bäckerin machen. Danach sollte/wollte (6) sie nicht mehr länger zu Hause bleiben. Jetzt war sie 19 Jahre alt und konnte/sollte (7) selbst entscheiden, wo sie leben durfte/wollte (8).

Also ist sie nach Stuttgart umgezogen und hat sich dort eine Arbeit gesucht.

A27 Mrs. Perfect hat alles perfekt gemacht!

Ergänzen Sie im Perfekt oder Präteritum.

(1) Sie _ist_ schon früh um 6 Uhr _aufgestanden_ (aufstehen).

(2) Auf dem Weg zum Flughafen _____ sie noch ihr Auto in die Werkstatt zur Reparatur _____________ (bringen) und die Mäntel in der Reinigung _____________ (abgeben). (3) Dann _____ sie nach Frankfurt _____________ (fliegen) und hat dort anlässlich des 80. Geburtstags des Seniorchefs eine wunderbare Rede _____________ (halten). (4) Natürlich _____ sie dabei wie immer perfekt _____________ (aussehen)! (5) Nach dem Essen _____ sie sich noch etwas mit den Gästen _____________ (unterhalten). (6) Aber sie _____ nicht lange _____________ (bleiben), denn um 16.20 Uhr _____ sie wieder zurück nach Berlin _____________ (fliegen).

(7) Sie hat fast ihr Flugzeug verpasst, weil ihr Taxi im Stau _____________ _____ (stehen).

(8) Im Taxi zum Flughafen _____ sie einen Anruf von ihrer Kollegin _____________ (bekommen), die sie _____________ _____ (bitten), noch einmal kurz im Büro zu einer Besprechung zu kommen. (9) Sie _____ _____________ (vorschlagen), das am nächsten Morgen zu besprechen, weil sie sehr müde _____ (sein) und nach Hause fahren _____________ (wollen). (10) Aber es _____ (sein) wichtig und so ist sie mit dem Taxi vom Flughafen direkt in die Firma _____________ (fahren). (11) Schließlich _____ sie um 22 Uhr total müde nach Hause _____________ (kommen), _____ sich schnell _____________ (umziehen) und noch gemütlich einen Film auf DVD _____________ (sehen).

A28 Ein Samstag

Ergänzen Sie im Präsens oder Perfekt.

(1) Heute ___________ Samstag (sein). (2) Meine Schwester ___________ noch (schlafen). (3) Papa ___________ noch im Bett (liegen) und ___________ Zeitung (lesen). (4) Aber ich ___________ schon ___________ (aufstehen), weil Mama heute Vormittag mit mir Kuchen ___________ (backen). (5) Das _____ sie mir gestern ___________ (versprechen). (6) Danach ___________ ich mit Mama einkaufen (gehen). (7) Es ___________ mir (gefallen), dass Mama und ich manchmal etwas allein ___________ (unternehmen) und wir uns über viele Sachen ___________ können (unterhalten). (8) Das ___________ sehr schön (sein)! (9) Dann ___________ sie mit mir auch noch in mein Lieblingscafe (fahren) und ich ___________ eine heiße Schokolade mit Sahne (bekommen). (10) Am Abend ___________ wir dann alle zusammen (essen) und ___________ einen schönen Film im Fernsehen (sehen). (11) Das ___________ sehr gemütlich (sein)!

A29 Ein Samstag. Was hat Susanne gemacht?

Schreiben Sie die Geschichte aus Übung 28 im Präteritum

Gestern _war_ Samstag. Meine Schwester…

Übungen B1

1 Hast du das alles schon gemacht?
2 Was kann man nicht?
3 Die Gäste kommen
4 Rund um den Haushalt
5 Kommen wir *an*, *vor* oder *mit*?
6 Ein Detektiv bei der Arbeit
7 Ruhe und Bewegung
8 Zwischenmenschliches
9 Danielas Tag (Teil 1)
10 Danielas Tag (Teil 2)
11 Früher und heute
12 Fragen über Fragen
13 Am Arbeitsplatz
14 Vorbereitung eines Festes
15 Anders gesagt
16 In der Arbeit
17 E-Mail an einen Freund
18 In der Firma
19 Treffen nach 25 Jahren
20 Schlagzeilen
21 Geschäftskommunikation
22 Ein Lebenslauf
23 Im Winter 1946
24 Wissensfragen
25 Die erste große Liebe
26 Was passt zusammen?
27 Über Michael Ende
28 Rätsel
29 Nobelpreisträger privat

B1 Hast du das alles schon gemacht?

Ergänzen Sie im Perfekt.

Wäsche waschen

Postkarte an Tante schreiben

Andrea bei Hausaufgaben helfen

Bücher in Bibliothek abgeben

leere Flaschen zum Supermarkt bringen

Altpapier wegwerfen

Kuchen backen

◆ Leo, hast du denn schon alles gemacht, was ich dir hier *aufgeschrieben* *habe* (aufschreiben)?

● Also, die Wäsche ______ ich ________________, die Bücher ______ ich auch in der Bibliothek ________________ und das Altpapier ______ ich auch schon ________________.

◆ Und warum ______ du die leeren Flaschen noch nicht zum Supermarkt ________________?

● Weil es geregnet hat. Deshalb wollte nicht so weit zu Fuß gehen.

◆ Na soooo weit ist es nicht bis zum Supermarkt! Faule Ausrede! Warum ______ du dann nicht wenigstens Andrea bei den Hausaufgaben ________________ oder den Kuchen ________________ oder die Postkarte an Tante Olga ________________?

● Mach ich ja noch alles.

◆ Wann denn?

● Nachher.

B2 Was kann man nicht?

Welches Verb passt nicht? Markieren Sie.

1. Eine Jacke kann man
   ○ umziehen ○ anhaben ○ anziehen.
2. Die Wohnungstür kann man
   ○ abschließen ○ schließen ○ verlassen.
3. Vögel können
   ○ singen ○ schreien ○ fressen.
4. Ein Feuer kann
   ○ zu sein ○ brennen ○ ausgehen.
5. Ein Schnitzel kann man
   ○ braten ○ essen ○ backen.
6. Kartoffeln kann man
   ○ waschen ○ wachsen ○ wiegen.
7. Wurst kann man
   ○ schneiden ○ braten ○ gefallen.
8. Eine E-Mail kann man
   ○ beschreiben ○ schreiben ○ senden.
9. Menschen kann man
   ○ widersprechen ○ springen ○ missverstehen.
10. Ein Paket kann man
    ○ messen ○ aufgeben ○ unterscheiden.

B3 Die Gäste kommen

Ergänzen Sie im Präsens oder im Perfekt.

geben • aufschreiben • ~~kommen~~ • anbieten • backen
kommen • riechen • abnehmen • aussehen

◆ Hallo Sabine, ___komm___ doch rein. Wie geht's?

● Danke gut. Und dir?

◆ Sehr gut, danke. Was darf ich dir ____________, Kaffee oder Tee?

● Kaffee bitte. Was ____________ denn hier so gut? ____________ du einen Kuchen ____________?

◆ Na klar, wenn du schon mal zu Besuch ____________.

● Hm, der ____________ aber lecker ____________!

◆ Na, dann probieren wir ihn mal.

● Hm, schmeckt super! Kannst du mir vielleicht das Rezept ____________?

◆ Gern! Ich ____________ es dir nachher ____________. Möchtest du noch ein Stück?

● Oh nein, nein, vielen Dank. Weißt du, ich versuche gerade ein bisschen ____zu____________. Ich fühle mich einfach zu dick.

◆ Aber das stimmt doch gar nicht! Du hast eine super Figur!

B4 Rund um den Haushalt

Ergänzen Sie im Präsens oder Perfekt.

schließen • riechen • enthalten • tun • waschen
gelingen • ~~stinken~~ • schlagen • essen • helfen • heben

1. ◆ Igitt! Was *stinkt* denn hier so schrecklich?
   ● Ich war eine Woche in Urlaub und habe den Käse vergessen, in den Kühlschrank zu __________. Und das bei der Hitze! Jetzt __________ die ganze Wohnung nach Käse.

2. ◆ __________ du schon die Wäsche __________?
   ● Nein, die Waschmaschine ist kaputt.
   ◆ Wie bitte?
   ● Die Tür __________ nicht. Sie geht nicht mehr zu.

3. ◆ Kompliment! Der Braten _____ dir heute ganz besonders gut __________. Er schmeckt ausgezeichnet.
   ● Danke!

4. ◆ Weißt du, ob das Müsli Zucker __________?
   ● Nein, warum?
   ◆ Weil ich zurzeit eine Diät mache und keinen Zucker __________.

5. ◆ Kann ich dir denn irgendwas __________?
   ● Ja gern. Kannst du bitte die Sahne für den Kuchen __________? Hier mit dieser Maschine.
   ◆ Sonst noch etwas?
   ● Ja, wenn du den Kuchen aus der Form __________ _____, kannst du ihn auf den großen Teller legen.

35 Kommen wir *an, vor* oder *mit*?

Ergänzen Sie die Verben mit dem richtigen Präfix.

ankommen • vorkommen • mitkommen

1. Wir gehen ins Schwimmbad. ___________ du _____?
2. Wann ___________ Lisas Flugzeug _____? – Um 12.37 Uhr.
3. ___________ es oft _____, dass er zu spät zur Arbeit kommt?

abfahren • überfahren • losfahren

4. Wann ___________ wir denn endlich _____? – Gleich, wir warten nur noch auf Jochen.
5. Warum weinst du denn so? – Meine Katze wurde ___________. Sie ist tot.
6. Wann ___________ denn Ihr Zug _____? – Um 18.22 Uhr.

ausziehen • (sich) umziehen • einziehen
(sich) ausziehen • umziehen

7. Wann könnt ihr denn in die neue Wohnung ___________? – Sobald die bisherigen Mieter ___________ _____. Aber wann das genau sein wird, wissen wir noch nicht.
8. Nein, am Wochenende habe ich keine Zeit. Da ___________ meine Eltern _____ und ich muss ihnen beim Möbel tragen helfen.
9. Wartet bitte. Ich gehe auch joggen. Ich muss mich nur noch schnell ___________.
10. Kinder, ___________ euch jetzt bitte _____ und geht ins Bett. Es ist schon spät!

B6 Ein Detektiv bei der Arbeit

Ergänzen Sie im Perfekt.

Detektiv Bauer hat Frau Hübsch am Abend beobachtet.

treffen • fahren • einsteigen • lassen • trinken • fahren
laufen • ankommen • ~~gehen~~ • bleiben • kommen

Freitag, 18. Oktober

20.30 Uhr:	Frau H. _ist_ zur Garage _gegangen_ und in ihr Auto ___________.
20.32 Uhr:	Sie _____ Richtung Stadtmitte ___________.
20.48 - 21.35 Uhr:	Sie _____ einen Mann, ca. 35 Jahre alt, in Brunos Bistro ___________. Dort _____ sie bis 21.35 Uhr ___________ und sie _____ drei Gläser Wein ___________.
21.35 Uhr:	Sie _____ ihre Autos am Parkplatz ___________ und _____ zu Fuß zum Club „Bellavista“ ___________.
0.18 Uhr:	Sie _____ zu zweit aus dem Club ___________, haben sich kurz umarmt und jeder _____ mit seinem Auto allein nach Hause ___________.
0.33 Uhr:	Sie _____ zu Hause ___________.

37 Ruhe und Bewegung

Welche Verben drücken Bewegung aus und bilden das Perfekt mit *sein*? Markieren Sie.

rennen ○

fallen ☒

fließen ○

festhalten ○

einziehen ○

zwingen ○

springen ○

wiegen ○

haben ○

erfahren ○

ausgehen ○

losgehen ○

enthalten ○

ansehen ○

treiben ○

sich beziehen ○

aussprechen ○

frieren ○

B8 Zwischenmenschliches

Ergänzen Sie im Präsens oder Perfekt.

entscheiden • verraten • ~~angehen~~ • beraten
gefallen lassen • vorhaben • anrufen • treten • mitkommen
• geschehen • erkennen

1. ◆ Weißt du, wer der neue Freund von Inge ist? Wie heißt er? Wie sieht er aus?
   ● Sei nicht so neugierig! Das ___geht___ dich gar nichts _an_!
   ◆ Ach komm, __________ es mir doch. Ich bin sicher, dass du's weißt!

2. ◆ Was __________ ihr denn am Wochenende ____?
   ● Keine Ahnung. Wir __________ noch nichts __________. Aber wahrscheinlich fahren wir in die Berge.

3. ◆ Hey Paul, warum weinst du denn so? Was ____ denn __________?
   ● Max ____ mich mit dem Fuß __________ und da bin ich hingefallen. Schau, jetzt blute ich hier am Bein.
   ◆ Das darf er wirklich nicht machen und das brauchst du dir auch nicht __________ zu __________! Sag ihm mal richtig die Meinung!

4. ◆ Du Julia, ich brauche ein neues Kleid für die Hochzeit meiner Schwester. Kannst du __________ und mich __________?
   ● Na klar, mach' ich doch gern! Wann denn? Ach, __________ mich einfach ____, sobald du weißt, wann du Zeit hast.

5. ◆ Ach, da draußen ist Peter.
   ● Wie? Ich sehe niemanden.
   ◆ Doch doch. Das ist bestimmt Peter. Den __________ man doch an seiner lauten Stimme.

39 Danielas Tag (Teil 1)

Schreiben Sie.

Mittwoch	
8.00	Anna zur Schule bringen
9.00	Wäsche waschen
10.00	
11.00	Geld abheben und zum Friseur gehen
12.00	
13.00	
14.00	schwimmen mit Anna
15.00	
16.00	Kuchen backen
17.00	Bücher in Bibliothek abgeben
18.00	
19.00	mit Sofia ausgehen

Am Abend erzählt Daniela ihrer Freundin Sofia, was sie den ganzen Tag gemacht hat. Schreiben Sie.

Um 8 Uhr *hat* Daniela Anna zur Schule *gebracht*. Danach ....

B10 Danielas Tag (Teil 2)

Schreiben Sie im Präteritum.

Normal

Liebe Gabi,

leider konnte ich dich gestern nicht besuchen, weil ich so einen vollen Terminkalender hatte. Stell dir vor, was ich alles machen musste!

Um 8 Uhr *brachte* ich wie immer Anna zur Schule. Danach ...

B11 Früher und heute

Ergänzen Sie im Präteritum.

1. Mit 18 Jahren wog ich nur 55 Kilo. Heute _wiege_ ich 72 Kilo.

2. Früher __________ wir unsere Ferien immer bei den Großeltern. Heute verbringen wir unseren Urlaub am liebsten am Meer.

3. Früher __________ meine Mutter das Geschirr mit der Hand ____. Heute wäscht es ihre Geschirrspülmaschine ab.

4. Früher __________ ich fast immer Hosen ____. Heute habe ich meistens Kleider oder Röcke an.

5. Früher __________ ich immer sofort ____, wenn ich im Bett war. Heute schlafe ich oft lange nicht ein.

6. Früher __________ mich meine Eltern „Mausi". Heute nennen sie mich zum Glück nicht mehr so.

7. Früher __________ ich nie ____, egal wie viel ich gegessen habe. Heute nehme ich schnell zu, wenn ich zu viel esse.

8. Früher __________ noch manche Lehrer ihre Schüler. Heute schlagen die Lehrer natürlich niemanden mehr.

9. Früher __________ die Kinder in Gegenwart Erwachsener. Heute schweigen sie nicht mehr, sondern unterhalten sich mit ihnen.

B12 Fragen über Fragen

Ergänzen Sie im Perfekt.

1. schieben: Warum *habt* ihr denn die Tische auf die andere Seite vom Zimmer *geschoben*?
2. erscheinen: Wann _______ denn diese CD ___________?
3. vertreten: Wer _______ Sie denn während des Urlaubs ___________?
4. beschließen: Was _______ Sie denn in der Konferenz ___________?
5. bewerben: Wie viele Personen _______ sich denn auf diese Stelle ___________?
6. erkennen: Was? Du _______ Susanne nicht mehr ___________? Aber sie hat sich doch kaum verändert!
7. erfinden: Weißt du, wer den Diesel-Motor _______________ _______? – Otto Diesel. Deshalb heißt er doch so!
8. messen: _______ Sie schon Fieber ___________?
9. verraten: Warum _______ du Mama unser Geheimnis ___________?
10. losfahren: Wann _______ ihr denn zu Hause ___________?
11. steigen: Um wie viel Prozent ________ die Verkaufszahlen im Mai ___________?
12. abheben: Wie viel Geld _______ du denn ___________?
13. bestehen: _______ Ihr Sohn die Aufnahmeprüfung an der Universität ___________?
14. abnehmen: Wie viel Kilo _______ Sie mit dieser Diät ___________?
15. raten: Und, was _______ Sie ihm ___________?

B13 Am Arbeitsplatz

Was passt nicht? Markieren Sie.

1. Am Telefon kann man jemanden ...
   - beraten
   - an der Stimme erkennen
   - beweisen
   - verbinden

2. Einen Brief kann man ...
   - senden
   - schreiben
   - bewerben
   - erhalten

3. Einen Vertrag kann man ...
   - abnehmen
   - unterschreiben
   - bekommen
   - lesen

4. Einen Mitarbeiter kann man ...
   - entlassen
   - widersprechen
   - missverstehen
   - vorziehen

B14 Vorbereitung eines Festes

Ergänzen Sie.

mitbringen • enthalten • (sich) umziehen • ~~waschen~~
beschließen • schneiden • nachschlagen

1. ◆ *Hast* du schon das Gemüse *gewaschen*?
   ● Nein, kannst du das bitte machen? Ich _____ mir gerade in den Finger ____________.
   ◆ Du Armer! Natürlich mache ich es dann.

2. ◆ Was!? Du _____ dich immer noch nicht ____________! Die Gäste kommen doch gleich.
   ● Jaja, ich geh schon.

3. ◆ Was suchst du denn?
   ● Mein französisches Kochbuch. Ich wollte noch schnell ____________, wie viele Eier man für das Soufflee braucht.

4. ◆ Übrigens, ich _____ ____________, dass ich nächstes Jahr an meinem Geburtstag wegfahre.
   ● Aber warum denn?
   ◆ Diese Einladungen sind mir einfach zu viel Stress.

5. ◆ Entschuldige, aber ____________ der Kuchen Nüsse?
   ● Nein. Aber warum fragst du?
   ◆ Weil ich auf Nüsse allergisch bin.

6. ◆ Wer _____ denn diese wunderschönen Blumen ____________?
   ● Maria. Ja, die sind wirklich toll!

315 Anders gesagt

Finden Sie ein passendes Verb.

1. nicht die Wahrheit sagen : _ _ g _ _
2. Angestellte kündigen: entlassen
3. überlegen: _ _ c _ _ _ _ k _ _
4. jemanden verletzen: _ e _ _ _ _
5. wenn es einem kalt ist: _ r _ _ _ _ _
6. jemandem einen Rat geben: b _ _ _ t _ _
7. nicht sprechen: _ _ _ w _ _ _ _ _
8. sehr schnell laufen: _ _ n _ _ _
9. nicht gut riechen: _ _ _ _ k _ _
10. dicker werden: _ u _ _ h _ _ _
11. etwas anschauen: a _ _ e _ _ _
12. erklären, wie etwas aussieht: _ _ s _ _ r _ _ b _ _

B16 In der Arbeit

Schreiben Sie Fragen im Perfekt.

1. den Termin mit Herrn Braun verschieben — *Haben Sie den Termin mit Herrn Braun verschoben?* ?
2. mit Kollegen über ein neues Projekt sprechen — *Haben Sie mit den Kollegen …* ____________________ ?
3. Briefe zur Post bringen ____________________ ?
4. Bürotür immer abschließen ____________________ ?
5. nicht die Kasse offen lassen ____________________ ?
6. Preise vergleichen ____________________ ?
7. neue Angebote lesen ____________________ ?
8. Daten übertragen ____________________ ?
9. Frau Sommer anrufen ____________________ ?
10. die Telefonnummern von allen Kollegen aufschreiben ____________________ ____________________ ?
11. Herrn Lux treffen ____________________ ?
12. Frau Schröder Blumen mitbringen ____________________ ____________________ ?

317 E-Mail an einen Freund

Was passt? Markieren Sie.

Normal

Lieber Daniel,

vorgestern sind wir in Travemünde (1). Eigentlich (2) wir noch einen Stopp in Hamburg machen und uns die Stadt anschauen. Aber das haben wir leider nicht mehr geschafft, weil wir zu spät in Frankfurt (3) sind. Und dann (4) es auf der Autobahn noch einen Stau, so dass wir erst am späten Nachmittag in Hamburg (5) wären. Deshalb haben wir (6), direkt nach Travemünde weiter zu fahren.

Morgen möchten wir gern eine Wanderung machen und den Weg gehen, den du uns (7) hast. Ich brauche viel Bewegung nach all den Monaten im Büro! Stell dir vor, gestern bin ich morgens und abends jeweils eine Stunde (8). Das hat gut (9)!

Ich melde mich bald wieder und wünsche dir alles Gute!

Viele Grüße
Manuel

1. ankommen angekommen
2. wollten durften
3. losfahren losgefahren
4. gab gibt
5. gewesen waren
6. beschließen beschlossen
7. beschrieben beschreiben
8. geschwommen schwimmen
9. tun getan

B18 In der Firma

Was passt zusammen?

1. Es tut mir leid, aber das stimmt nicht.
2. Könnten Sie mich bitte
3. Die Umsätze sind zum Glück
4. Wir können leider nicht ausschließen,
5. Durch den Hurrikan sind
6. Ich bin froh, dass ich mich
7. Es ist uns gelungen,
8. Haben Sie die Angebote
9. Unser Chef wurde
10. Ich habe heute

a die Verkaufszahlen fast zu verdoppeln.

b auf alle Mitarbeiter 100%-ig verlassen kann.

c hohe Schäden am Firmengebäude entstanden.

d Da haben Sie mich leider missverstanden.

e in den Rotarier-Club aufgenommen.

f schon verglichen?

g im letzten Jahr um 3,8% gestiegen.

h dass uns ein Mitarbeiter von der Kasse betrogen hat.

i ein interessantes Jobangebot erhalten.

j mit Frau Dr. Bause verbinden?

1.	2.	3.	4.	5.	6.	7.	8.	9.	10.
d									

B19 Treffen nach 25 Jahren

Ergänzen Sie im Präteritum.

laufen • ~~sein~~ • treffen • bleiben • gehen • werden
erhalten • sehen • erkennen • ziehen

Angela ___*war*___ Peters erste große Liebe und sie _________ vier Jahre unzertrennlich. Doch dann _________ Peter ein tolles Jobangebot und _________ in eine andere Stadt. Ganz langsam _________ ihre einst so innige Beziehung kaputt.

Nach 25 Jahren _________ sie sich zufällig wieder auf der Straße ihrer Heimatstadt. Zuerst _________ sie sich gar nicht und _________ im Park aneinander vorbei. Doch kurz später _________ er sie auf einer Bank in der Sonne sitzen und _________ plötzlich nervös wie einst als 16-Jähriger.

Er fragte ganz schüchtern, ob er sich zu ihr setzten darf. ...

Und wie geht die Geschichte weiter? Was glauben Sie? Schreiben Sie.

B20 Schlagzeilen

Was ist hier passiert? Schreiben Sie zu jeder Schlagzeile einen Satz im Perfekt.

Ein Toter am Wochenende:
Motorradfahrer fuhr mit hoher Geschwindigkeit in Kurve.

1. *Ein Motoradfahrer ist mit zu hoher Geschwindigkeit in die Kurve gefahren.*

18-Jähriger bestand Abitur nicht – aus Frust stahl er Auto.

2. ______________________________

6-Jähriger warf Schneeball in offenes Fenster: Laptop ging kaputt.

3. ______________________________

Frau verließ ihren Mann, er lief Amok.

4. ______________________________

Angestellter betrog Firma. Der Schaden betrug 70.000 €.

5. ______________________________

Kind rannte zu schnell um Ecke: Alte Frau erschrak und hatte Herzinfarkt.

6. ______________________________

Auto überfuhr Katze: Kind rief Feuerwehr und Polizei.

7. ______________________________

Forscher heben altes spanisches Handelsschiff aus Meer: Goldschatz gefunden.

8. ______________________________

21 Geschäftskommunikation

Ergänzen Sie.

gelten • beziehen • beraten • senden • enthalten • stehen

Sehr geehrte Frau Behringer,

ich _________ mich auf unser Telefongespräch vom 17.2. und _________ Ihnen beiliegend unseren Prospekt. Er _________ auch unsere aktuelle Preisliste. Diese Preise _________ bis zum 31.12.

Für weitere Fragen zu unseren Produkten _________ wir Ihnen jederzeit gern zur Verfügung. Unsere Mitarbeiter vom Kundendienst _________ Sie gern.

Wir danken Ihnen für Ihr Interesse und verbleiben

mit freundlichen Grüßen

Holger Funke

Kundendienst

B22 Ein Lebenslauf

Ergänzen Sie im Präteritum.

1.	Mit 6 Jahren _______ sie in die Grundschule.	kommen
2.	Sie _______ ein fleißiges und braves Mädchen.	sein
3.	Mit 8 Jahren _______ sie zum ersten Mal ins Kino.	gehen
4.	Mit 18 Jahren _______ sie das Abitur mit Note 1,3.	bestehen
5.	Danach _______ sie sich um einen Studienplatz für Medizin.	(sich) bewerben
6.	Sie _______ einen Studienplatz in Freiburg.	bekommen
7.	Dort _______ sie im Oktober mit dem Studium der Medizin _______.	anfangen
8.	Mit 25 _______ sie in Freiburg als Ärztin zu arbeiten.	beginnen
9.	Mit 31 heiratete sie und _______ mit ihrem Mann nach Stuttgart _______.	umziehen
10.	Mit 33 _______ ihr erstes Kind geboren.	werden
11.	Danach _______ sie eine Halbtagsstelle in einer Arztpraxis _______.	annehmen
12.	Mit 39 _______ sie ihren Mann.	verlassen
13.	Ein Jahr später _______ sie sich scheiden.	lassen
14.	Nun _______ sie ihren Sohn allein.	erziehen
15.	Aber ihre Eltern _______ ihr viel.	helfen
16.	Mit 62 Jahren _______ sie in Rente.	gehen
17.	Mit 85 _______ sie an einem Herzinfarkt.	sterben

323 Im Winter 1946

Ergänzen Sie im Präteritum.

(sich) brechen • frieren • besitzen • geben • ~~sein~~
hinfallen • können • vorkommen • leiden • werden
haben • müssen • gehen • annehmen • finden

Anni und Franz lernten sich im Januar 1946 in Berlin kennen. Das _war_ (1) eine schwere Zeit damals nach dem Krieg. Sie ________ (2) viel Hunger und ________ (3) entsetzlich in ihrem noch halb zerstörten Haus ohne Heizung. Wie die meisten Menschen ________ (4) sie nicht einmal warme Kleidung für den Winter und ________ (5) nur selten etwas Holz oder Kohlen zum Heizen des alten Ofens. Manchmal ________ es sogar ________ (6), dass sie im Mantel ins Bett ________ (7)! Aber richtig schlimm ________ (8) es, als Franz auf der eisigen Straße ________ (9) und sich das Bein ________ (10). Nun ________ (11) er den ganzen Tag zu Hause liegen und ________ (12) nicht mehr arbeiten. Deshalb ________ Anni jede Arbeit ________ (13), die sie ________ (14). Aber leider ________ (15) es kaum Arbeit im Winter 1946.

Heute sind Anni und Franz immer noch glücklich verheiratet. Und wenn es kalt wird im Winter, dann denken sie noch oft an ihren ersten gemeinsamen Winter in der Nachkriegszeit.

B24 Wissensfragen

Bilden Sie aus den Buchstaben das passende Partizip Perfekt.

1. Wer hat 1973 den Friedensnobelpreis ___________? NELTEHRA

2. Wer hat die Glühbirne ___________? DREFNUNE

3. Wann haben die Olympischen Sommerspiele in München ___________? DNTESGAFTENUT

4. Wie hieß der Junge, den Rousseau ___________ hat? GNEZROE

5. Wann wurden der Altlantik und Pazifik durch den Panama-Kanal ___________? NEDVRUBEN

6. Wann ist die Titanic ___________? NEGSKUEN

7. Wann hat Deutschland zum ersten Mal eine Fußball Weltmeisterschaft ___________? NOGNEWNE

B25 Die erste große Liebe

Ergänzen Sie im Präteritum.

gefallen • einladen • (sich) treffen • ~~lesen~~ • verzeihen
unternehmen • (sich) entscheiden • spazieren gehen
beginnen • sehen • bekommen • bringen

1. Mit 12 Jahren ___las___ Julian noch Märchenbücher.
2. Ein Jahr später ____________ er regelmäßig Sport zu treiben.
3. Mit 14 verliebte er sich heftig und er ____________ sich, seiner geliebten Lisa eine sms zu schreiben.
4. Also ____________ Lisa eine sms von Julian, der sie für den Abend zum Eis essen ____________.
5. Sie ____________ sich danach regelmäßig am Abend und ____________ lange am See ____________.
6. Danach ____________ Julian Lisa immer nach Hause.
7. Das ____________ Lisas Eltern und so erlaubten sie Lisa immer mit Julian auszugehen.
8. Die beiden ____________ viel zusammen und waren viele Jahre ein glückliches Paar.
9. Aber eines Tages ____________ Julian, wie Lisa auf der Straße einen anderen Jungen umarmte und küsste.
10. Das ____________ er ihr nicht und trennte sich sofort von ihr.

B26 Was passt zusammen?

Verbinden Sie.

1. Kleidung	a. verbringen
2. Wörter im Wörterbuch	b. aufnehmen
3. ein paar Tage am Meer	c. abheben
4. etwas vom Boden	d. aufheben
5. Geld auf der Bank	e. schieben
6. jemanden in den Club	f. aussprechen
7. Angestellte	g. vertreten
8. ein Wort richtig	h. anhaben
9. den Kinderwagen	i. nachdenken
10. über einen Vorschlag	j. verzeihen
11. einen kranken Kollegen	k. entlassen
12. jemandem einen Fehler	l. nachschlagen

1.	2.	3.	4.	5.	6.	7.	8.	9.	10.	11.	12.
										g	

B27 Über Michael Ende

Schreiben Sie den Lebenslauf von Michael Ende, dem Autor von *Momo*, im Präteritum.

... kommt (1) am 12.10.1929 in Garmisch-Partenkirchen zur Welt ... Vater ist (2) Künstler ... Mutter hat (3) kleines Geschäft ... 1931 zieht (4) Familie nach München um ... dort geht (5) er zur Schule ... mit 14 Jahren beginnt (6) er Gedichte zu schreiben... nach Abitur bewirbt (7) er sich an Schauspielschule in München ... 1950 schließt (8) er Schauspielschule ab ... bekommt (9) Anstellung an kleinem Theater ... schreibt (10) nebenbei Theaterstücke und Filmkritiken ... sein erster Erfolg ist (11) *Jim Knopf und Lukas der Lokomotivführer* ... gewinnt (12) damit Deutschen Kinderbuchpreis ... 1970 zieht (13) er nach Rom ... entschließt (14) sich *Momo* zu Ende zu schreiben ... erhält (15) für *Momo* 1974 Deutschen Jugendbuchpreis ... 1979 wird (16) *Die unendliche Geschichte* veröffentlicht ... auch dieses Buch ist (17) großer Erfolg ... 1995 stirbt (18) Michael Ende nach schwerer Krankheit

Am 12.10.1929 kam Michael Ende in .... Sein Vater war Künstler und seine Mutter .... 1931 .... Dort ....

B28 Rätsel

Ergänzen Sie im Präteritum.

senden • raten • nennen • leiden • betragen
(sich) verhalten • besitzen • sinken

1. Meine Bank ___riet___ mir zum Kauf dieser Aktien.
2. Mein letzter Chef war gut und gerecht. Er __________ sich immer sehr korrekt gegenüber allen Mitarbeitern.
3. Die UNO __________ 5.000 Soldaten in das Krisengebiet.
4. Im letzten Jahr __________ die Arbeitslosenzahl um 0,8%.
5. Nach dem letzten Hochwasser __________ der Schaden an unserem Haus über 20.000 €.
6. Nach dem Hurrikan __________ sie nur noch die Kleidung, die sie am Körper trug.
7. Woran ist denn Ihre Mutter gestorben? – Sie __________ schon viele Jahre an Krebs.
8. Früher __________ mich alle „Schlafmütze", weil ich immer so gern und viel geschlafen habe.

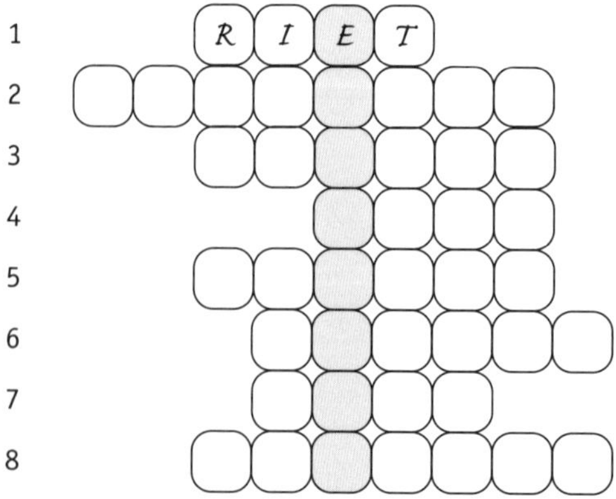

Schreiben Sie nun die Formen in das Rätsel. Die Buchstaben in der senkrechten Spalte ergeben das Lösungswort. Es ist der Name eines berühmten deutschen Nobelpreisträgers. (ß=ss)

329 Nobelpreisträger privat

Ergänzen Sie die Verben im Präteritum.

gehen • rufen • sein • ~~stehen~~ • kommen • werden
sein • beweisen • treffen • sollen • lassen • kommen
sein • werden • sein • geben

1. **Henry Kissinger** (*1923), Friedensnobelpreisträger 1973, <u>stand</u> als Politiker immer in der ersten Reihe. Als Privatmensch _______ er zeitlebens ein großer Fan des Zweitligaclubs Greuther Fürth. Angeblich _______ er sich jeden Montag das Spielergebnis auf den Schreibtisch legen. Woher die Liebe zu dem Fürther Fußballclub _______? Kissinger _______ in Fürth geboren.

2. **Richard Feynman** (1918-1988), US-Nobelpreisträger für Physik 1965, _______ ein liberaler Geist und Aktzeichnen _______ sein großes Hobby. Mehrmals pro Woche _______ er in einen Nachtclub. Als dieser nach einer Razzia geschlossen werden _______, _______ Feynman für die damalige Zeit viel Mut, indem er sich öffentlich für dessen Erhalt einsetzte. Bei der Polizei _______ er zu Protokoll: „Hierher kommen Angestellte, Handwerker, Geschäftsleute und ein Physikprofessor!"

3. **Albert Einstein** (1879-1955) Physik-Nobelpreisträger 1921 und Mozart-Liebhaber, _______ nicht nur für seinen Intellekt bekannt, sondern auch für seine Probleme bei Intonation und Taktgefühl. Deutlich _______ das immer, wenn er sich mit Freunden zur Hausmusik _______.
Einmal _______ Einstein mit seiner Violine so sehr aus dem Takt, dass ein Mitmusiker völlig entnervt _______: „Einstein, werden Sie denn niemals lernen, bis drei zu zählen?"

Formen üben A1 - B1

1 Verben mit Vokalwechsel
2 *sein* und *haben* im Präsens
3 Modalverben im Präsens (I)
4 Modalverben im Präsens (II)
5 *sein* und *haben* im Präteritum
6 Infinitiv und Perfekt
7 Perfekt
8 Präteritum und Perfekt
9 Formen des Partizip Perfekt
10 *haben* oder *sein* im Perfekt
11 Trennbar oder untrennbar? (I)
12 Trennbar oder untrennbar? (II)
13 Trennbare Verben
14 Wo passen die Verben?
15 Silbenrätsel
16 Präsens und Perfekt
17 Modalverben im Präteritum (I)
18 Modalverben im Präteritum (II)
19 Modalverb im Präsens oder Präteritum (I)
20 *haben* oder *sein*?
21 Modalverb im Präsens oder Präteritum (II)
22 Präteritum
23 e-a-o – Was passt wo?

F1 Verben mit Vokalwechsel

Ergänzen Sie.

	ich	du	er/sie
1.	*spreche*	*sprichst*	spricht
2.	fahre	___	___
3.	___	fängst an	___
4.	sehe	___	___
5.	___	___	wird
6.	___	___	weiß
7.	lade ein	___	___
8.	___	triffst	___
9.	empfehle	___	___
10.	___	___	isst
11.	___	wäschst	___
12.	gebe	___	___
13.	___	schläfst	___
14.	nehme mit	___	___
15.	___	___	läuft
16.	verspreche	___	___
17.	___	___	hält
18.	___	gefällst	___
19.	sterbe	___	___
20.	___	___	trägt
21.	vergesse	___	___
22.	lese	___	___
23.	___	schlägst vor	___
24.	wasche	___	___
25.	___	brätst	___
26.	___	___	hilft
27.	backe	___	___

F2 *sein* und *haben* im Präsens

Ergänzen Sie die Tabelle.

ich	bin	
du		
er/sie/es		hat
wir		
ihr		
sie/Sie		

F3 Modalverben im Präsens (I)

Ergänzen Sie die Tabelle.

ich	möchte					
du			willst			
er/sie/es		kann				
wir					müssen	
ihr						sollt
sie/Sie				dürfen		

F4 Modalverben im Präsens (II)

Ergänzen Sie.

1. dürfen: Ihr *dürft* noch bleiben.
2. mögen: Wir __________ jetzt kochen.
3. sollen: Du __________ jetzt anfangen.
4. können: Er __________ gut Italienisch.
5. wollen: Sie (Pl.) __________ nicht kommen.
6. sollen: Er __________ sie anrufen.
7. dürfen: Hier __________ Sie nicht parken.
8. müssen: Ihr __________ jetzt gehen.
9. können: Wir __________ nicht mitkommen.
10. mögen: Ich __________ jetzt schlafen.
11. wollen: Er __________ Deutsch lernen.
12. müssen: Du __________ das machen.
13. können: Sie (Pl.) __________ gut schwimmen.
14. sollen: Sie __________ mitfahren.

F5 *sein* und *haben* im Präteritum

Ergänzen Sie die Tabelle.

ich		hatte
du		
er/sie/es	war	
wir		
ihr		
sie/Sie		

F6 Infinitiv und Perfekt

Ergänzen Sie.

	Infinitiv	Präteritum er/sie	Perfekt er/sie	
1.	*werden*	wurde	*ist*	*geworden*
2.	______	tat	___	______
3.	______	brachte	___	______
4.	______	fiel ein	___	______
5.	______	zog sich um	___	______
6.	______	verstand	___	______
7.	______	trug	___	______
8.	______	stieg um	___	______
9.	______	gab aus	___	______
10.	______	blieb	___	______
11.	______	ließ	___	______
12.	______	hing	___	______
13.	______	behielt	___	______
14.	______	fand statt	___	______
15.	______	bat	___	______
16.	______	lag	___	______
17.	______	unterschrieb	___	______
18.	______	blieb stehen	___	______
19.	______	unterhielt sich	___	______
20.	______	zog um	___	______

F7 Perfekt

Ergänzen Sie.

1. ich laufe — *ich bin gelaufen*
2. er kennt — ______
3. wir denken — ______
4. ihr fahrt — ______
5. sie ziehen um — ______
6. sie bekommt — ______
7. wir kommen an — ______
8. ihr fliegt — ______
9. ich rufe an — ______
10. er tut — ______
11. sie heißt — ______
12. du schwimmst — ______
13. es scheint — ______
14. ich bin dabei — ______
15. Sie kommen zurecht — ______
16. du verstehst — ______
17. sie liegt — ______
18. wir verlieren — ______
19. ihr fallt — ______
20. wir geben aus — ______

F8 Präteritum und Perfekt

Ordnen Sie die Verben und ergänzen Sie den Infinitiv..

tat • ~~gekannt~~ • war dabei • verglichen • brachte mit
dabei gewesen • zog sich aus • schrieb auf • lag • rief an
sprach • sah fern • getan • fand • ließ • stritt
überwiesen • schlief • verglich • ~~kannte~~ • geschlafen
gelassen • ausgezogen • gestritten • gelegen • angerufen
gesprochen • überwies • mitgebracht • ferngesehen
aufgeschrieben • gefunden

Infinitiv	Präteritum	Perfekt
kennen	kannte	gekannt

F9 Formen des Partizip Perfekt

Ergänzen Sie das Partizip Perfekt in der richtigen Spalte.

~~abfahren~~ • ~~beginnen~~ • ~~schlafen~~ • anrufen • bestehen
losgehen • streiten • wegwerfen • gefallen
umziehen • verschieben • sprechen • verstehen
riechen • leihen • mitkommen • schreiben • einsteigen
abfliegen • gewinnen

ge___en	**___en**	**___ge___en**
geschlafen	*begonnen*	*abgefahren*

F10 *haben* oder *sein* im Perfekt

Welche Verben bilden das Perfekt mit *sein* und welche mit *haben*? Markieren Sie.

	+ haben	+ sein
1. nehmen	✗	○
2. fahren	○	✗
3. sprechen	○	○
4. gehen	○	○
5. wissen	○	○
6. beginnen	○	○
7. werden	○	○
8. weggehen	○	○
9. verlieren	○	○
10. sein	○	○
11. sterben	○	○
12. leihen	○	○
13. halten	○	○
14. spazieren gehen	○	○
15. denken	○	○
16. teilnehmen	○	○
17. einziehen	○	○
18. fallen	○	○
19. schlafen	○	○
20. aufstehen	○	○

F11 Trennbar oder untrennbar? (I)

Ordnen Sie.

~~abschließen~~ • anbieten • bekommen • aussteigen • verschieben
teilnehmen • ankommen • ~~vergessen~~ • vorschlagen
umsteigen • empfehlen • abgeben • gewinnen • beginnen
versprechen • wegwerfen • bestehen • mitbringen
aufstehen • behalten • verlieren • stattfinden • weggehen

trennbar	untrennbar
abschließen	*vergessen*

12 Trennbar oder untrennbar? (II)

Bilden Sie mit den Verben der Übung F11 das Perfekt und ergänzen Sie *haben* oder *sein*.

trennbar	untrennbar
ich habe abgeschlossen	*ich habe vergessen*

F13 Trennbare Verben

Welches Präfix passt? Manchmal gibt es mehrere Lösungen.

statt, ~~ein~~, teil, ab, fern, an, mit, weg, aus, ein, vor, an, aus,

_____ steigen

ein laden

_____ geben

_____ bieten

_____ fallen

_____ schließen

_____ steigen

_____ sehen

_____ schlagen

_____ nehmen

_____ gehen

_____ finden

_____ kommen

F14 Wo passen die Verben?

Ordnen Sie die Verben nach Stammvokalen.

fahren • ~~schließen~~ • schlafen • schreiben • lesen • trinken
leihen • helfen • raten • geben • gelingen • waschen
schieben • nehmen

	Präsens	Präteritum	Perfekt
	ie	**o**	**o**
1.	*schließen*	*schloss*	*geschlossen*
2.			
	i	**a**	**u**
3.			
4.			
	e	**a**	**e**
5.			
6.			
	a	**ie**	**a**
7.			
8.			
	e	**a**	**o**
9.			
10.			
	ei	**ie**	**ie**
11.			
12.			
	a	**u**	**a**
13.			
14.			

F15 Silbenrätsel

Finden Sie die Formen im Partizip Partizip Perfekt.

en • ~~ge~~ • aus • en • ~~gen~~ • be • en • bot • ge • log
en • ge • trog • gang • en • er • stand • en
fund • en • ge • schlaf • wog • ver • en • ge • en
zwung • en • ein • ge • en • auf • golt • ge • geb
er • zog • en • ent • ge • ~~lun~~ • schob • en • ge

	Infinitiv	Partizip Perfekt
1.	gelingen	gelungen
2.	betrügen	___
3.	verbieten	___
4.	lügen	___
5.	ausgehen	___
6.	erfinden	___
7.	wiegen	___
8.	zwingen	___
9.	einschlafen	___
10.	aufgeben	___
11.	erziehen	___
12.	entstehen	___
13.	schieben	___
14.	gelten	___

F16 Präsens und Perfekt

Ergänzen Sie.

	Präsens	Perfekt
1.	Geht er jetzt?	Nein, er _ist_ schon _gegangen_.
2.	Schließt du noch ab?	Ich _____ schon ___________.
3.	Schneiden Sie bitte das Brot!	Ich _____ es schon ___________.
4.	Wann ________ der Film ____?	Er hat schon angefangen.
5.	Wann ___________ wir?	Wir haben schon gegessen.
6.	Wann ziehen Sie in die neue Wohnung ein?	Ich _____ schon ___________.
7.	Weißt du, wann das Wetter wieder besser wird?	Aber es _____ doch schon besser ___________!
8.	Wann trefft ihr euch denn?	Wir _____ uns schon gestern Abend ___________.

F17 Modalverben im Präteritum (I)

Was ist richtig? Markieren Sie.

	du	ihr	er	Sie	
1. Wolltet					den Film auch gern sehen?
2. Durftest					denn nicht studieren?
3. Sollten					nicht schon längst da sein?
4. Konntet					nicht früher kommen?
5. Musstest					so früh aufstehen?
6. Durfte					dein Fahrrad benutzen?
7. Wollten					das Zimmer für drei Nächte?
8. Konnte					schon immer so gut Klavier spiele

F18 Modalverben im Präteritum (II)

Ergänzen Sie die Tabelle.

ich			sollte		
du	wolltest				
er/sie/es					
wir		konnten			
ihr					musstet
sie/Sie				durften	

F19 Modalverb im Präsens oder Präteritum (I)

Ordnen Sie.

~~will~~ • konnte • wolltest • musstest • kann • darfst
~~durften~~ • soll • kannst • sollten • möchtest • durfte
wollten • muss • darf • solltest • wollen • möchten
mussten • konntest • musste • dürfen

Präsens

ich	du	wir
will		

Präteritum

ich	du	wir
		durften

F20 *haben* oder *sein*?

Welche Verben bilden das Perfekt mit *sein*? Markieren Sie.

betragen zwingen wachsen schlagen

entstehen sein senden abnehmen verraten

ausgehen rennen beweisen sich beziehen

sich brechen einschlafen überfahren springen

vorkommen treten weh tun schieben nennen

erhalten erscheinen brennen gelingen

F21 Modalverb im Präsens oder Präteritum (II)

Schreiben Sie.

	Präsens	Präteritum
1.	Heute muss er länger arbeiten.	Gestern musste er auch länger arbeiten.
2.	Sollt ihr nicht mitkommen?	______________________?
3.	Jetzt ______________________.	Als Kind durfte ich keinen Alkohol trinken.
4.	Wie können Sie sich bei diesem Lärm konzentrieren?	______________________?
5.	______________________.	Petra wollte früher nie fliegen. Sie hatte Angst.
6.	Wir müssen noch die Wohnung putzen.	______________________.
7.	Heute ______________________.	Früher konnte Alex nicht gut Französisch.
8.	Ich will mit dieser Übung aufhören!	__________ nicht __________ ______________________!

F22 Präteritum

Welche Verben haben sich hier versteckt? Er/sie ...
Suchen Sie 14 Verben im Präteritum (horizontal oder vertikal). (ß = ss)

V	E	R	S	T	A	N	D	V
E	B	O	T	S	A	N	G	E
R	A	C	A	S	S	B	C	R
G	T	H	R	H	I	E	S	S
L	F	A	B	L	I	E	B	C
I	L	I	E	H	S	A	L	H
C	O	S	T	R	I	T	T	O
H	G	H	O	M	V	E	R	B
U	N	T	E	R	N	A	H	M

F23 e-a-o – Was passt wo?

Ordnen Sie die Verben nach Stammvokalen.

~~erscheinen~~ • ~~nehmen~~ • erfinden • fressen • verraten
fließen • betragen • ausschließen • vertreten • sinken
verlassen • beweisen • gelten • nachschlagen

ie-o-o		
i-a-u		
e-a-e		
a-ie-a		
e-a-o	*nehmen*	
ei-ie-ie	*erscheinen*	
a-u-a		

Stammformen zum Nachschlagen

Stammformen zum Nachschlagen

Alle Stammformen der unregelmäßigen Verben von A1, A2 und B1, alphabetisch geordnet:

Infinitiv	Präsens	Präteritum	Perfekt
	er, sie ...	**er, sie ...**	**er, sie ...**
backen	bäckt	backte	hat gebacken
beginnen		begann	hat begonnen
betrügen		betrog	hat betrogen
beweisen		bewies	hat bewiesen
bewerben	bewirbt	bewarb	hat beworben
bieten		bot	hat geboten
binden		band	hat gebunden
bitten		bat	hat gebeten
bleiben		blieb	ist geblieben
braten	brät	briet	hat gebraten
brechen	bricht	brach	hat gebrochen
brennen		brannte	hat gebrannt
bringen		brachte	hat gebracht
denken		dachte	hat gedacht
dürfen	darf	durfte	hat gedurft/hat dürfen
empfehlen	empfiehlt	empfahl	hat empfohlen
erschrecken	erschrickt	erschrak	ist erschrocken
essen	isst	aß	hat gegessen
fahren	fährt	fuhr	ist gefahren
fallen	fällt	fiel	ist gefallen
fangen	fängt	fing	hat gefangen
finden		fand	hat gefunden
fliegen		flog	ist/hat geflogen
fließen		floss	ist geflossen
fressen	frisst	fraß	hat gefressen
frieren		fror	hat gefroren
geben	gibt	gab	hat gegeben
gehen		ging	ist gegangen
gelingen		gelang	ist gelungen

gelten	gilt	galt	hat gegolten
geschehen	geschieht	geschah	ist geschehen
gewinnen		gewann	hat gewonnen
haben		hatte	hat gehabt
halten	hält	hielt	hat gehalten
hängen		hing	hat gehangen
heben		hob	hat gehoben
heißen		hieß	hat geheißen
helfen	hilft	half	hat geholfen
kennen		kannte	hat gekannt
kommen		kam	ist gekommen
können	kann	konnte	hat gekonnt/hat können
laden	lädt	lud	hat geladen
lassen	lässt	ließ	hat gelassen
laufen	läuft	lief	ist gelaufen
leiden		litt	hat gelitten
leihen		lieh	hat geliehen
lesen	liest	las	hat gelesen
liegen		lag	ist/hat gelegen
lügen		log	hat gelogen
messen	misst	maß	hat gemessen
mögen	mag	mochte	hat gemocht
müssen	muss	musste	hat gemusst/hat müssen
nehmen	nimmt	nahm	hat genommen
nennen		nannte	hat genannt
raten	rät	riet	hat geraten
rennen		rannte	ist gerannt
riechen		roch	hat gerochen
rufen		rief	hat gerufen
scheiden		schied	hat geschieden
scheinen		schien	hat geschienen
schieben		schob	hat geschoben
schlafen	schläft	schlief	hat geschlafen
schlagen	schlägt	schlug	hat geschlagen
schließen		schloss	hat geschlossen
schneiden		schnitt	hat geschnitten

schreiben		schrieb	hat geschrieben
schreien		schrie	hat geschrieen
schweigen		schwieg	hat geschwiegen
schwimmen		schwamm	ist geschwommen
sehen	sieht	sah	hat gesehen
sein	ist	war	ist gewesen
senden		sandte/sendete	hat gesandt/gesendet
singen		sang	hat gesungen
sinken		sank	ist gesunken
sitzen		saß	ist/hat gesessen
sprechen	spricht	sprach	hat gesprochen
springen		sprang	ist gesprungen
stehen		stand	ist/hat gestanden
stehlen	stiehlt	stahl	hat gestohlen
steigen		stieg	ist gestiegen
sterben	stirbt	starb	ist gestorben
stinken		stank	hat gestunken
streiten		stritt	hat gestritten
tragen	trägt	trug	hat getragen
treffen	trifft	traf	hat getroffen
treiben		trieb	hat getrieben
treten	tritt	trat	hat getreten
trinken		trank	hat getrunken
tun		tat	hat getan
überweisen		überwies	hat überwiesen
vergessen	vergisst	vergaß	hat vergessen
vergleichen		verglich	hat verglichen
verlieren		verlor	hat verloren
verzeihen		verzieh	hat verziehen
wachsen	wächst	wuchs	ist gewachsen
waschen	wäscht	wusch	hat gewaschen
werden	wird	wurde	ist geworden
werfen	wirft	warf	hat geworfen
wiegen		wog	hat gewogen
wissen	weiß	wusste	hat gewusst
ziehen		zog	hat gezogen
zwingen		zwang	hat gezwungen

Lernen nach Stammvokalen

Lernen nach Stammvokalen

Alle Stammformen der unregelmäßigen Verben von A1, A2 und B1, nach Stammvokalen geordnet:

Infinitiv	Präteritum	Perfekt
i	**a**	**u**
binden	band	hat gebunden
finden	fand	hat gefunden
gelingen	gelang	ist gelungen
singen	sang	hat gesungen
sinken	sank	ist gesunken
springen	sprang	ist gesprungen
stinken	stank	hat gestunken
trinken	trank	hat getrunken
zwingen	zwang	hat gezwungen
ie	**o**	**o**
bieten	bot	hat geboten
fliegen	flog	ist/hat geflogen
fließen	floss	ist geflossen
frieren	fror	hat gefroren
riechen	roch	hat gerochen
schieben	schob	hat geschoben
schließen	schloss	hat geschlossen
verlieren	verlor	hat verloren
wiegen	wog	hat gewogen
ziehen	zog	hat gezogen
ei	**ie**	**ie**
beweisen	bewies	hat bewiesen
bleiben	blieb	ist geblieben
heißen	hieß	hat geheißen
leihen	lieh	hat geliehen
scheiden	schied	hat geschieden
scheinen	schien	hat geschienen
schreiben	schrieb	hat geschrieben
schreien	schrie	hat geschrien
schweigen	schwieg	hat geschwiegen

steigen	stieg	ist gestiegen
treiben	trieb	hat getrieben
überweisen	überwies	hat überwiesen
verzeihen	verzieh	hat verziehen
ei	**i**	**i**
leiden	litt	hat gelitten
schneiden	schnitt	hat geschnitten
streiten	stritt	hat gestritten
vergleichen	verglich	hat verglichen
e	**a**	**o**
bewerben	bewarb	hat beworben
brechen	brach	hat gebrochen
empfehlen	empfahl	hat empfohlen
erschrecken	erschrak	hat erschrocken
gelten	galt	hat gegolten
helfen	half	hat geholfen
nehmen	nahm	hat genommen
sprechen	sprach	hat gesprochen
stehlen	stahl	hat gestohlen
sterben	starb	ist gestorben
treffen	traf	hat getroffen
werfen	warf	hat geworfen
i	**a**	**o**
beginnen	begann	hat begonnen
gewinnen	gewann	hat gewonnen
schwimmen	schwamm	ist/hat geschwommen
e	**a**	**e**
essen	aß	hat gegessen
fressen	fraß	hat gefressen
geben	gab	hat gegeben
geschehen	geschah	ist geschehen
lesen	las	hat gelesen
messen	maß	hat gemessen
sehen	sah	hat gesehen
treten	trat	hat getreten
vergessen	vergaß	hat vergessen

i	**a**	**e**
bitten	bat	hat gebeten
liegen	lag	hat gelegen
sitzen	saß	ist/hat gesessen
a	**u**	**a**
fahren	fuhr	ist/hat gefahren
laden	lud	hat geladen
schlagen	schlug	hat geschlagen
tragen	trug	hat getragen
wachsen	wuchs	ist gewachsen
waschen	wusch	hat gewaschen
a	**ie/i**	**a**
braten	briet	hat gebraten
fallen	fiel	ist gefallen
fangen	fing	hat gefangen
hängen	hing	ist/hat gehangen
halten	hielt	hat gehalten
lassen	ließ	hat gelassen
raten	riet	hat geraten
schlafen	schlief	hat geschlafen
e/i	**a**	**a**
brennen	brannte	hat gebrannt
bringen	brachte	hat gebracht
denken	dachte	hat gedacht
kennen	kannte	hat gekannt
nennen	nannte	hat genannt
rennen	rannte	ist gerannt
senden	sandte	hat gesandt
stehen	stand	ist/gestanden
ü	**u**	**u**
dürfen	durfte	hat gedurft/dürfen
müssen	musste	hat gemusst/müssen
ö	**o**	**o**
können	konnte	hat gekonnt/können
mögen	mochte	hat gemocht/mögen

ohne Regelmäßigkeit

backen	backte	hat gebacken
betrügen	betrog	hat betrogen
gehen	ging	ist gegangen
haben	hatte	hat gehabt
heben	hob	hat gehoben
kommen	kam	ist gekommen
laufen	lief	ist gelaufen
lügen	log	hat gelogen
rufen	rief	hat gerufen
sein	war	ist gewesen
tun	tat	hat getan
werden	wurde	ist geworden
wissen	wusste	hat gewusst

Lösungen

Übungen A1 + A2

Übungen B1

Formen üben A1 - B1

Lösungen A1 + A2

A1 1d / 2g / 3f / 4i / 5h / 6l / 7k / 8a / 9c / 10e / 11b / 12j

A2 1. ist 2. ist 3. ist 4. habe 5. hat 6. sind 7. habt 8. sind 9. ist 10. ist 11. haben 12. ist 13. hat 14. ist

A3 1. Sind 2. Hast, bin 3. Seid 4. ist, ist 5. ist, ist 6. hast 7. Sind 8. bist, habe

A4 1. Können 2. möchte 3. müssen 4. Soll 5. muss/ möchte 6. darf 7. Willst 8. kann
1f / 2c / 3h / 4a / 5g / 6b / 7e / 8d

A5 1. haben geschlafen 2. sind aufgestanden 3. haben angezogen 4. hat angerufen 5. hat geholfen 6. hat gegessen 7. sind gefahren 8. sind geschwommen 9. haben ferngesehen 10. ist gegangen

A6 1c / 2g / 3f / 4h / 5a / 6j / 7i / 8b / 9d / 10e

A7 1. weggeworfen 2. einziehen 3. gewonnen, verloren 4. kommt an, abgefahren 5. eingestiegen 6. essen, gegessen, trinken

A8 1.aufstehen 2. schwimmen 3. spazieren gehen 4. tragen 5. unternehmen 6. lesen 7. trinken 8. fahren 9. essen 10. unterhalten

A9 1. sind aufgestanden 2. sind geschwommen 3. sind spazieren gegangen 4. haben getragen 5. haben unternommen 6. haben gelesen 7. haben getrunken 8. sind gefahren 9. haben gegessen 10. haben unterhalten

A10 1. schneiden 2. teilnehmen 3. backen 4. singen 5. braten 6. unterschreiben 7. überweisen 8. abschließen 9. leihen 10. stehen bleiben

A11 1. können 2. darf 3. dürfen 4. Kannst 5. Könnt, kann 6. darf

A12 1. sollst 2. muss 3. soll, Soll 4. musst 5. sollen 6. Soll, muss

A13 haben geschlafen, haben/sind gelegen, haben eingeladen, haben gebacken, haben gewaschen, sind gefahren, haben unternommen, sind spazieren gegangen, haben geschrieben, haben ferngesehen, haben gelesen, haben ausgegeben, sind aufgestanden

A14 1. kann, muss, will/möchte, habe, Möchtest/willst 2. Ist, soll 3. darf, muss

A15 1. bestanden 2. vergleichen 3. Hilf 4. heißt 5. verschieben 6. nimmt teil 7. umziehen 8. fällt ein 9. Schreiben auf 10. Wissen 11. kommen zurecht 12. übertragen 13. habe mitgenommen, habe gelassen 14. verstanden 15. angefangen

A16 1. empfohlen 2. überwiesen 3. weggeworfen 4. begonnen 5. gebracht 6. angeboten

A17 1. abschließen 2. bestehen 3. schwimmen 4. schneiden 5. fliegen 6. anbieten 7. unterschreiben 8. teilnehmen 9. backen 10. liegen 11. spazieren gehen 12. gewinnen

A18 1. verschieben, unterschreiben 2. kommen zurecht 3. findet statt, nimmt teil 4. habe gedacht, vergleichen, ankommen, umsteigen, bin weg 5. überwiesen, vergessen

A19 1. schreib auf 2. gib 3. lies 4. Wirf weg 5. vergiss 6. iss 7. Bring mit 8. Sprich 9. hilf 10. Kommen mit

A20 1. seid umgezogen 2. hast geschlossen 3. ist gestorben 4. hat gefallen 5. habt gestritten 6. Hat gehangen 7. bist geworden 8. habe getan 9. hat gerochen 10. ist abgeflogen 11. bist weggegangen 12. hast ausgegeben 13. Hast angerufen 14. hat verloren 15. hat begonnen

A21 1. treffen 2.gefunden, verloren 3. gesprochen 4. gewusst, Bleib 5. gewonnen 6. scheint 7. Kennst

A22 1. war, Hatten, war, war, hatten, war, hatten, hatten 2. wart, waren, hatten, waren, war 3. Hatte, war, hatte

A23 sind angekommen, haben gefunden, haben gelassen, sind gegangen, haben gegessen, sind gefallen

A24 1. wollten 2. Konntet 3. will 4. sollst 5. dürfen 6. musst

A25 1. wollte 2. mussten, können 3. durfte, dürfen 4. sollte, wollte, können, wollen 5. musste 6. konnte, kann

A26 1.wollte 2. durfte 3. sollte 4. wollte 5. musste 6. wollte 7. konnte 8. wollte

A27 1. ist aufgestanden 2. hat gebracht, abgegeben 3. ist geflogen, hat gehalten 4. hat ausgesehen 5. hat unterhalten 6. ist geblieben, ist geflogen 7. gestanden ist 8. hat bekommen, gebeten hat 9. hat vorgeschlagen, war, wollte 10. war, gefahren 11. ist gekommen, hat umgezogen, gesehen

A28 1. ist 2. schläft 3. liegt, liest 4. bin aufgestanden, bäckt 5. hat versprochen 6. gehe 7. gefällt, unternehmen, unterhalten 8. ist 9. fährt, bekomme 10. essen, sehen 11. ist

A29 1. war 2. schlief 3. lag, las 4. war aufgestanden (= Plusquamperfekt), backte 5. hatte versprochen (= Plusquamperfekt) 6. ging 7. gefiel, unternahmen, unterhielten 8. war 9. fuhr, bekam 10. aßen, sahen 11. war

Lösungen B1

B1 aufgeschrieben habe, habe gewaschen, habe abgegeben, habe weggeworfen, hast gebracht, hast geholfen, gebacken, geschrieben

B2 1. umziehen 2. verlassen 3. schreien 4. zu sein 5. backen 6. wachsen 7. gefallen 8. beschreiben 9. springen 10. unterscheiden

B3 komm, anbieten, riecht, Hast gebacken, kommst, sieht aus, geben, schreibe auf, abzunehmen

B4 1. stinkt, tun, riecht 2. Hast gewaschen, schließt 3. ist gelungen 4. enthält, esse 5. helfen, schlagen, gehoben hast

B5 1. Kommst mit 2. kommt an 3. Kommt vor 4. fahren los 5. überfahren 6. fährt ab 7. einziehen, ausgezogen sind 8. ziehen um 9. umziehen 10. zieht aus

B6 ist gegangen, gestiegen, ist gefahren, hat getroffen, ist geblieben, hat getrunken, haben gelassen, sind gelaufen, sind gekommen, ist gefahren, ist angekommen

B7 fallen, fließen, rennen, springen, ausgehen, losgehen, einziehen

B8 1. geht an, verrat (=Imperativ) 2. habt vor, haben entschieden 3. ist geschehen, hat getreten, gefallen lassen 4. mitkommen, beraten, ruf an 5. erkennt

B9 hat gebracht, hat gewaschen, hat abgehoben, ist gegangen, ist geschwommen, hat gebacken, hat abgegeben, ist ausgegangen

B10 brachte, wusch, hob ab, ging, schwamm, backte, gab ab, ging aus

B11 1. wiege 2. verbrachten 3. wusch ab 4. hatte an 5. schlief ein 6. nannten 7. nahm zu 8. schlugen 9. schwiegen

B12 1. habt geschoben 2. ist erschienen 3. hat vertreten 4. haben beschlossen 5. haben beworben 6. hast erkannt 7. erfunden hat 8. Haben gemessen 9. hast verraten 10. seid losgefahren 11. sind gestiegen 12. hast abgehoben 13. Hat bestanden 14. haben abgenommen 15. haben geraten

B13 1. beweisen 2. bewerben 3. abnehmen 4. widersprechen

B14 1. Hast gewaschen, habe geschnitten 2. hast umgezogen 3. nachschlagen 4. habe beschlossen 5. enthält 6. hat mitgebracht

B15 1. lügen 2. entlassen 3. nachdenken 4. weh tun 5. frieren 6. beraten 7. schweigen 8. rennen 9. stinken 10. zunehmen 11. ansehen 12. beschreiben

B16 1. verschoben 2. gesprochen 3. gebracht 4. abgeschlossen 5. gelassen 6. verglichen 7. gelesen 8. übertragen 9. angerufen 10. aufgeschrieben 11. getroffen 12. mitgebracht

B17 1. angekommen 2. wollten 3. losgefahren 4. gab 5. gewesen 6. beschlossen 7. beschrieben 8. geschwommen 9. getan

B18 1d / 2j / 3g / 4h / 5c / 6b / 7a / 8f / 9e / 10i

B19 war, blieben, erhielt, zog, ging, trafen, erkannten, liefen, sah, wurde

B20 1. ist gefahren 2. hat bestanden, hat gestohlen, 3. hat geworfen, ist kaputt gegangen 4. hat verlassen, ist gelaufen 5. hat betrogen, hat betragen 6. ist gerannt, ist erschrocken 7. hat überfahren, hat gerufen 8. haben gehoben, haben gefunden

B21 beziehe, sende, enthält, gelten, stehen, beraten

B22 1. kam 2. war 3. ging 4. bestand 5. bewarb 6. bekam 7. fing an 8. begann 9. zog um 10. wurde 11. nahm an 12. verließ 13. ließ 14. erzog 15. halfen 16. ging 17. starb

B23 1. war 2. litten 3. froren 4. besaßen 5. hatten 6. kam vor 7. gingen 8. wurde 9. hinfiel 10. brach 11. musste 12. konnte 13. nahm an 14. fand 15. gab

B24 1. erhalten 2. erfunden 3. stattgefunden 4. erzogen 5. verbunden 6. gesunken 7. gewonnen

B25 1. las 2. begann 3. entschied 4. bekam, einlud 5. trafen, gingen spazieren 6. brachte 7. gefiel 8. unternahmen 9. sah 10. verzieh

B26 1h / 2l / 3a / 4d / 5c / 6b / 7k / 8f / 9e / 10i / 11g / 12j

B27 1. kam 2. war 3. hatte 4. zog um 5. ging 6. begann 7. bewarb 8. schloss ab 9. bekam 10. schrieb 11. war 12. gewann 13. zog 14. entschloss 15. erhielt 16. wurde 17. war 18. starb

B28 1. RIET 2. VERHIELT 3. SANDTE 4. SANK 5. BETRUG 6. BESASS 7. LITT 8. NANNTEN Lösungswort: EINSTEIN

B29 1. stand, war, ließ, kam, wurde 2. war, war, ging, sollte, bewies, gab 3. war, wurde, traf, kam, rief

Lösungen Formen üben A1 - B1

F1 1.spreche, sprichst 2. fährst, fährt 3. fange an, fängt an 4. siehst, sieht 5. werde, wirst 6. weiß, weißt 7. lädst ein, lädt ein 8.treffe, trifft 9. empfiehlst, empfiehlt 10. esse, isst 11. wasche, wäscht 12. gibst, gibt 13. schlafe, schläft 14. nimmst mit, nimmt mit 15. laufe, läufst 16. versprichst, verspricht 17. halte, hältst 18. gefalle, gefällt 19. stirbst, stirbt 20. trage, trägst 21.vergisst, vergisst 22. liest, liest 23. schlage vor, schlägt vor 24. wäschst, wäscht 25. brate, brät 26. helfe, hilfst 27. bäckst, bäckt

F2

ich	bin	habe
du	bist	hast
er/sie/es	ist	hat
wir	sind	haben
ihr	seid	habt
sie/Sie	sind	haben

F3

ich	möchte	kann	will	darf	muss	soll
du	möchtest	kannst	willst	darfst	musst	sollst
er/sie/es	möchte	kann	will	darf	muss	soll
wir	möchten	können	wollen	dürfen	müssen	sollen
ihr	möchtet	könnt	wollt	dürft	müsst	sollt
sie/Sie	möchten	können	wollen	dürfen	müssen	sollen

F4 1. dürft 2. möchten 3. sollst 4. kann 5. wollen 6. soll 7. dürfen 8. müsst 9. können 10. möchte 11. will 12. musst 13. können 14. soll

F5

ich	war	hatte
du	warst	hattest
er/sie/es	war	hatte
wir	waren	hatten
ihr	wart	hattet
sie/Sie	waren	hatten

F6 1. werden, ist geworden 2. tun, hat getan 3. bringen, hat gebracht 4. einfallen, ist eingefallen 5. sich umziehen, hat sich umgezogen 6. verstehen, hat verstanden 7. tragen, hat getragen 8. umsteigen, ist umgestiegen 9. ausgeben, hat ausgegeben 10. bleiben, ist geblieben 11. lassen, hat gelassen 12. hängen, ist gehangen 13. behalten, hat behalten 14. stattfinden, hat stattgefunden 15. bitten, hat gebeten 16. liegen, hat/ist gelegen 17. unterschreiben, hat unterschrieben 18. stehen bleiben, ist stehen geblieben 19. sich unterhalten, hat sich unterhalten 20. umziehen, ist umgezogen

F7 1. ich bin gelaufen 2. er hat gekannt 3. wir haben gedacht 4. ihr seid gefahren 5. sie sind umgezogen 6. sie hat bekommen 7. wir sind angekommen 8. ihr seid geflogen 9. ich habe angerufen 10. er hat getan 11. sie hat geheißen 12. du bist geschwommen 13. es hat geschienen 14. ich bin dabei gewesen 15. Sie sind zurechtgekommen 16. du hast verstanden 17. sie hat/ist gelegen 18. wir haben verloren 19. ihr seid gefallen 20. wir haben ausgegeben

F8

Infinitiv	Präteritum	Perfekt
kennen	kannte	gekannt
überweisen	überwies	überwiesen
vergleichen	verglich	verglichen
mitbringen	brachte mit	mitgebracht
ausziehen	zog aus	ausgezogen
liegen	lag	gelegen
anrufen	rief an	angerufen
sprechen	sprach	gesprochen
fernsehen	sah fern	ferngesehen
aufschreiben	schrieb auf	aufgeschrieben
dabei sein	war dabei	dabei gewesen
finden	fand	gefunden
lassen	ließ	gelassen
streiten	stritt	gestritten
schlafen	schlief	geschlafen
tun	tat	getan

F9

ge_____en	_______en	___ge___en
geschlafen	begonnen	abgefahren
gestritten	bestanden	angerufen
gesprochen	gefallen	losgegangen
gerochen	verschoben	weggeworfen
geliehen	verstanden	umgezogen
geschrieben	gewonnen	mitgekommen
		eingestiegen
		abgeflogen

F10 **Perfekt + haben:** nehmen, sprechen, wissen, beginnen, verlieren, leihen, halten, denken, teilnehmen, schlafen
Perfekt+ sein: fahren, gehen, werden, weggehen, sein, sterben, spazieren gehen, einziehen, fallen, aufstehen

F11 + F12
trennbar: abschließen, ich habe abgeschlossen, anbieten, ich habe angeboten, aussteigen, ich bin ausgestiegen, teilnehmen, ich habe teilgenommen, ankommen, ich bin angekommen, vorschlagen, ich habe

vorgeschlagen, umsteigen, ich bin umgestiegen, abgeben, ich habe abgegeben, wegwerfen, ich habe weggeworfen, mitbringen, ich habe mitgebracht, aufstehen, ich bin aufgestanden, stattfinden, es hat stattgefunden, weggehen, ich bin weggegangen

untrennbar: vergessen, ich habe vergessen, bekommen, ich habe bekommen, verschieben, ich habe verschoben, empfehlen, ich habe empfohlen, gewinnen, ich habe gewonnen, beginnen, ich habe begonnen, versprechen, ich habe versprochen, bestehen, ich habe bestanden, behalten, ich habe behalten, verlieren, ich habe verloren

F13 einladen, anbieten, abschließen, an/aussehen, an/mit/ab/teilnehmen, stattfinden, aus/an/weggehen, an/mit/vorkommen, vorschlagen, ein/aussteigen, einfallen, ab/angeben, ein/aussteigen

F14 1. schließen, schloss, geschlossen
2. schieben, schob, geschoben
3. trinken, trank, getrunken
4. gelingen, gelang, gelungen
5. lesen, las, gelesen 6. geben, gab, gegeben 7. schlafen, schlief, geschlafen 8. raten, riet, geraten
9. helfen, half, geholfen
10. nehmen, nahm, genommen
11. schreiben, schrieb, geschrieben
12. leihen, lieh, geliehen
13. fahren, fuhr, gefahren
14. waschen, wusch, gewaschen

F15 1. gelungen 2. betrogen 3. verboten 4. gelogen 5. ausgegangen
6. erfunden 7. gewogen
8. gezwungen 9. eingeschlafen
10. aufgegeben 11. erzogen
12. entstanden 13. geschoben
14. gegolten

F16 1. ist gegangen 2. habe abgeschlossen 3. habe geschnitten 4. fängt an 5. essen 6. bin eingezogen 7. ist geworden 8. haben getroffen

F17 1. ihr 2. du 3. Sie 4. ihr 5. du 6. er 7. Sie 8. er

F18

ich	wollte	konnte	sollte	durfte	musste
du	wolltest	konntest	solltest	durftest	musstest
er/sie/es	wollte	konnte	sollte	durfte	musste
wir	wollten	konnten	sollten	durften	mussten
ihr	wolltet	konntet	solltet	durftet	musstet
sie/Sie	wollten	konnten	sollten	durften	mussten

F19 **Präsens**
ich: will, muss, darf, soll, kann
du: darfst, kannst, möchtest
wir: möchten, wollen, dürfen
Präteritum
ich: konnte, durfte, musste
du: wolltest, musstest, solltest, konntest
wir: durften, sollten, wollten, mussten

F20 sein: wachsen, entstehen, ausgehen, rennen, einschlafen, springen, vorkommen, sein, erscheinen, gelingen

F21 1. Gestern musste er auch länger arbeiten. 2. Solltet ihr nicht mitkommen? 3. Jetzt darf ich natürlich Alkohol trinken. 4. Wie konnten Sie sich bei diesem Lärm konzentrieren? 5. Petra will heute gern fliegen. Sie hat keine Angst. 6. Wir mussten noch die Wohnung putzen. 7. Heute kann er gut Französisch. 8. Ich wollte nicht mit dieser Übung aufhören.

F22 **horizontal:** VERSTAND, HIESS, LIEH, UNTERNAHM, SANG, STRITT, ASS, BLIEB
vertikal: VERGLICH, ROCH, STARB, VERSCHOB, FLOG, BAT

F23

ie-o-o	fließen	ausschließen
i-a-u	erfinden	sinken
e-a-e	fressen	vertreten
a-ie-a	verraten	verlassen
e-a-o	nehmen	gelten
ei-ie-ie	erscheinen	beweisen
a-u-a	betragen	nachschlagen